L'ART SANS FRONTIÈRES

Les relations artistiques entre Paris et Berlin

Dans la série *références* ▪ ART

Charles Avery
La Sculpture florentine
de la Renaissance

André Fermigier
Picasso

Francis Haskell
L'Amateur d'art

Hugh Honour
Le Néo-classicisme

Madlyn Millner Kahr
La Peinture hollandaise du Siècle d'or

Antonio Pinelli
La Belle Manière
Anticlassicisme et Maniérisme
dans l'art du XVIe siècle

Alain Schnapp
La Conquête du passé
Aux origines de l'archéologie

THOMAS W. GAEHTGENS

L'Art sans frontières

Les relations artistiques entre Paris et Berlin

Traduit de l'allemand
par Anne Charrière

Ouvrage publié avec le concours
de Gerda Kenkel Stiftung, Düsseldorf

LE LIVRE DE POCHE

Série *références* ▩ Art
dirigée par Philippe Sénéchal

Né en 1940, Thomas W. Gaehtgens, professeur à la Freie Universität de Berlin, est l'un des plus célèbres historiens de l'art allemands. Ancien président du Comité international d'histoire de l'art, fondateur et directeur du Centre allemand d'histoire de l'art à Paris, il a été élu titulaire de la chaire européenne du Collège de France pour l'année universitaire 1998-1999. C'est un spécialiste internationalement reconnu de l'art français des XVIIIe et XIXe siècles, de l'histoire des musées, des relations artistiques franco-allemandes du XVIIIe siècle à nos jours, et des rapports entre art et histoire.

Dans sa très riche production, signalons ses trois ouvrages publiés en français, *Versailles : de la résidence historique au Musée historique. La Galerie des batailles dans le Musée historique de Louis-Philippe*, Paris, Albin Michel, 1984 ; (avec Jacques Lugand) *Joseph-Marie Vien, Peintre du Roi (1716-1809)*, Paris, Arthéna, 1988 ; et (avec Krzysztof Pomian) *Le XVIIIe siècle*, Paris, Flammarion, 1998.

À ma première lectrice, Barbara

Sommaire

Préface

Deux capitales, Berlin et Paris, constituent la toile de fond des textes du présent ouvrage, bien qu'elles n'en soient pas directement le sujet central. La première partie du livre est consacrée à des questions ayant trait à l'histoire des musées, domaine de recherche qui connaît un regain d'intérêt ces temps derniers. À cet égard, la situation de Berlin se trouve, depuis la réunification de l'Allemagne, d'une manière particulière sous les feux des projecteurs. Les discussions actuelles en vue d'une réorganisation des riches collections – dont le contenu a été déterminé pendant des décennies par des politiques culturelles différentes et par des administrations sans lien les unes avec les autres – constituèrent le point de départ des recherches sur l'histoire des musées. Ceux-ci furent alors considérés sous différents points de vue. L'origine et la constitution des collections sont des aspects aussi essentiels que la conception de leur présentation et la forme architecturale des bâtiments qui les abritent. Pour ces musées, qui doivent leur naissance et leur développement à des conditions politiques et culturelles très précises, un accent particulier a été mis, toutefois, sur leur qualité de monuments culturels. Écrins de trésors prodigieux, ils sont, sur l'île des Musées, à Berlin, des témoins de l'histoire de la Prusse, de l'Allemagne et de l'Europe. C'est à juste titre qu'ils ont fait l'objet d'une demande d'inscription auprès de l'UNESCO, sur la liste des monuments du patrimoine mondial à protéger.

L'étude des musées de Berlin n'est pas possible sans porter le regard au-delà des limites de la ville et des frontières du pays. Paris et Londres servirent de référence aux efforts ambitieux entrepris dans ce qui fut successivement la capitale prussienne, la métropole de l'Empire allemand et de la République de Weimar.

Après les acquisitions réalisées par les électeurs de Brandebourg, les collections restèrent encore, avec les héritages de la maison d'Orange, centrées sur la production artistique des Flandres et des Pays-Bas. Le prince héritier, Frédéric, fut le premier à donner à la collection une orientation française et constitua le fond de départ de l'importante collection de tableaux de Watteau et de style Régence. Devenu roi, Frédéric II s'efforça, conformément à son rang, d'acquérir de grandes œuvres d'art antiques et italiennes, qui étaient accessibles au public, sur demande, dans les châteaux et dans la galerie de tableaux de Sanssouci.

L'histoire des musées de Berlin au début du XIXe siècle n'est guère pensable sans l'exemple stimulant du Musée Central de Paris et surtout du Musée Napoléon de Vivant Denon, admiré dans toute l'Europe, où l'accrochage obéissait à un principe à la fois pédagogique et scientifique. En construisant sur l'île des Musées l'Altes Museum, le Neues Museum et surtout la Nationalgalerie, la Prusse et l'Empire allemand s'engagèrent dans une politique culturelle propre, au service de la représentation de leur grandeur. Avec la puissance économique de l'Empire allemand, avec ses prétentions hégémoniques et avec l'ambition inébranlable de cet homme de musée génial que fut Wilhelm von Bode, les musées de Berlin, en s'étoffant du Kaiser Friedrich-Museum et du musée de Pergame, réussirent tardivement à rejoindre le niveau international, aux côtés des collections des autres métropoles européennes.

Dans les essais réunis dans le présent ouvrage, les musées de Berlin sont considérés comme des monuments de l'histoire culturelle, et une attention particulière est accordée à la description des contextes politiques qui permirent leur création. Ces exposés ne visent donc pas seulement à décrire la genèse des collections et leur exposition dans des ouvrages d'architecture. Mais les musées y sont bien plutôt considérés comme des monuments emblématiques de divers processus, même extérieurs au domaine artistique proprement dit, qui ont marqué l'histoire des XIXe et XXe siècles.

Les textes de la deuxième partie de ce volume sont consacrés chacun à un peintre allemand particulier. Mais l'art de ces peintres n'y est pas étudié dans toute son évolution, au sens d'une monographie. L'objet central de l'analyse est bien plutôt, à chaque fois, la confrontation avec la culture et l'art français.

De toutes les métropoles, c'est Paris qui connut, au XIXe siècle, le plus grand rayonnement artistique. Les peintres et les sculpteurs qui cherchaient à se former dans la capitale française étaient légion. Ils se regroupaient, comme autrefois à Rome, en de petites colonies d'artistes, à l'Académie Julian et dans les ateliers du quartier Latin. Souvent, ils ne retournaient qu'au bout de quelques années dans leur pays d'origine, à moins d'avoir trouvé tout simplement le moyen de vivre en France.

Les échanges artistiques que permirent ces migrations d'artistes constituent un sujet attrayant et important à étudier. Quelles étaient les causes qui poussèrent les artistes à quitter leur pays natal pour se former en un autre lieu ou y exposer leurs œuvres ? Quelles impressions leur laissa la culture étrangère et comment en furent-ils marqués ?

Leurs motivations étaient certainement de nature très diverse. La recherche du nouveau comme la volonté de se libérer, au moins pour un temps, de l'environnement personnel ressenti comme trop étroit, font partie des aspirations qui sont au cœur du projet existentiel d'un artiste. Toutefois, la rencontre avec la culture étrangère donne lieu aux réactions les plus variées, qu'il s'agit d'analyser dans chaque cas particulier.

L'histoire de l'art ne s'est jusqu'à présent occupée de cette question que de manière marginale. Malgré certaines phases de repli dans un nationalisme borné, cette discipline a toujours été internationale dans son orientation. Les historiens de l'art ont répertorié les moindres traces laissées par les artistes, dans le but de pouvoir comprendre leur cheminement et les changements artistiques introduits dans leur œuvre. Toutefois, les concepts développés par l'histoire de l'art pour décrire les transferts artistiques sont d'une imprécision frappante, et il est intéressant de noter comment cet état de fait a tendance à favoriser la formation d'opinions négatives. Stimulation, influence, reprise, copie, emprunt sont des termes qui caractérisent des relations de dépendance entre artistes, mais qui décrivent aussi les rapports entre les cultures.

À partir de quelques exemples, les textes suivants étudient de plus près certaines rencontres d'artistes, et cherchent à remettre en question et à dépasser ce point de vue fondé sur l'idée de dépendance. Ils ne mettent pas seulement en évidence ce que ces artistes ont en commun, indépendamment des préférences, mais caractérisent surtout ce qui les différencie. Au-delà des préjugés nationaux, des oppositions politiques et des barrières linguistiques, il existait, même à des époques de conflits guerriers, une *confraternité des artistes*. Malgré des positions politiques totalement divergentes et le climat hostile de l'époque, Adolph Menzel, Anton von Werner et Max Liebermann ont maintenu le contact avec leurs collègues français, ont admiré leurs œuvres et s'en sont laissé inspirer sans renier leur propre origine et leur tradition. D'un autre côté, la réception attentive de l'art de Delaunay à Berlin est un exemple de la manière dont des idées artistiques peuvent être accueillies avec enthousiasme alors que les pensées de l'artiste donnent lieu à tout autre chose dans la culture étrangère. Les découvertes picturales de Delaunay se prolongent, dans le climat idéologique et politique bouillonnant du Berlin de l'après-guerre, en un art aux contenus entièrement nouveaux, adaptés aux réalités allemandes.

Il est rare que des œuvres d'art n'incarnent qu'une seule tradition. Les artistes, s'ils peuvent travailler librement, sont porteurs d'une culture tout autant régionale que suprarégionale. L'échange culturel entre les pays est par conséquent une condition préalable, voire impérative, de la création artistique. Définir ce transfert est une tâche nécessaire de l'histoire de l'art, qui ne peut reposer sur la seule curiosité scientifique. Il s'y rattache aussi un aspect essentiel de politique culturelle. Le chemin vers une Europe commune ne peut passer que par une compréhension mutuelle des différentes traditions. Les artistes transfrontaliers d'hier et d'aujourd'hui en sont les meilleurs ambassadeurs.

Thomas W. GAEHTGENS
Paris-Berlin, octobre 1998

1. Vue du Lustgarten avec l'Altes Museum,
la cathédrale et le château de Berlin vers 1905.

1
L'Altes Museum de Berlin selon la conception de Wilhelm von Humboldt

I

En 1829, Frédéric Guillaume II chargea Wilhelm von Humboldt de diriger la commission qui devait s'occuper de l'installation du Musée royal, prévu en face du château de Berlin [1, 2 et 9]. Pour le bâtiment lui-même, Karl Friedrich Schinkel avait, depuis longtemps déjà, dessiné des plans très détaillés, que le roi avait approuvés. La première pierre avait été posée quelques années auparavant, en 1825. L'année suivante, l'architecte s'était rendu en Angleterre et en France, et avait puisé, dans les deux capitales, Londres et Paris, des idées pour l'aménagement intérieur du musée. Les découvertes que Schinkel fit au cours de ce voyage avaient trait non seulement aux problèmes techniques et décoratifs qui se posaient à lui, mais aussi aux questions d'éclairage et de couleur des murs[1]. L'architecte s'était aussi beaucoup préoccupé, surtout dans ses conversations à Paris, de l'accrochage des tableaux et de l'installation des sculptures. Ces questions nécessitaient une réflexion de fond, en rapport avec

Pour les notes de ce chapitre, voir p. 39 sq.

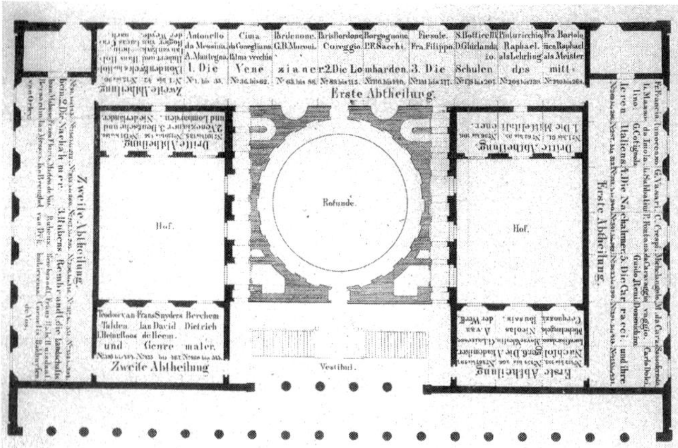

2. Gemäldegalerie dans l'Altes Museum
d'après le *Verzeichnis* de **Waagen**, 1830, plan.

l'effet que ce musée, fondé par le roi, était en fait censé produire.

Différentes façons de concevoir ce point essentiel s'étaient déjà manifestées depuis un certain temps. Des divergences d'opinion étaient apparues entre Schinkel et l'archéologue Aloys Hirt, de qui était partie, il y a longtemps déjà, l'impulsion décisive pour la construction du musée. Ces divergences semblèrent si insurmontables que Hirt cessa de collaborer au projet en mai 1829[2]. Sous la présidence, ensuite, de Wilhelm von Humboldt, les travaux de la commission ne furent pas non plus exempts de conflits[3] et les problèmes étaient loin de se régler dans la bonne entente. Le débat sur les principes fondateurs de l'Altes Museum témoigne d'un processus de réflexion qui nécessita un effort soutenu pour définir le sens et la fonction d'un tel musée.

Les membres de la commission se divisèrent en deux tendances. D'un côté se tenaient Schinkel et Waagen et de l'autre Humboldt et Rumohr[4]. On peut décrire de la manière suivante leurs divergences sur la façon de concevoir la présentation des œuvres. Tandis que l'architecte et le directeur des collections visaient plutôt un ordre chronologique, rendant compte de l'évolution de l'art dans l'histoire, Rumohr et surtout Humboldt cherchaient à concrétiser des principes esthétiques idéalistes. Cette opposition de points de vue se dégage clairement des différents mémoires qui ont pu être retrouvés à une date très récente [5].

Les différences portaient essentiellement sur l'accrochage des tableaux. Elles résidaient en définitive dans le fait que Schinkel et Waagen prévoyaient d'accentuer la répartition des tableaux par écoles. Leur idée était de subdiviser les salles du musée par un système de cloisons, avec l'intention de faire apparaître l'évolution de ces écoles au cours des différentes époques de l'histoire de l'art. Humboldt, qui s'appuyait sur les déclarations de Rumohr, défendait en revanche le point de vue selon lequel les temps forts de l'histoire de l'art et, partant, certaines œuvres exceptionnelles devaient pour ainsi dire donner le ton. Il ne voulait pas faire totalement disparaître la répartition par écoles mais conseillait de constituer des ensembles structurels plus vastes et voyait dans la mise en évidence des chefs-d'œuvre le principe directeur de l'installation du musée. Humboldt avait en vue l'effet esthétique et pédagogique des œuvres d'art alors que ses collègues de la commission trouvaient essentiel d'ordonner et de traiter scientifiquement les collections selon les points de vue de l'histoire de l'art.

C'est pourquoi il est dit, dans le rapport du 31 octobre 1825, signé conjointement par Schinkel et Waagen et adressé au roi, qu'il fallait chercher à réaliser « une réunion naturelle des tableaux appartenant exclusivement à une même classe (c'est-à-dire à une même école), une réunion correspondant à une disposition historique, qui fait justement la particularité de cette merveilleuse collection ». Et en un autre endroit : « La disposition s'opère rigoureusement d'après les écoles, dont chacune est ordonnée chronologiquement selon ses langages... »[6] Face à cela, Wilhelm von Humboldt défendait le point de vue selon lequel « 1. chaque œuvre maîtresse, dans la mesure où elle est difficilement accessible à tout le monde, doit produire tout l'effet dont elle est capable et 2. l'aménagement de chaque mur comme de la totalité du département devait former un tout agréable, que l'on peut embrasser du regard dès le premier coup d'œil, puisque de cette exigence dépend essentiellement la réalisation du premier point »[7].

Humboldt critiquait dans la conception de Schinkel et de Waagen le fait que « le dissemblable se côtoyait de trop près », que, de cette manière, le spectateur était soumis à une « tension inquiète » et que le plaisir artistique s'en trouvait réduit et surtout trop limité à la seule « comparaison ». Il suivit la proposition de Rumohr de ne réunir les tableaux italiens qu'en deux départements, formant deux unités plus grandes, d'un côté l'école lombarde et vénitienne et de l'autre toutes les autres écoles italiennes.

La divergence qui se manifeste dans ces deux positions est bien plus fondamentale qu'il n'y paraît à première vue. Il ne s'agit pas seulement d'une question purement pratique d'organisation, mais bien plutôt du choc entre des conceptions de l'art très différentes qui n'apparaissent au grand jour qu'à la faveur d'un motif concret. L'objet de ce chapitre est d'essayer de tirer au clair cette question et de mettre en évidence sa signification théorique, notamment dans le cadre d'une politique muséale.

II

Il n'est pas très aisé de déterminer si Schinkel et Waagen étaient d'accord en tout point. Les documents conservés dans les archives centrales des Musées nationaux (Staatliche Museen Preußischer Kulturbesitz) laissent toutefois penser qu'il existait sur cette question une collaboration harmonieuse entre l'architecte et le directeur des collections[8]. Schinkel et Waagen étaient très liés depuis de nombreuses années et partageaient certaines conceptions artistiques. La division du travail, dans le cas du Musée royal, était sans doute telle que Waagen, en tant qu'historien de l'art responsable des collections, travailla sur la répartition des œuvres et le plan d'accrochage et que Schinkel se serait davantage occupé de la disposition des antiquités et bien sûr de l'éclairage et de la décoration intérieure, c'est-à-dire, à proprement parler, de la partie architecturale. Le fait qu'ils signaient ensemble les mémoires dénote une grande convergence de vues. Comme, dans les contre-propositions de son mémoire, Humboldt se réfère uniquement à Waagen, on peut en déduire que seul ce dernier était compétent pour le plan d'accrochage.

Les travaux de Waagen sont entrés dans l'histoire de l'art comme ceux d'un remarquable connaisseur. Pendant ses longs voyages, il acquit des connaissances exceptionnelles pour l'époque sur les originaux des œuvres. Tôt marqué par l'impression que la collection Boisserée avait faite sur lui, il voua toujours une attention particulière à la peinture néerlandaise et à la peinture de la Renaissance allemande. Impressionné par la redécouverte de cet art, il tenta, dans ses recherches, de corroborer par un examen attentif des œuvres ce qui, dans les textes, était relaté de cette époque artistique. L'histoire de l'art de Waagen ne peut toutefois pas être réduite à la somme de ses connaissances personnelles. Sa monographie sur Hubert et sur Jan Van Eyck, parue en 1822, atteste, selon les termes de Wilhelm Waetzoldt, qu'il « reconnaissait dans l'art non pas un phénomène isolé et isolable, mais le produit d'une époque et d'un lieu donnés »[9]. Son scepticisme à l'égard des insuffisances de la littérature artistique et ses efforts pour fonder la recherche en histoire de l'art non seulement sur les connaissances acquises, mais aussi sur la critique des sources, lui permit de conférer à cette discipline une nouvelle dimension scientifique. Waagen puisait toujours sa compréhension des choses dans ce qu'il appelait la *comparaison*. Selon lui, il fallait confronter entre elles les œuvres d'une époque ou d'un artiste donné pour comprendre quelque chose au développement de l'art ou pour pouvoir caractériser un style. Cette manière de procéder, qui nous paraît évidente aujourd'hui, le conduisit par exemple à comprendre que l'hypothèse selon laquelle la peinture rhénane de Cologne était une variante du style byzantin antique, n'était pas soutenable. En ce sens, Waagen a contribué de manière déterminante à permettre de dépasser le point de vue des frères Boisserée, qui avaient parlé d'une école rhénane byzantine [10]. Les nouvelles prémisses sur lesquelles s'appuyait Waagen furent de la plus grande importance, même si elles n'ont pas encore, jusqu'à ce jour, été estimées à leur juste valeur, parce qu'il rendait plus justement compte de la particularité artistique de la peinture allemande de la Renaissance. Il s'appuyait déjà très systématiquement sur les deux piliers de la méthodologie de l'histoire de l'art que sont la critique des sources historiques et les connaissances. Grâce à ses travaux scientifiques, l'histoire de l'art, qui se concevait encore couramment comme une discipline centrée sur une contemplation esthétique et philosophique de l'art, évolua de manière significative vers un professionnalisme croissant, qui s'acquérait par un travail constant sur l'objet.

Waagen et Schinkel partageaient, depuis un certain temps, la conviction que la disposition des collections du futur Musée royal devait obéir à une logique historique. Schinkel avait déjà décrit combien il avait trouvé impressionnant l'ordre historique des œuvres de la collection Boisserée qu'il avait visitée en 1816, à Heidelberg, à la demande du chancelier Hardenberg. À son ami Rauch, il écrivit que ce système lui était apparu si colossal, si supérieur à tout, qu'il avait le sentiment qu'« il en ressortirait pour le monde un tout nouvel ordre des choses, dans ce que l'art de collectionner et de disposer les œuvres avait d'essentiel »[11]. Pour les raisons indiquées plus haut, Waagen lui aussi ne pouvait qu'être d'accord avec une disposition qui présentait l'évolution des œuvres en fonction d'une histoire des styles et qui les regroupait par écoles. C'est pourquoi Schinkel et Waagen précisèrent dans leur mémoire que l'accrochage des œuvres aux murs devait certes produire une impression agréable « par le jeu de la symétrie et de proportions agréables dans les dimensions des tableaux ». Mais ils ajoutèrent qu'il « fallait », en même temps, « par des oppositions flagrantes, faire apparaître ce qu'il y a de caractéristique chez les différents peintres »[12]. Dans cette déclaration, Waagen et Schinkel obéissaient à un principe didactique clair. Outre le plaisir esthétique et la culture générale, un but essentiel du musée devait être, en tout cas, de transmettre des connaissances en histoire de l'art. Pour satisfaire à cette tâche, les salles de la galerie devaient être subdivisées par des cloisons disposées au niveau des fenêtres. Car après l'acquisition des collections Giustiniani et Solly, il n'y aurait pas eu la place de loger toutes les œuvres dans ce bâtiment tel que Schinkel l'avait dessiné longtemps auparavant[13]. L'accrochage des œuvres dans des compartiments scandés par des fenêtres correspondait donc à une nécessité intérieure, mais à cette organisation pouvait aussi se rattacher une réflexion d'ordre théorique. Car cet emploi des compartiments était la seule manière judicieuse de présenter des liens entre les écoles. Le parcours du musée aurait ainsi consisté en une succession de compartiments différents mais de dimensions semblables. Comme l'atteste un plan de l'étage supérieur joint au mémoire, ces espaces, chaque fois rapportés aux fenêtres, devaient tous être de même dimension [3]. De cette façon, « les écoles de peinture » pouvaient être séparées comme il se devait « et l'on pouvait, en tout état de

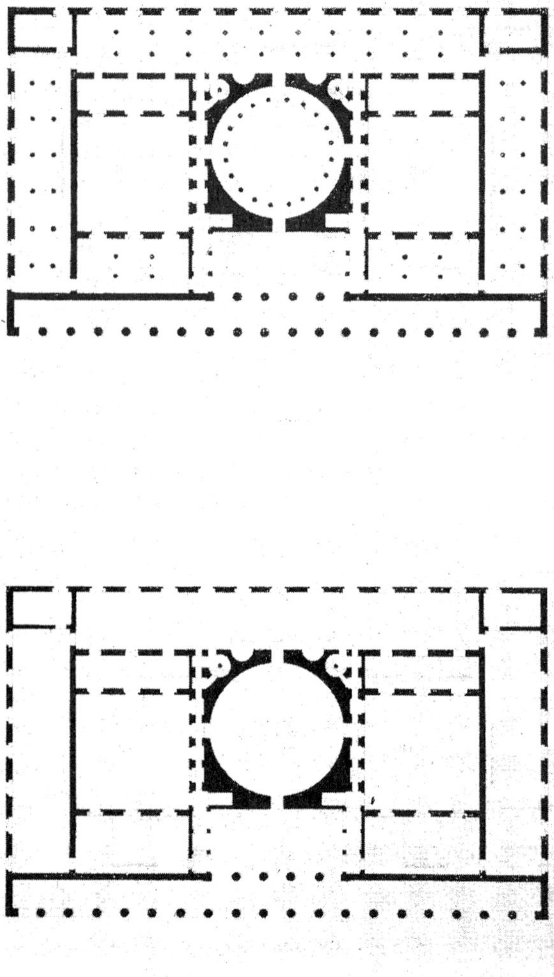

3. Altes Museum, plan du 1er et du 2e étage,
projet de **Schinkel** 1823.

cause, [procéder] à tout type de séparation ou de regroupement, comme l'exigeait le caractère des tableaux ou le principe qui présidait à leur disposition »[14]. Dans ce dispositif, des œuvres particulières n'auraient pas pu être mises en évidence ou en valeur de manière visible, ou seulement à l'intérieur des compartiments. Il n'est pas difficile de prévoir qu'une articulation aussi schématique des salles de la galerie renfermait un potentiel non négligeable de contradictions.

Un peu plus loin dans le mémoire, les deux auteurs prirent une nouvelle fois position sur les objectifs auxquels devait obéir l'installation du Musée royal, quand ils émirent des propositions sur la composition du personnel. Ils écrivirent : « Pour les trois objectifs principaux d'un musée – provoquer et stimuler des recherches approfondies sur les aspects esthétiques et historiques des arts plastiques, offrir, en tous temps, une formation supérieure aux artistes contemporains, propager dans le public un véritable sens de l'art et de véritables connaissances sur l'art – les objets qui composent le musée mais surtout le personnel employé sont de la plus grande importance. »[15]

Cette énumération des objectifs qu'il appartenait au personnel du musée de satisfaire, décrit, dans cet ordre, les fonctions qu'un musée était appelé à remplir. Avec Schinkel et Waagen, ce fut la première fois dans l'histoire qu'un architecte et un historien de l'art collaborèrent à un nouveau type d'édifice. L'artiste et le scientifique formulèrent ensemble et le concept théorique et sa solution pratique. L'édification et l'aménagement intérieur de cette institution étaient fondés sur une volonté de promouvoir la science, l'art, la culture et l'éducation. Aujourd'hui encore, cette définition moderne et riche en perspectives d'avenir comme elle l'était pour l'époque, n'est pas dépassée. L'ordre des objectifs peut cependant aussi se concevoir autrement, ce qui donnerait à ces tâches un poids relatif différent.

III

Les propositions de Schinkel et de Waagen se heurtèrent à l'opposition de Wilhelm von Humboldt, le président de la commission. Son mémoire de mai 1829 contenait des propositions très différentes, qui laissaient soupçonner une tout autre conception muséale. Les comparaisons souhaitées par Waagen, la répartition didactique par écoles qu'il préconisait, n'intéressaient pas beaucoup Humboldt. Il voulait, en revanche, sinon éviter, du moins limiter le choc des différences, qui pour Waagen était la condition nécessaire de la connaissance en histoire de l'art. Selon la conception de Humboldt, il fallait que, dans la mesure du possible, des œuvres de même nature et de même valeur pussent être vues côte à côte, car c'était la seule manière selon lui pour que le plaisir du beau pût produire son effet sur le spectateur. C'est pour cette raison aussi qu'il fallait éviter toute subdivision stricte et systématique. La galerie devait placer des accents et guider immédiatement le spectateur vers les œuvres importantes. Humboldt ne défendait pas un principe d'accrochage chronologique, additif, mais esthétique et hiérarchique [16].

La conception de Wilhelm von Humboldt s'opposait à l'« application d'une démarche synchronique à l'art », comme il l'appelait [17]. Il voulait dire par là qu'il reconnaissait certes le bien-fondé d'un traitement scientifique de l'art, qui s'orientait en premier lieu d'après les données historiques, mais qu'il ne voulait pas, dans la pratique, donner à ce principe la priorité dans le système d'accrochage. À la différence du directeur des collections, il voulait constituer des espaces plus grands, renoncer aux différences locales entre écoles d'art mais, en revanche, accrocher ensemble des tableaux de qualité comparable. De plus, suivant en cela Rumohr, il avait l'intention d'exposer à part, dans des salles annexes, les œuvres très anciennes du Moyen Âge qu'il considérait comme primi-

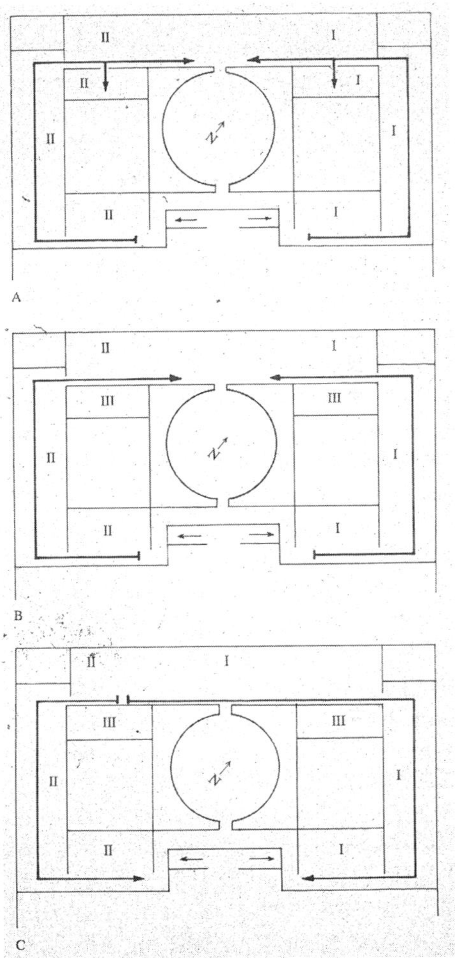

4. Altes Museum,
accrochage de la Gemäldegalerie,
représentation schématique des projets
de **Schinkel** et de **Waagen**,
d'après le mémoire de **Humboldt**,
et de l'inauguration en 1830,
reconstruction **Ch. Vogtherr**.

tives[18]. La raison d'une répartition différenciée selon la valeur attribuée aux œuvres résidait dans la conviction que ces peintures avaient certes une importance historique mais pas esthétique et qu'elles ne feraient que distraire le spectateur en le détournant des œuvres véritables[19]. Humboldt réussit à imposer ses conceptions et Waagen leur fit une place dans la préface de son catalogue paru en 1830 : « Afin, toutefois, de ne pas manquer à l'objectif principal de la collection – qui est de procurer un plaisir esthétique – un grand nombre de tableaux où l'intérêt historique prédomine de manière trop unilatérale... ont été exposés pour les amis de l'histoire de l'art dans des pièces totalement à part. »[20] [4]

Ce n'est pas à tort que la conception de Humboldt a été qualifiée d'esthétique normative, lui qui, avec Rumohr, voyait dans la Renaissance classique italienne le sommet de l'art, et par conséquent la référence sur laquelle bâtir une norme. L'idée de Humboldt aurait été de « communiquer à un vaste public un idéal artistique au sens du classicisme, c'est-à-dire explicitement porteur d'une morale »[21]. Face à cette position, Schinkel et Waagen, avec leur concept basé sur l'histoire de l'art, où « l'élément classique lui-même ne paraît plus un miracle ou un mystère échu dans le monde, mais semble tout à fait compréhensible », défendirent un point de vue plus progressiste au regard des conceptions d'aujourd'hui[22].

Cependant, les jugements formulés par les spécialistes de l'histoire de l'art ne rendent pas totalement justice à Humboldt. Car c'étaient en réalité deux façons de voir, pas encore dépassées aujourd'hui dans la définition des musées, qui se heurtèrent là. Tandis que Waagen défendait le point de vue du spécialiste, Humboldt représentait celui du grand public. Les objections formulées par Humboldt à l'égard de Waagen reposaient pour l'essentiel sur des aspects didactiques qui peuvent se résumer en trois points :

1. regrouper, en des ensembles structurels suffisamment grands, ce qui, pour l'essentiel, est de même nature et de très grande qualité ;

2. faire apparaître clairement les œuvres maîtresses et permettre qu'elles puissent aussi, en tant que telles, être contemplées isolément, sans que le regard soit dérangé par des tableaux voisins éventuellement de moindre qualité ;

3. permettre – et cela est une tâche du musée – de jouir de l'œuvre d'art par le sentiment ou par l'imagination.

Humboldt voulait, pour le dire dans un langage moderne, aménager la galerie d'une manière conviviale. Il craignait que le projet de Waagen ne fût trop exigeant pour un public, qui ne se composerait évidemment pas que de spécialistes. Par certains aspects, le désaccord porta aussi sur des conceptions de l'art divergentes. Mais la divergence sur la finalité du musée était plus fondamentale. Humboldt n'était nullement opposé à se fonder sur la recherche pour concevoir l'installation du musée. Mais il avait à cœur de rendre cette institution utilisable pour le bien de la société en général.

La discussion qui s'engagea peu avant l'ouverture de l'Altes Museum ne concerna pas uniquement la forme de cet édifice et son aménagement intérieur. C'est à un niveau bien plus fondamental que le débat s'enclencha sur la fonction d'un musée public, entre deux pôles d'intérêt, celui de la discipline de l'histoire de l'art et celui d'un public qui s'intéresse à l'art.

IV

Les objections formulées à l'encontre des propositions de Waagen ne deviennent compréhensibles que si l'on tente d'élucider comment elles s'inscrivaient dans la pensée de

Humboldt. Sa réflexion sur les arts plastiques et l'institution muséale remonte aux années 1797 à 1801 [23], pendant lesquelles il avait élu domicile à Paris, avec quelques interruptions pour des voyages prolongés. Humboldt suivit avec le plus grand intérêt l'installation du Musée central des arts, qui accueillait les chefs-d'œuvre que les troupes françaises avaient ramenés de toute l'Europe dans leur butin. En décembre 1797, il écrivit dans son journal un rapport sur les conditions catastrophiques dans lesquelles les œuvres précieuses étaient stockées [24]. L'année suivante, Humboldt visita aussi le château de Versailles et le Musée spécial de l'École française qui y était hébergé [25]. Son rapport le plus circonstancié concerne le musée des Monuments français dans l'ancien couvent des Petits-Augustins à Paris, où Alexandre Lenoir collectionnait les sculptures qui, dans les églises profanées, étaient livrées au vandalisme. Humboldt fut fasciné par la possibilité « de pouvoir, en quelques salles, suivre les progrès de l'art sur plusieurs siècles » [26]. Son intérêt pour les sculptures était plutôt historique à l'époque. Il estimait qu'elles pouvaient communiquer une impression plus vivante de certaines personnalités qu'un texte écrit. Humboldt épousait, comme nombre de ses contemporains, les idées de Lavater, selon lesquelles la physionomie pouvait révéler certains traits de caractère. Mais il vit aussi que cette méthode avait ses limites et ne l'appliqua que très prudemment à ses recherches sur le caractère national français. Dans les années où il fut ambassadeur à Rome, l'art antique et bien sûr l'art italien – surtout celui de la Renaissance – captivèrent tout son intérêt. Humboldt était, intellectuellement, en contact intensif avec une série d'artistes, et commença lui-même à collectionner et à servir d'intermédiaire pour des commandes. Son habileté diplomatique, mais aussi ses connaissances en matière d'arts plastiques, qu'il acquit en grande partie à Paris et à Rome, le prédestinèrent à devenir la personne appropriée pour mener les négociations en vue du rapatriement en Prusse des œuvres d'art volées par Napoléon [27]. À cet effet, il lui fallut encore une fois travailler intensément sur les collections du Louvre, appelé Musée Napoléon depuis 1803. Le démantèlement de cette collection unique en son genre, qui réunissait les chefs-d'œuvre de plusieurs pays, déclencha une vague de créations de musées dans les capitales européennes. À Berlin aussi, les efforts pour créer une institution analogue reçurent du Musée Napoléon une impulsion non négligeable [28].

Il n'est donc pas étonnant que Wilhelm von Humboldt ait été chargé de diriger la commission pour l'installation des collections et l'organisation de l'appareil administratif du musée royal de Berlin. Après la création de l'Université de Berlin, la fondation et la construction du musée public constituaient pour l'État une tâche éducative, politique et culturelle au moins égale en importance.

Hermann Lübbe apprécia grandement la politique éducative mise en œuvre dans l'Altes Museum. Tandis que l'Université devait se tourner vers la recherche du Vrai, le musée était consacré au plaisir du Beau. Dans une analyse convaincante, Lübbe montra que par la forme que lui donna Schinkel et l'aménagement intérieur conçu par Humboldt, le classicisme et l'historicisme apparaissaient dans ce musée comme deux conceptions liées et complémentaires [29]. Le temple de l'art avec, au centre de la construction, le sanctuaire du Panthéon, vivement critiqué par Hirt, représentait l'idéal de l'Antiquité, tandis que dans les salles de peinture, l'histoire de l'art était présentée d'après les écoles, dans un ordre chronologique [5-6].

À cette interprétation, il convient toutefois d'ajouter encore une autre dimension, sans laquelle la réaction de Humboldt aux propositions de Waagen resterait incompréhensible. Sans contrarier fondamentalement les plans de Waagen, puisqu'il conservait le principe de la

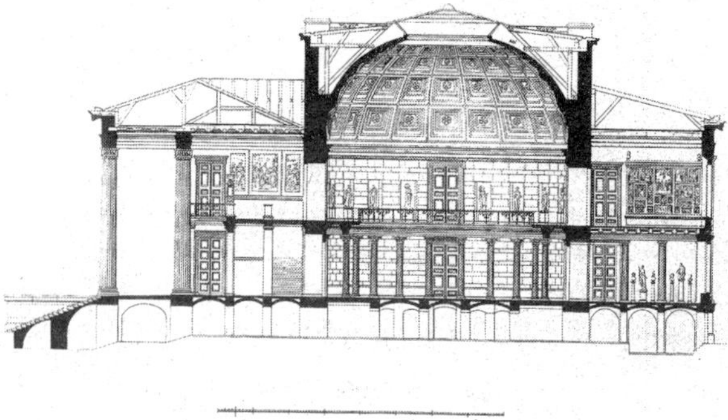

5

5. Altes Museum, coupe,
d'après **Schinkel**, *Sammlung architektonischer Entwürfe*,
cahier 6, Berlin 1825 (détail).

6. Altes Museum, vue intérieure de la Rotonde,
aquarelle de **C. E. Conrad**.

séquence historique, il chercha cependant à mettre aussi l'accent sur un autre aspect. En concentrant davantage l'attention sur certaines œuvres maîtresses exceptionnelles et en les regroupant par domaines plus étendus, il soulignait le fait que, dans l'installation du musée, l'un des principaux critères à respecter était l'effet produit sur le visiteur. La découverte de l'évolution de l'art à travers l'histoire ne devait pas être le seul objet de ce plaisir dont le visiteur devait faire l'expérience dans le musée. Il fallait aussi, en effet, que le visiteur individuel fût confronté directement à une œuvre d'art. Cette rencontre ne devait pas être troublée par une trop grande proximité du dissemblable, qui annulerait l'impression reçue.

Si la correction que Humboldt apporta aux projets de Waagen doit effectivement être interprétée de cette manière, et que le point de vue de la réception esthétique

6

des œuvres est considéré comme déterminant, alors, avec le recul, le point de vue de Humboldt n'a rien de rétrograde. Le lien à une norme, chez Humboldt le classicisme, peut dans son principe être remplacé par d'autres idéaux. Mais la question qu'il soulève sur la mission du musée – question restée sans solution jusqu'à ce jour et qui, sans doute, est insoluble – est riche de perspectives. Il semble avoir été le premier à avoir vu que « jusqu'à aujourd'hui, le caractère de plus en plus scientifique du musée n'est pas en contradiction avec l'objectif d'éduquer le public mais est tout de même avec lui dans un certain rapport de tension », comme le formula Hermann Lübbe[30].

V

Lorsque Humboldt reçut du roi Frédéric Guillaume II la mission de prendre la direction de la commission du musée, il était surtout occupé, depuis un certain temps, par ses recherches sur l'histoire et la philosophie des langues qui, toute sa vie durant, furent au centre de son travail scientifique. Ces recherches semblent aussi, d'une certaine manière, avoir exercé une influence déterminante sur la manière dont il se représentait le futur aménagement de l'Altes Museum [7-8].

Au cours de ses longues études de langues, vers la fin des années 1820, la conception que Humboldt avait des langues et des arts évolua. Alors qu'il avait tout d'abord

7. Altes Museum, une salle d'exposition
de la collection de sculptures au rez-de-chaussée.

8. Altes Museum,
salle à éclairage zénithal de la Gemäldegalerie.

distingué assez fortement l'un de l'autre ces deux domaines très différents de la compétence humaine, il faisait à présent davantage de rapprochements entre les deux disciplines. S'il avait autrefois associé la langue à la raison et l'art à l'imagination, il affirmait maintenant l'identité entre langue, pensée et art. « La différence entre art et langue n'est plus, dans une théorie linguistique arrivée à maturité, une opposition tranchée entre ce qui relève de la raison et ce qui relève de l'imaginaire, mais une différence qui n'est que graduelle entre différentes formes d'imagination productive »[31]. Cette découverte conduisit Humboldt d'une manière tout à fait essentielle à davantage s'intéresser à la question des effets produits par les langues et les arts. La langue est nécessaire parce qu'elle permet pour ainsi dire d'extérioriser la représentation subjective dans la réalité, parce qu'elle l'exprime en des mots et par là l'objectivise. Le même processus se déroule aussi dans la perception de l'art. Le spectateur ne peut jouir d'une œuvre d'art que s'il devient momentanément aussi un artiste, s'il retrouve, à travers l'acte de perception, la représentation de l'artiste dans l'œuvre d'art contemplée – en d'autres termes, l'œuvre d'art ne trouve son achèvement que dans la conscience ou, selon Humboldt, dans le plaisir du spectateur. L'art agit par conséquent aussi selon le principe qu'on ne peut faire l'expérience que de ce que l'on sait déjà fondamentalement[32].

La perception esthétique est elle aussi, au sens de Humboldt, connaissance individuelle. Dans cette mesure, la contemplation d'œuvres d'art ne peut se limiter à l'apprentissage des contextes historiques ou à une succession de styles. L'objectif éducatif consiste au bout du compte à se découvrir soi-même à travers l'art. Le musée peut en offrir la possibilité. Mais il faut pour cela que le cadre extérieur s'y prête.

L'œuvre d'art, comme la langue, est un produit de l'histoire. C'est pourquoi il est judicieux d'en faire un objet scientifique. Mais elle permet en outre d'accéder à des connaissances autres que le lieu et l'époque de sa création. Le musée est, au sens de Humboldt, l'institution médiatrice, communicatrice de l'art. Il devrait donc être aménagé de façon que « le simple amateur [puisse] s'en tenir exclusivement à l'œuvre achevée »[33].

Considérées à la lumière de ses recherches linguistiques, les propositions de Humboldt pour l'aménagement de l'Altes Museum prennent un tout autre poids. Le philosophe pensait, de toute évidence, selon certaines catégories linguistiques et transposait les vues qu'il pouvait tirer de ses recherches aux tâches d'organisation qui lui incombaient dans le musée. De même qu'il analysait, en linguistique, les différentes langues selon leurs parentés respectives, et qu'il essayait de dégager de la structure des langues des ensembles de relations systématiques plus vastes, de même il recommandait de faire davantage de place à certains moments culminants de l'histoire de la peinture. Les nombreuses écoles italiennes ne devaient pas, contrairement au point de vue de Waagen, être accrochées séparément mais réunies en deux grands espaces. De cette manière, ce qui était semblable ou apparenté pouvait être vu ensemble.

Dans sa recherche sur le lien entre l'écrit et la langue (*Ueber den Zusammenhang von Schrift und Sprache*), Humboldt dirigea ses attaques contre les recherches où l'examen du particulier fait oublier le sens de la totalité. « L'étude des différentes langues de la terre », écrivit Humboldt, « manque son but si elle n'a pas toujours en vue la mission d'éduquer l'esprit et si elle omet de trouver là son véritable objectif. L'examen fastidieux des plus petits éléments et de leurs différences, qui est indispensable pour la connaissance des particularités d'une langue dans son entier, puisque ces particularités influent sur le développement des idées, devient mesquin, s'il ne prend pas en compte cette mission, et se rabaisse au rang de la satisfaction d'une simple curiosité »[34]. Les réflexions de Humboldt sur le rapport entre langue et nation nous renseignent elles aussi sur sa conception du musée. Les langues représentent pour lui « les organes des manières particulières de penser et de sentir de chaque nation »[35]. Les modifications que subit une langue sont dues à l'« effet du temps » et à des « influences extérieures ». La tâche du linguiste, toutefois, serait, selon le résumé que Bernfried Schlerath donne du point de vue de Humboldt, de retracer, à travers toute l'histoire d'une langue, le même principe caractéristique qui se perpétue et de le présenter en dehors de certains développements qui, somme toute, restent purement extérieurs[36]. D'une manière tout à fait analogue, Humboldt chercha, dans sa conception muséale, à éviter les unités d'écoles trop petites et à rendre visible pour le spectateur certains liens structurels. Au sens où la conçoit Humboldt, une institution comme le musée ne peut remplir sa tâche éducative que si un ordre y est prescrit en fonction d'une conception bien précise.

Encore une fois à l'opposé de Waagen, Humboldt visait par ailleurs une hiérarchisation des œuvres d'art. Les œuvres anciennes du Moyen Âge, primitives à ses yeux, devaient même être totalement soustraites à la vue du public, car il n'y voyait, essentiellement, qu'un intérêt historique[37]. Il était prévu de les réunir dans des pièces annexes, uniquement accessibles aux spécialistes. Pour Waagen, en revanche, l'évolution historique constituait le seul principe valable et déterminant. En sa qualité de spécialiste, il connaissait l'histoire des jugements erronés, des modes et des redécouvertes. La collection Boisserée était pour lui un exemple concret de la méfiance qu'il fallait accorder à des jugements artistiques trop vite érigés en normes. Humboldt, en revanche, conseillait de mettre en valeur les *œuvres maîtresses.* Son objectif était de les rassembler et de laisser agir leurs complémentarités dans une galerie. De même, il cherchait, dans sa théorie linguistique, la perfection de chaque langue à travers les nuances de son expression. Il considérait la langue grecque comme le sommet que pouvait atteindre dans son développement l'esprit d'une nation. Cette langue correspondait, tout comme la sculpture, à l'apogée du développement culturel et social d'un peuple. Dans les temps modernes, seule la Renaissance italienne pouvait lui être comparée. Le musée devait mettre en évidence pour tout un chacun de tels sommets de la production culturelle. Ils étaient les modèles à partir desquels une culture pouvait se former[38]. Pour cette raison, Humboldt encouragea tous les efforts visant à réunir, pour la galerie, le plus grand nombre de chefs-d'œuvre appartenant à ces sommets de la production culturelle. Il reconnut tout à fait les lacunes de la collection royale et recommanda un accroissement du budget pour de futures acquisitions.

Dans la conception qu'il avait du musée, Humboldt était en outre extrêmement attentif à la manière dont les œuvres étaient reçues par le spectateur. Ce point absolument essentiel, est, d'après nos conceptions actuelles, aussi le plus moderne. Dans son traité sur *Hermann et Dorothée* de Goethe, il avait déjà défendu la théorie selon laquelle l'œuvre n'était véritablement achevée que par le lecteur ou le spectateur. En prenant plaisir à l'œuvre, le récepteur devient pareil à l'artiste et crée l'expression artistique, par sa participation sensorielle et esthétique. Éprouver du plaisir à la vue de l'œuvre n'est rien d'autre qu'une re-création de l'œuvre à l'aide de la sensibilité pénétrante du récepteur. L'art n'a d'effet que si le spectateur ou le lecteur dispose aussi de la force d'imagination nécessaire à la création de l'œuvre. Selon Humboldt, « l'art consiste dans l'anéantissement de la nature en tant que réalité et dans sa reconstitution en tant que produit de l'imagination »[39]. Cette théorie précoce de la réception semble avoir été oubliée pendant plus d'un siècle. Humboldt mériterait, dans le cadre des recherches les plus récentes en matière de théorie des effets, qu'on lui rende à nouveau hommage[40].

La collaboration de Wilhelm von Humboldt à l'aménagement du musée ne reposait pas seulement sur son expérience pratique d'administrateur. Le conflit avec Waagen sur l'accrochage de la galerie touchait à des principes fondamentaux. L'intervention de Humboldt avait été cohérente avec sa pensée qui, au-delà du particulier, essayait toujours de ne pas perdre de vue l'ensemble. C'est sur la base de ses recherches linguistiques et de ses écrits sur l'esthétique qu'il formulait ses propositions, pragmatiques en apparence, mais concernant en réalité le cœur de cette instance éducative qu'est le musée.

Avec Humboldt et Waagen, deux conceptions s'affrontèrent qui, dans leur différence, étaient difficiles à concilier. Waagen peut ne pas s'être beaucoup réjoui de l'engagement dont témoigna Humboldt. Le fait que Humboldt se soit impliqué avec autant de véhémence et qu'il ait soumis au roi autant de requêtes, qui évidemment lui étaient aussi accordées, a dû être vécu par Waagen comme une ingérence dans ses fonctions. D'un autre côté, Humboldt a, pour autant que nous le sachions, témoigné aussi à Waagen sa reconnaissance et, une fois le musée ouvert, lui a apporté son soutien dans ses fonctions de directeur des collections. Il ne lui était pas difficile de rendre justice à l'historien d'art et au spécialiste qu'il était. Mais il ne voulait pas abandonner l'institution entre ses seules mains. Le musée devait être dirigé par des spécialistes mais destiné à la société. Cette finalité de l'institution reste encore valable aujourd'hui. L'intervention de Humboldt dans les projets de l'Altes Museum devait être un acte pionnier dans l'histoire et le conflit, toujours d'actualité, sur la mission du musée.

Notes

1. Voir à ce sujet l'importante contribution de R. Wegener, « Die Einrichtung des Alten Museums in Berlin, Anmerkungen zu einem neuentdeckten Schinkeldokument », *Jahrbuch der Berliner Museen*, 31, 1989, p. 265-287 avec d'autres textes ; *id.*, « Die Reise nach Frankreich und England im Jahre 1826 », dans M. Kühn, éd., *Karl Friedrich Schinkel, Lebenswerk,* Munich, 1990 ; et S. Moyano, « Quality vs. History ; Schinkels Altes Museum and Prussian Art Policy », *The Art Bulletin*, 72, 1990, p. 585-608. Au sujet de Schinkel voir J. Zukowsky, éd., *Karl Friedrich Schinkel. 1781-1841. The Drama of Architecture.* With essays by Kurt Walter Forster, Wolfgang Pehnt et al., Tübingen-Berlin, 1994.

2. Au sujet des conceptions théoriques de Hirt, voir A. Borbein, « Klassische Archäologie in Berlin », dans le catalogue *Berlin und die Antike*, Aufsätze, Berlin, 1979, surtout p. 108 sq. et Wegener, *op. cit.*, p. 265 sq. – Une présentation d'ensemble des projets conçus pour ce musée est donnée chez R. Schöne, « Die Gründung und Organisation der Königlichen Museen », *Zur Geschichte der königlichen Museen in Berlin, Festschrift zur Feier ihres fünfzigjährigen Bestehens*, Berlin, 1880, p. 31-58.

3. Étaient membres de la commission : Karl Friedrich Schinkel, Gustav Friedrich Waagen, Heinrich Anton Dähling, Wilhelm Wach, Julius Schlesinger et Christian Daniel Rauch. Wilhelm von Humboldt assurait la présidence, Carl Friedrich von Rumohr était consultant extérieur.

4. Le rôle de Rumohr dans la conception de l'Altes Museum mérite d'être étudié de plus près. Son influence est souvent un peu sous-estimée. Voir à ce sujet F. Stock, « Rumohrs Briefe an Bunsen, Über Erwerbungen für das Berliner Museum », *Jahrbuch der Preußischen Kunstsammlungen*, 46, 1925, supplément ; et H. Seling, *Die Entstehung des Kunstmuseums als Aufgabe der Architektur*, thèse de doctorat, Fribourg, 1952, p. 369.

5. L'expertise réalisée en 1829 par Humboldt, dont on avait longtemps pensé qu'elle avait été perdue, fut elle aussi retrouvée très récemment et publiée par Ch. M. Vogtherr, « Zwischen Norm und Kunstgeschichte, Wilhelm von Humboldts Denkschrift von 1829 zur Hängung in der Berliner Gemäldegalerie », *Jahrbuch der Berliner Museen*, 34, 1992, p. 53-64. Voir également « Das königliche Museum zu Berlin. Planungen und Konzeption des ersten Berliner Kunstmuseums », *Jahrbuch der Berliner Museen*, 39, 1997, supplément, du même auteur.

6. Cité d'après Wegener, *op. cit.*, p. 267 et 272.

7. Cité d'après Vogtherr, « Zwischen Norm... », *op. cit.*, p. 62.

8. *Ibid*, p. 56.

9. Au sujet de Waagen, voir A. Woltmann, « Gustav Friedrich Waagen, Eine biographische Skizze », dans *Gustav Friedrich Waagen, Kleine Schriften*, Stuttgart, 1875, p. 1-52 ; et W. Waetzoldt, *Deutsche Kunsthistoriker*, réimpression 1986, vol. 2, p. 29-45 ; G. Bickendorf, *Der Beginn der Kunstgeschichtsschreibung unter dem Paradigma « Geschichte », Gustav Friedrich Waagens Frühschrift « Ueber Hubert und Johann van Eyck »*, Worms, 1985.

10. E. Firmenich-Richartz, *Die Brüder Boisserée, Ein Beitrag zur Geschichte des Kunstsammelns*, Iéna, 1916, p. 113 sq.

11. K. F. Schinkel, *Briefe, Tagebücher, Gedanken*, H. Mackowsky, éd., Berlin, 1922, p. 92. Voir aussi Waetzoldt, op. cit., p. 39.

12. Wegener, *op. cit.*, p. 272. « En ce qui concerne les sculptures, la disposition devait se faire en partie d'après les objets et en partie selon un ordre historique. »

13. À propos de l'histoire des collections, voir R. Klessmann, *Gemäldegalerie Berlin*, Francfort-sur-le-Main, 1971.

14. C. F. Schinkel, *Sammlung architektonischer Entwürfe...*, cahier 6, Berlin 1825, Introduction. Voir également Schinkel-Ehrung in der DDR. *K.F. Schinkel. 1781-1841*, Berlin, 1981, p. 139.

15. Schinkel, *Sammlung architektonischer Entwürfe...*, *op. cit.*, p. 277.

16. Voir à ce sujet la présentation de Vogtherr, « Zwischen Norm... », *op. cit.*, p. 56-58, qui reconstitue de manière convaincante les différents systèmes d'accrochage décrits dans les mémoires.

17. Cité d'après : *ibid.*, p. 61.

18. *Ibid.*, p. 57.

19. Voir E. Kessel, « Wilhelm von Humboldt und Preußen », *Jahrbuch Preußischer Kulturbesitz*, 3, 1967, p. 51, qui formule, en termes modernes, le principe de Humboldt de séparation en une collection pour la contemplation et une autre pour l'étude.

20. G. F. Waagen, *Verzeichnis der Gemälde-Sammlung des Königlichen Museums zu Berlin*, Berlin, 1830, p. VII-VIII.

21. Wegener, *op. cit.*, p. 285.

22. Voir dans ce sens Vogtherr, « Zwischen Norm... », *op. cit.*, p. 60 où se trouve aussi la citation du mémoire de 1828.

23. Au sujet de son intérêt de toute une vie pour l'architecture, la sculpture, la peinture et ses collections propres, voir l'étude très étoffée de K. Simon, « Wilhelm von Humboldts Verhältnis zur bildenden Kunst », *Jahrbuch des Freien Deutschen Hochstifts*, Francfort-sur-le-Main et Halle, 1934-1935, p. 220-292.

24. Wilhelm von Humboldt, *Tagebücher*, A. Lietzmann, éd., vol. I, dans Wilhelm von Humboldt, *Gesammelte Schriften*, vol. XIV, Berlin, 1916, p. 383.

25. *Ibid.*, p. 616 sq.

26. Wilhelm von Humboldt, *Werke*, A. Lietzmann, éd., vol. II, dans Wilhelm von Humboldt, *Gesammelte Schriften*, vol. II, première partie : *Werke*, Berlin, 1904, p. 305.

27. Un résumé des négociations et du rapatriement des œuvres demanderait encore à être écrit.

28. S. Spiero, « Schinkels Altes Museum in Berlin, Seine Baugeschichte von den Anfängen bis zur Eröffnung », *Jahrbuch der Preußischen Kunstsammlungen*, 55, 1934, p. 45 ; et P. O. Rave, *Karl Friedrich Schinkel*, Berlin, *Erster Teil, Bauten für die Kunst, Kirchen, Denkmalpflege*, Berlin, 1941, p. 14. Sur le Musée Napoléon, voir Th. W. Gaehtgens, « Das Musée Napoléon und sein Einfluß auf die Kunstgeschichte », dans Antje Middeldorf Kosegarten, éd., *Johann Dominicus Fiorillo. Kunstgeschichte und die*

romantische Bewegung um 1800, Göttingen, 1997, p. 339-369 ; au sujet des œuvres d'art volées par Napoléon en Prusse voir D. Héritier, *Der Napoleonische Kunstraub in Preussen*, Bern, 1997 (maîtrise inédite).

29. H. Lübbe, « Wilhelm von Humboldt und die Berliner Museumsgründung 1830 », *Jahrbuch Preußischer Kulturbesitz* 17, 1981, p. 87-109 ; voir *id.*, « Wilhelm von Humboldt und die Musealisierung der Kunst », dans B. Schlerath, éd., *Wilhelm von Humboldt, Vortragszyklus zum 150. Todestag*, Berlin-New York, 1986, p. 169-183. Voir aussi H. Kauffmann, « Zweckbau und Monument : zu Karl Friedrich Schinkels Museum am Berliner Lustgarten », dans G. Hess, éd., *Eine Freundesgabe der Wissenschaft für Hellmut Viets...*, Francfort-sur-le-Main, 1963, p. 135-166. Au sujet du concept d'éducation, voir surtout C. Menze, *Die Bildungsreform Wilhelm von Humboldts*, Hanovre-Dortmund-Darmstadt-Berlin, 1975.

30. Lübbe, *op. cit.*, p. 98.

31. J. Trabant, *Apeliotes oder der Sinn der Sprache, Wilhelm von Humboldts Sprach-Theorie*, Munich, 1986, p. 31. Je remercie chaleureusement J. Trabant pour les conversations fructueuses et stimulantes que nous avons pu avoir ensemble sur la théorie linguistique et artistique de Wilhelm von Humboldt.

32. Voir à ce sujet la phrase de Humboldt : « Là où deux êtres sont séparés par un abîme total, aucun pont de compréhension ne conduit de l'un à l'autre, et pour se comprendre, il faut s'être déjà compris dans un autre sens », dans « Über die Aufgabe des Geschichtsschreibers », A. Lietzmann, éd., *Wilhelm von Humboldts Werke*, vol. IV. Dans Wilhelm von Humboldt, *Gesammelte Schriften*, vol. IV, première partie : *Werke*, Berlin, 1905, p. 47. Aimablement indiqué par J. Trabant.

33. Vogtherr, « Zwischen Norm... », *op. cit.*, p. 62.

34. Cité d'après Schlerath, éd., *op. cit.*, p. 215.

35. *Ibid.*, p. 218.

36. *Ibid.*, p. 231.

37. On ne peut toutefois pas en déduire, comme cela a été fait fréquemment, que Humboldt n'aurait pas apprécié la peinture primitive italienne. Voir à ce sujet Simon, *op. cit.*, p. 235.

38. Dans le sens, toutefois, qu'exprime Menze : « C'est pourquoi, imiter les Grecs ne signifie pas vouloir devenir identique à des modèles grecs mais, sur le chemin qui passe par ces Grecs inimitables, parvenir à ce pour quoi on est soi-même fait. » Menze, *op. cit.*, p. 16.

39. Cité d'après Simon, *op. cit.*, p. 269.

40. *Ibid.*, p. 263 avec une autre déclaration caractéristique de Humboldt : « Effectivement, il attribue la plus grande importance aux effets de l'art sur le public : il “les place plus haut que l'art lui-même, car ces effets, si l'on oublie un instant que toute chose de l'esprit ne porte sa finalité qu'en elle-même, ne tirent leur valeur que de leur influence sur l'homme et sa culture” ».

2

L'Île des Musées à Berlin

INTRODUCTION

L'île des Musées à Berlin est considérée à juste titre comme l'un des plus importants complexes de collections d'art et de vestiges de l'histoire des civilisations. Sur cette presqu'île délimitée par la Sprée et le Kupfergraben au centre de la ville, se trouvent cinq constructions muséales d'une importance et d'un rayonnement exceptionnels dans l'histoire de l'architecture. Les œuvres d'art qui y sont conservées et présentées proviennent des horizons culturels les plus divers, aussi bien européens qu'extra-européens, depuis les temps les plus reculés jusqu'à l'époque moderne.

Il fallut une centaine d'années pour achever ce complexe muséal. Œuvre d'art complète, unique sur le plan urbanistique et dans l'histoire des collections, l'île des Musées reflète les conceptions architecturales et les politiques muséales de plusieurs générations. La genèse de ce complexe n'a pas suivi un cours linéaire. Chaque extension de collection, chaque nouvelle installation nécessita des années, voire des décennies de lutte. L'histoire de l'île

---

Pour les notes de ce chapitre voir p. 90 sq.

des Musées constitue un chapitre essentiel de l'histoire de la culture et des idées en Prusse et en Allemagne.

Le développement des musées a en général été présenté jusqu'ici dans le cadre de l'histoire des collections et des sciences. L'extension des collections et leur traitement sont étroitement liés au développement de disciplines telles que l'histoire de l'art, l'archéologie, l'égyptologie, l'histoire des civilisations du Proche-Orient et de l'Extrême-Orient. L'essor dynamique des sciences au XIXe siècle contribua de manière essentielle à l'important développement que connurent les musées sur le plan culturel. Il détermina la manière dont on acquérait les objets, dont on y travaillait, dont on les conservait, les classait et les exposait et, par conséquent, il favorisait fondamentalement la réflexion à leur sujet.

L'activité des collectionneurs et le traitement scientifique des objets ne peuvent toutefois se développer sans une instance qui se charge de leur promotion. Les monarques et l'État étaient, en Prusse et en Allemagne, les commanditaires de cette expansion des collections et des musées. C'est pourquoi l'île des Musées n'est pas seulement un témoignage de l'histoire des idées et des sciences mais aussi, d'une manière absolument essentielle, le fruit d'une politique prussienne et allemande de l'art et de la culture [1].

L'île des Musées n'a pas encore été suffisamment prise en compte de ce point de vue. Dans le cadre du sujet qui nous intéresse ici, cela ne pourra toutefois se faire que d'une manière limitée. Nous essayerons, néanmoins, d'examiner certaines affirmations stéréotypées sur cet ensemble de musées et de mettre en évidence quelques points de vue par trop négligés dans l'interprétation historique de ce complexe unique en son genre.

Au cœur de notre sujet, deux thèses s'affrontent. L'une est le point de vue courant, souvent réitéré, et toujours cité de nouveau, en particulier dans le vif débat de ces derniers temps sur la reconstruction de l'île des Musées. Elle affirme que la réunion, sur l'île de la Sprée à Berlin, de musées dont chacun est dédié à des cultures différentes, relèverait de ce que l'on serait tenté d'appeler un *concetto*. Elle serait le produit d'une vision, de la vision d'une pluralité de formes autour d'une racine commune. Les différents objets culturels et artistiques, réunis en un même lieu, témoigneraient de la richesse d'expression et de la force créative de l'homme, tout en portant la marque des époques et des environnements respectifs dont ils sont issus. Ainsi, la possibilité, sur l'île des Musées, de passer d'une culture à l'autre, permet, d'après cette conception, d'éveiller le visiteur à cette vision des choses.

Sans vouloir nier l'éventualité d'une telle expérience pour le visiteur de l'île des Musées, nous voudrions toutefois situer ici l'argumentation à un autre niveau. Nous essayerons plutôt, par un exposé des processus historiques, de démontrer que l'idée d'une réunion d'objets représentatifs des différentes cultures était certes discutée d'une certaine manière au début du XIXe siècle, mais que ce point de vue romantique évolua fondamentalement au cours du XIXe siècle. Ce n'était pas pour donner une expression visible de l'idée que l'on se faisait de la diversité de l'activité artistique de l'humanité selon les cultures que l'on entreprit d'étendre les collections existantes et d'en acquérir de nouvelles. Il nous semble, bien plutôt, que les collections s'agrandirent à un rythme toujours plus rapide depuis que la politique artistique et culturelle des rois prussiens était devenue celle de l'empereur d'Allemagne. Lorsque, sous Guillaume II, après le départ de Bismarck en 1890, les ambitions hégémoniques déterminèrent la politique extérieure du Reich allemand, les collections connurent un nouveau soutien important, dans le sens des objectifs du gouvernement impérial. L'île des Musées – et c'est ce qui doit être démontré – est aussi résolument le produit d'une politique, prussienne d'abord, puis impériale.

L'ALTES MUSEUM

L'île des Musées se compose pour l'essentiel de cinq constructions qui abritèrent chacune plusieurs départements. Il n'est guère possible, au fond, de décrire un état durable des collections, car celles-ci n'ont cessé d'évoluer au cours de l'histoire. Ce processus témoigne du caractère vivant de l'institution ; un musée n'est pas et ne doit pas être une construction statique.

L'édifice le plus ancien et le plus remarquable au regard de l'histoire de l'architecture est l'Altes Museum, érigé par Schinkel et inauguré en 1830 [2] [9]. Il abritait à l'origine des sculptures antiques, des moulages de plâtre et, à l'étage supérieur, des tableaux choisis de toutes les écoles [3].

L'Altes Museum de Schinkel doit déjà sa création à tout un faisceau d'exigences auquel le roi donna suite au terme de longues discussions. Avant que le monarque prussien se décidât à fonder ce musée, d'autres avaient vu le jour dans diverses capitales européennes. Le Musée Napoléon, à Paris, constituait un point culminant dans une histoire des musées qui se déroulait déjà depuis un certain temps, et fut le fruit de la politique de conquête napoléonienne. Riche d'un important butin d'œuvres d'art, Napoléon fit de Paris le centre culturel de son empire. Le musée réunissait les chefs-d'œuvre des pays que l'empereur avait soumis et celui-ci prétendait que l'époque florissante de ces pays étant passée, un âge d'or avait, en revanche, été inauguré par lui en France. Le Musée Napoléon était, par sa genèse et par le message qu'impliquait ce geste impérial, une institution artistique déterminée par le politique [4].

Cette institution fut pour toute l'Europe une telle attraction qu'en raison sans doute aussi de son grand succès auprès du public, les États de l'Alliance exigèrent, après 1815, le retour des trésors volés pour les exposer dans leurs propres musées publics.

9. Altes Museum, façade vers le Lustgarten.

La Prusse ne disposait pas d'une telle institution. Les tentatives menées pendant des années pour transformer le bâtiment de l'Académie en un musée restèrent infructueuses. Aussi fut-ce la marque d'une politique artistique lorsque Frédéric Guillaume II accepta les plans de Schinkel, en 1823. Ce n'est pas par hasard que l'Alte Pinakothek de Klenze fut érigée simultanément à Munich et qu'elle ouvrit ses portes la même année, en 1830[5].

L'Altes Museum fut construit en face de la résidence des monarques. Dans ce lien urbanistique se lisait l'origine monarchique de cet édifice qui devait servir « au but premier et suprême d'un musée, l'éveil et l'éducation du sens artistique »[6]. « La façade antérieure [...] s'ouvre au peuple entier », lit-on dans une ancienne description qui voyait dans le péristyle de Schinkel une invitation de son fondateur à entrer[7]. D'après le mémoire, qu'une commission dirigée par Wilhelm von Humboldt avait rédigé, le musée devait « d'abord réjouir, puis instruire »[8]. À cet effet, le monarque régnant mit son bien à disposition : 348 tableaux provenant de ses châteaux furent confiés au musée[9].

L'Altes Museum conservait et exposait au rez-de-chaussée des sculptures antiques, et, à l'étage supérieur, des tableaux modernes. Au sous-sol étaient en outre hébergés ce qu'on appelait l'Antiquarium, ou collection d'antiquités, et le cabinet des estampes. Sous le règne de Frédéric Guillaume III et l'impulsion de Wilhelm von Humboldt fut aussi créé le premier institut muséal, dirigé de manière indépendante, par des spécialistes. L'idée que le musée devait, en tant qu'institution scientifique, avoir une direction autonome, était donc déjà née, mais allait être remise en question, à la génération suivante, avec la mainmise de l'État sur le musée.

LE NEUES MUSEUM

Frédéric Guillaume IV, le romantique sur le trône de Prusse, plaça le Musée royal sous sa direction. Cette décision correspondait d'un côté à des intérêts personnels, mais montrait d'un autre côté que l'État ne voulait pas que la politique artistique lui échappât.

Le règne de Frédéric Guillaume IV, toutefois, ne fut pas seulement marqué par la réalisation des plans du Neues Museum, le début des travaux de construction et les premiers aménagements intérieurs. Car c'est au fond aussi à ce monarque que l'on doit l'idée de l'île des Musées. Le 8 mars 1841, il décréta que « toute l'île de la Sprée derrière le musée devait être reconvertie en un havre pour les arts et la science » [10]. À partir de ses propres projets architecturaux, Stüler dessina ensuite des plans. Mais ceux-ci ne furent pas réalisés. Ce qui fut mené à bien, en revanche, c'est le Neues Museum, construit par Friedrich August Stüler, entre 1834 et 1855 [10]. Conçue comme une extension de l'Altes Museum, la nouvelle construction fut reliée avec lui par un passage. Elle ne devait pas seulement servir à l'exposition d'un plus grand nombre de sculptures et de moulages en plâtre mais aussi à l'hébergement des collections préhistoriques, et surtout

10

11

10. **August Stüler**, Neues Museum, vu du Kupfergraben, 1843-1855.

11. Neues Museum, cour égyptienne, 1920.

des collections égyptiennes qui, entre-temps, s'étaient considérablement agrandies [11].

Le Neues Museum consacra à la culture de l'Égypte antique des salles solennellement aménagées [11]. De la sorte, les Musées royaux furent considérablement agrandis d'un élément de forte attraction internationale. Le musée put rejoindre la communauté scientifique internationale. Londres, Paris, Turin avaient déjà pris les devants, en présentant leurs collections. Avec le plus grand égyptologue allemand, Richard Lepsius, qui, à partir de 1855, s'occupa en personne de la disposition des antiquités égyptiennes, l'égyptologie reçut, en tant que discipline scientifique, un appui décisif et Berlin devint un centre pour la science et les collections de premier rang [12].

Le Neues Museum ne représentait pas seulement un supplément de surface d'exposition mais reposait aussi sur une toute nouvelle conception muséale. Certes, Schinkel avait déjà, par sa décoration de l'escalier avec des scènes mythologiques peintes, attribué aussi, à l'extérieur, une place à l'art contemporain et il avait pourvu de cette façon le bâtiment du musée d'un programme iconographique. Mais à une échelle bien plus grande et aidé de nombreux assistants, Wilhelm von Kaulbach essaya, dans le Neues Museum, de donner un aperçu de l'histoire de l'humanité à travers une série de peintures d'histoire de grand format. Ces compositions animées, aux nombreuses figures, malheureusement détruites pour la plupart au cours de la dernière guerre, allaient de la construction de la Tour de Babel à l'époque de la Réforme. Tandis que Schinkel avait dessiné, dans ses représentations allégoriques et mythologiques difficiles à déchiffrer, une interprétation philosophique du monde des dieux et de la destinée des hommes, c'est un programme iconographique historique qui fut conçu pour le Neues Museum. On pourrait dire qu'une conception philosophique de l'histoire avait cédé le pas à une conception didactique [13].

Les collections ne se rapportaient que dans une très faible mesure à cette mise en scène culturelle grandiose. Il est néanmoins typique de l'époque que la présentation des collections et l'arrangement des aménagements intérieurs ait pris un caractère didactique. Le Neues Museum se voulait un lieu de formation qui instruisît le visiteur sur les contextes historiques. Les objets exposés pouvaient certes aussi renseigner par eux-mêmes mais ils étaient en même temps intégrés à un vaste programme culturel. Le *plaisir de l'art*, qui avait été le fil conducteur de la génération antérieure, s'effaça devant l'importance nouvelle accordée à une éducation par l'histoire.

LA NATIONALGALERIE

Le bâtiment suivant, la Nationalgalerie, fut érigé à partir des idées du roi Frédéric Guillaume IV lui-même et des plans dessinés par Stüler [14] [12-13]. L'architecte Heinrich Strack assura le suivi de la construction, commencée en 1866, jusqu'à son achèvement en 1876. Cet édifice pseudo-périptère devait donner à l'art moderne un cadre respectable. À l'image du Walhalla de Ratisbonne, symbole du patriotisme allemand naissant après les guerres de libération contre Napoléon, la Nationalgalerie fut construite dans des formes néo-classiques. Strack s'inspira de modèles de la Grèce antique.

Ni l'Altes Museum, ni le Neues Museum ne convenaient, par leur conception et la disposition des salles, à l'exposition d'un art contemporain. Déjà Karl Friedrich von Rumohr avait suggéré, en son temps, « de consacrer, dans la galerie royale, un département aux contemporains les plus éminents » [15]. Cette revendication fut réitérée toujours plus fortement dans la mesure où elle était de plus en plus considérée, depuis 1848, comme une question d'importance nationale. Il ne s'agissait plus

12. **Johann Heinrich Strack**, Nationalgalerie, vers 1902.

seulement de consacrer un musée à l'art contemporain mais de réaliser concrètement l'idée que « la nation » puisse créer « avec les moyens de l'art, une image d'elle-même » [16].

Au ministère de la culture prussien, l'on discuta de la proposition soumise par les artistes de Düsseldorf au parlement de Francfort pour la création d'une *Galerie nationale allemande.* Mais devant l'estimation chiffrée, calculée par l'Académie des arts, l'État prussien ne put se résoudre à accorder les sommes nécessaires [17]. De toute évidence, le moment n'était pas encore venu pour la Prusse d'assumer des tâches nationales. Comme le roi de Prusse Frédéric Guillaume IV refusa la proposition qui lui fut faite de présider l'Assemblée nationale de Francfort, le gouvernement prussien ne se vit pas non plus en mesure d'assumer des tâches culturelles à l'échelle d'un État fédéral.

Une impulsion décisive fut donnée au projet de la Nationalgalerie lorsqu'en 1859, le consul Joachim Heinrich Wagener légua sa vaste collection de peinture allemande au prince héritier Guillaume [18]. Mais les travaux

13. **Johann Heinrich Strack**, Nationalgalerie, vers 1906.

ne commencèrent que quelques années plus tard ; et en 1876, tout était presque entièrement terminé.

Il est intéressant de savoir qu'à l'époque de la fondation de la Nationalgalerie, Berlin ne pouvait nullement être considéré comme un grand centre artistique en Allemagne. D'ailleurs, les collections de peinture contemporaine étaient beaucoup plus importantes sur les lieux de création, à Düsseldorf, à Karlsruhe et à Munich. La politique artistique de Berlin conservait encore, face à ces villes, un caractère provincial. On comprend d'autant mieux que la volonté d'assumer aussi un rôle dirigeant dans la promotion des arts se fût affirmée à mesure que les prétentions politiques devenaient plus fortes. Les collections d'art n'étaient pas l'un des moindres moyens par lesquels la dynastie royale cherchait à se faire valoir davantage.

L'inscription, *À l'art allemand MDCCCLXXI*, visible de loin, conférait au musée une vocation nationale, à laquelle la Prusse, entre-temps, se sentit appelée. La figure de *Germania, protectrice des beaux-arts*, formait la partie centrale de l'ornement sculpté figurant au fronton, signe clair que la Prusse dédiait le temple de l'art à la nation entière.

Une statue équestre du roi Frédéric Guillaume IV, achevée en 1886 par Calandrelli, fut dressée devant l'édifice. C'était une manière, d'une part, de saluer la donation à travers le monarque et, en même temps, d'expliciter l'initiative d'un roi de Prusse pour la nation entière. En érigeant une statue équestre devant le musée, le monarque et l'État attestaient en outre leur prétention à diriger cette institution publique. Avec l'érection, quelques décennies plus tard, d'une telle statue en l'honneur de l'empereur Frédéric III devant le Kaiser Friedrich-Museum, cette prétention allait être réitérée.

À l'intérieur aussi, où par des transformations ultérieures la conception initiale se perdit dans une large mesure, l'attention du visiteur était constamment attirée sur le caractère d'institution nationale que revêtait la galerie. Ce caractère politique de l'institution ne se révélait pas seulement avec acuité dans la frise d'Otto Geyer, qui décorait l'escalier en décrivant l'apport culturel des peuples allemands, depuis les Germains jusqu'à Guillaume Ier, mais aussi dans la présentation des sculptures et des tableaux. L'objectif premier de la Nationalgalerie était certes de collectionner et de présenter l'art allemand, et en particulier l'art contemporain. Mais la présence d'images de batailles et la représentation d'événements marquants de l'histoire prussienne venaient rappeler que l'art s'inscrivait dans le cadre d'une propagande politique de l'État [14].

Karl Scheffler est celui qui a exprimé le plus clairement cette utilisation du musée à des fins politiques : « C'est tout à fait à dessein que la Nationalgalerie fut mise au service des intérêts dynastiques ; par moments, on la confondait avec un temple de la gloire. Il fallait y exposer des tableaux de batailles qui célébraient les victoires alle-

14. Nationalgalerie, vue d'une salle en 1907.

mandes, des portraits et des bustes de princes, d'hommes d'État et de généraux, et l'on privilégiait fondamentalement les œuvres d'art qui, en raison de leur thème, semblaient de nature à conforter la situation sociale du moment. La Galerie servait à "éduquer" le peuple dans une certaine direction, à le garder pieux et politiquement fiable »[19].

À ce propos, il est intéressant de noter que le directeur de la Nationalgalerie, Max Jordan, n'était pas placé sous l'autorité du directeur général des musées royaux de Prusse. Fonctionnaire du gouvernement du Reich, il était aussi d'office membre du comité artistique du Land. En raison des perpétuels conflits qui, lors des acquisitions, l'opposaient aux membres du comité et à Guillaume II, Jordan démissionna pourtant en 1895[20]. Lui, comme d'ailleurs aussi tous les autres grands directeurs de musée de l'époque impériale, profitèrent de ce que le régime cherchait à tirer parti des musées pour leur politique, mais ils eurent en même temps aussi à souffrir de la tutelle imposée. La révocation de Hugo von Tschudi, en 1909, aussi notoire qu'elle fût, ne resta pas un cas isolé[21]. La plupart des gens de musée avaient dû, dans cette « époque de souveraineté impériale » comme l'appelle Scheffler, autant se plier aux tendances de la politique artistique que s'en défendre. Les musées en profitèrent au plus haut point, ils durent en fait leur essor à ces tendances, mais ils essayèrent en même temps de se soustraire à la mainmise qu'impliquaient ces besoins de représentation officielle et d'illustration de la politique gouvernementale.

Les musées de l'île de la Sprée, à Berlin, ne servaient pas seulement à conserver et à exposer des œuvres d'art, mais étaient aussi des institutions puissantes de la politique culturelle prussienne. Le changement intervenu dans la finalité du musée et dans la présentation des œuvres, entre le Neues Museum et la Nationalgalerie, montre d'une manière particulièrement claire que la politique artistique prussienne s'était orientée dans le même sens que la politique générale. La prétention de diriger la nation allemande l'emporta sur l'intention d'évoquer la mission historique du genre humain. La politique artistique était mise plus directement au service de la politique du moment. La Prusse avait aussi à prendre la direction de l'Allemagne dans le domaine de l'art et des musées. La politique muséale prussienne devait rayonner au-delà des frontières de la Prusse et devenir représentative de tout l'Empire allemand.

LES MUSÉES EXTÉRIEURS À L'ÎLE DE LA SPRÉE : MUSÉE ETHNOLOGIQUE ET MUSÉE DES ARTS DÉCORATIFS

Après que le roi de Prusse eut été proclamé empereur d'Allemagne en 1871, les collections royales furent systématiquement agrandies. Le prince héritier Frédéric,

15. **Martin Gropius**, Musée des arts décoratifs, 1877-1891.

nommé protecteur des musées dans le but de le détourner d'autres activités politiques, fut sur ce point d'un soutien essentiel[22].

Dans les deux premières décennies de son protectorat, deux musées importants furent construits, à l'extérieur, toutefois, de l'île des Musées. Il s'agit du Musée des arts décoratifs, auquel on a donné aujourd'hui le nom de son architecte, Martin Gropius. Il fut érigé en 1877-1881 dans la future Prinz Albrecht-Straße [15]. Juste en face, Hermann Ende construisit durant les années 1880-1886, dans ce qui était à l'époque la Königgrätzerstraße (puis la Stresemann-Straße) le Musée ethnologique [16]. Le bâtiment fut démoli après la guerre pour élargir l'autoroute urbaine.

La décision de construire un nouveau bâtiment pour les collections préhistoriques et ethnologiques avait été prise dès 1873[23]. Dans cette décision aussi, le manque de place avait été l'un des principaux motifs. Sous la direction du baron Leopold von Ledebur, les collections du

16. **Hermann Ende**, Musée ethnologique, vue en 1895.

Neues Museum s'étaient agrandies à un rythme étonnamment rapide. Alexander von Humboldt avait enrichi la collection à son époque. Mais il n'avait pas été le seul. Par d'importants achats, par exemple de parties de la collection Cook, de celle du prince Maximilian von Wied, et par d'autres donations de grande qualité, le département avait été considérablement agrandi.

Un autre motif essentiel qui présida à la construction d'un bâtiment propre avait été le changement qui se produisit au cours du XIXe siècle dans la manière d'évaluer les collections. De simples curiosités, elles devenaient les vestiges de civilisations passées, riches d'enseignements pour la science. La conscience du fait que les cultures d'Afrique, d'Amérique et de l'Extrême-Orient avaient été modifiées voire détruites au contact de la civilisation occidentale s'imposa alors et fit des objets collectionnés des spécimens intéressants pour la recherche scientifique[24].

Mais il était aussi apparu clairement que les questions qui naissaient au cours du travail sur les collections et sur leur présentation différaient de plus en plus de celles qui se posaient dans les autres départements des musées royaux. Schöne vit très nettement que, en ce qui concerne la collection ethnologique, on « s'éloignait toujours davantage du point de vue que Wilhelm von Humboldt avait défendu si fermement à son époque », à savoir que ces objets ne pouvaient pas offrir un plaisir artistique. En outre, il ne semblait guère plus possible de continuer à fonctionner, pour les achats, dans des commissions unitaires qui n'étaient plus capables d'évaluer avec une égale pertinence les œuvres d'art et les objets ethnologiques [25].

Le successeur de Ledebur, Adolf Bastian, ne chercha pas non plus à aller à l'encontre de cette évolution. Premier directeur du Musée ethnologique, il réussit, en encourageant les expéditions, à étendre la collection au point de faire du musée une institution de rang mondial. Voici comment il définissait la tâche du musée : à une époque où « de nombreuses populations primitives sont brutalement exterminées », il est de la responsabilité de l'humanité de recueillir toutes les informations possibles sur leur protohistoire et de les transmettre. À cet effet, tous les objets caractéristiques d'une culture, même s'ils sont apparemment insignifiants, méritent en principe d'être collectionnés. Ce n'est qu'à partir du moment seulement où « les œuvres artistiques de ces cultures prennent un caractère historique » qu'elles relèvent de l'histoire de l'art et tombent dans le domaine des musées d'art [26].

Grâce à l'activité infatigable de Bastian, les collections connurent une expansion considérable [27]. Il est toutefois important de se rendre compte que le soutien que reçut Bastian dans ce sens n'était sans doute pensable qu'en raison des ambitions du gouvernement en matière de politique étrangère. Le seul intérêt scientifique et le désir d'étendre les collections n'auraient probablement guère suffi à débloquer les sommes nécessaires aux constructions et aux expéditions. Bastian réussit à agrandir le musée d'ethnologie du fait que la politique du gouvernement impérial mettait toute son ambition à satisfaire les revendications unanimes, en particulier des nationaux-libéraux et d'autres courants de l'opinion publique, qui exigeaient des possessions coloniales. Conquêtes coloniales et expéditions scientifiques allaient de pair [28].

Pour les collections ethnologiques, les possessions conquises en Afrique du Sud, en Nouvelle-Guinée et dans l'Archipel Bismarck furent de la plus haute importance. Le soutien apporté par le gouvernement du Reich à la construction du musée dans la Königgrätzer straße permettait, outre qu'il encourageait l'ethnologie en tant que discipline scientifique, de populariser la politique coloniale de l'Empire allemand [29].

Le détachement des salles du Musée ethnologique ne correspondait pas seulement à un problème de place mais aussi à une clarification de méthode et de contenu quant aux tâches engendrées par les collections. Ethnologues et historiens d'art comprirent que leurs intérêts étaient de nature différente. Ceux qui voulaient que l'île des Musées reste un havre pour les arts supérieurs imposèrent leur point de vue. Ce conflit ne constitua nullement un chapitre insignifiant de l'histoire des musées au siècle précédent. La discussion devait se poursuivre. Karl Scheffler la reprit de manière démonstrative, en 1921, dans un écrit polémique au titre éloquent : « La Guerre des musées à Berlin » (*Berliner Museumskrieg*). Allant tout à fait dans le sens de Bode, il qualifia l'accroissement démesuré des collections ethnologiques de résultat de la politique coloniale de l'Empire allemand et de folie des grandeurs [30].

Jamais un terme ne fut mis à cette querelle. D'un côté, les historiens de l'art défendaient le concept de musée d'art qui devait être réservé à des œuvres d'une qualité artistique particulière. De l'autre côté se tenaient les ethnologues et les historiens des civilisations, qui voulaient aussi intégrer des œuvres d'art exceptionnelles à un ensemble plus large d'objets non artistiques mais représentatifs d'une culture.

Lorsque Wilhelm Bode réussit, en 1907, à lancer la collection des œuvres d'art d'Asie orientale, il dut faire face à d'énormes résistances de la part de ses collègues du Musée ethnologique, qui n'étaient pas prêts à se séparer d'œuvres d'art exceptionnelles, voire à donner leur accord à la création d'une telle institution[31].

Les spécialistes de la préhistoire et les ethnologues se défendirent, dans les années 1920, avec les mêmes arguments que l'on pouvait déjà lire dans un rapport de la commission de 1893. Contre le point de vue de Scheffler, il était dit qu'« il était de toute évidence insensé d'admettre que l'art serait une chose en soi, sans aucun rapport avec l'ensemble de la culture existante… »[32].

La querelle se ranima une nouvelle fois dans la discussion actuelle sur la répartition des collections dans l'île des Musées. Tandis que les conservateurs, surtout des départements du Proche-Orient, de l'Égypte et de l'Antiquité, penchaient pour une présentation des œuvres davantage orientée sur l'histoire des civilisations, beaucoup d'historiens de l'art semblaient n'être prêts ni pour un mélange des genres comme Bode l'avait déjà réalisé, ni pour une intégration accrue de l'art dans l'ensemble de la culture d'une époque[33].

Pour d'autres raisons, qui ne sont toutefois pas sans lien avec celles-ci, le Musée des arts décoratifs fut érigé à l'extérieur de l'île des Musées. Il dut sa création en premier lieu à une association privée, fondée en 1867, et ne fut placé sous la protection de l'État qu'en 1885. L'objectif de l'association avait été de constituer une collection didactique d'objets pouvant servir de modèles dans le cadre d'une formation aux métiers d'art. Dans cette même optique, le South Kensington Museum à Londres avait déjà été agrandi d'un département, en 1852. En Allemagne, les écrits de Gottfried Semper avaient contribué de manière décisive à promouvoir un apprentissage aux métiers d'art. La partie muséale avait par conséquent pour fonction de contribuer à l'amélioration de la qualité des métiers d'art de l'époque[34]. L'école des arts décoratifs, installée dans le prolongement des salles d'exposition, constituait en fait le cœur de cette institution. En effet, la formation, pour laquelle des exemples significatifs devaient servir de matériel d'observation, était l'élément central de ce dispositif, appelé, à partir de 1868, Musée allemand des arts décoratifs[35].

Le bâtiment, érigé entre 1877 et 1881 par Gropius et Schmieden dans la Prinz Albert-Straße, devait enfin héberger, dans un cadre digne de leur valeur, les collections qui avaient été alimentées par des donations importantes, et notamment par l'apport d'une partie de la *Kunstkammer* royale. Au début des travaux, cette installation, appelée depuis 1879 Musée des arts décoratifs, ne relevait pas encore de la direction générale des musées royaux, même si elle jouissait déjà depuis longtemps du soutien de l'État, qui prit en charge les coûts de construction. Le musée et l'école étaient financés par le ministère du Commerce, de l'Artisanat et des Travaux publics, et non par le ministère de la Culture[36]. Il ne fut définitivement pris en charge par l'État et intégré aux collections royales qu'en 1885. Le caractère didactique de la collection et l'école qui lui était rattachée furent conservés.

Le fait que le musée était lié à un institut de formation et que l'artisanat d'art relevait des arts dits utilitaires ou appliqués ne conférait pas au Musée des arts décoratifs le prestige dont jouissaient les collections de l'île des Musées. Aussi la question de son intégration à l'île des Musées ne se posa-t-elle pas.

LE KAISER FRIEDRICH-MUSEUM ET LE MUSÉE DE PERGAME

On aurait pu imaginer qu'avec la Nationalgalerie, l'île des Musées était achevée. Le complexe muséal qui avait été créé pouvait accueillir des œuvres et des monuments allant de l'Égypte ancienne jusqu'à la période contemporaine. Or à la proclamation de l'Empire allemand, l'histoire des musées de Berlin ne faisait qu'entrer dans sa phase la plus dynamique. Certaines raisons – plutôt extérieures – à cet état de fait ne seront que brièvement évoquées, étant donné qu'elles ne relèvent pas du thème central de la réflexion menée ici, bien qu'en elles-mêmes, elles aient été d'une importance décisive pour le développement des collections.

L'essor économique des années 1870 et le soutien déterminé de Wilhelm Bode amenèrent la création de collections privées de grande qualité, comme cela a déjà été mentionné plus haut.

La formidable expansion que connut toutefois à cette époque le patrimoine artistique de la Prusse n'aurait pas été possible si l'empereur et le gouvernement n'avaient été fondamentalement disposés à développer les collections d'art prussiennes de manière à les rendre compétitives avec celles des autres capitales européennes. Les œuvres conservées sur l'île des Musées, après la proclamation de l'Empire allemand en 1871, étaient loin de pouvoir rivaliser avec les collections de Munich, de Vienne, de Paris ou de Londres. Pendant un peu plus de quarante ans, de 1871 à la Première Guerre mondiale, les musées de Berlin développèrent cependant une activité exceptionnelle, qui leur permit d'amasser des trésors comparables en qualité et en quantité à ceux des grandes métropoles européennes.

Après que la Prusse eut pris les commandes de l'Allemagne, la politique muséale de l'Empire allemand se poursuivit dans deux directions, afin d'atteindre un niveau égal aux grands centres artistiques. Il fallait, premièrement, que la qualité des collections et de leur présentation fût améliorée et deuxièmement, que les collections témoignassent des grandes ambitions impériales. Sur ces deux plans, le gouvernement favorisa de diverses manières les activités allant dans ce sens, à l'intérieur comme à l'extérieur du pays.

En ce qui concerne l'île des Musées, ces objectifs politiques aboutirent au début du siècle à de nouvelles constructions, celles du Kaiser Friedrich-Museum et du Musée de Pergame. Ces deux édifices monumentaux parachevèrent, au début du XXe siècle, le complexe de l'île de la Sprée et marquèrent le point culminant de la politique muséale de l'Empire. Le premier musée présente une collection d'art occidental réunie selon une démarche scientifique, le second offre à voir les collections romaines et grecques ainsi que des vestiges tout récemment acquis de civilisations du Proche-Orient.

En 1882, la décision fut prise de regrouper *toutes les collections de grand art* sur l'île des Musées. Deux ans plus tard, en 1884, un concours d'architecture conduisit à de vives discussions mais n'aboutit à aucune décision[37]. La grande question qui restait en suspens, outre l'évaluation de divers projets présentés, était de savoir s'il convenait, dans un premier temps, de construire un nouvel édifice pour la collection des antiquités ou si les collections de sculptures et de tableaux modernes, entassées dans l'Altes Museum dans un espace bien trop réduit et sans ordre systématique, devaient trouver un nouveau lieu d'hébergement.

Les discussions préalables au lancement du concours révélèrent toutefois de vives oppositions entre les directeurs de départements et le directeur général des musées, Richard Schöne. C'est à la pointe de l'île que devait être érigé un nouvel édifice pour l'exposition des sculptures et des tableaux de toutes les époques chrétiennes. Bode et ses collègues proposèrent cependant un site à l'extérieur de l'île de la Sprée. Leur préférence allait à un terrain situé en face du bâtiment de Gropius. Bode étaya sa position avec l'argument que l'art des temps modernes devait, dans sa localisation, être étroitement relié aux arts décoratifs des époques correspondantes [38].

D'après le rapport de Bode, Schöne s'imposa face à ses collaborateurs, avec le point de vue selon lequel les grandes cultures devaient rester réunies sur l'île des Musées. À l'époque, toujours d'après le récit de Bode, deux conceptions s'affrontaient donc. Les hommes de terrain, les directeurs, prévoyaient un accroissement continuel des collections et recherchaient des solutions pragmatiques, valables pour l'avenir. Schöne, en revanche, serait resté attaché à une conception datant d'une époque antérieure, selon laquelle l'île des Musées devait devenir un lieu de regroupement de toutes les grandes cultures [39].

Comme toujours, les projets de constructions nouvelles s'accompagnaient, outre de débats sur leur conception, de leur cortège habituel d'objections et de revers divers dus à un manque de moyens. Le ministère des Finances ne se montra pas du tout coopératif face aux projets qui lui étaient soumis et qui, dans un premier temps, à cause notamment de l'autel de Pergame, concernaient principalement la construction d'un nouveau bâtiment pour le musée des antiquités. Schöne réussit certes, par une offre de démission qu'il retira peu après, à conforter sa position, mais ce ne fut que dans les années 90 que l'on entra dans une phase de concrétisation des plans élaborés par Fritz Wolff pour un Musée de Pergame.

Toutes sortes de conflits d'intérêts et d'intrigues conduisirent à faire échouer momentanément les projets de construction d'un nouvel édifice pour l'autel de Pergame et à privilégier ce qu'on appelait le musée de la Renaissance. Bode avait, manifestement par l'intermédiaire de l'impératrice Augusta, joué un rôle non négligeable dans cette marche des choses [40].

17. Musée de Pergame,
bâtiment provisoire de **Fritz Wolff**, 1897-1899.

18. L'autel de Pergame dans le bâtiment provisoire.

Lorsque Frédéric III mourut en 1888, les musées perdirent leur promoteur le plus actif. Cependant, Guillaume II ne tarda pas à s'intéresser directement au développement de l'île des Musées. Il décida la construction de deux nouveaux bâtiments à la fois, dont les travaux commencèrent dès les années 1890. De 1897 à 1899, Fritz Wolff acheva la construction du Musée de Pergame, un bâtiment considéré comme provisoire [41] [17-18]. En même temps, Ernst Eberhard von Ihne mit aussi en route l'entreprise ambitieuse de la construction du Kaiser Friedrich-Museum, aujourd'hui appelé musée Bode [42].

Mais l'activité de construction ne s'arrêta pas au Kaiser Friedrich-Museum. Déjà pendant les travaux, il était apparu que des départements nouvellement créés, comme celui de l'art islamique, ne pouvaient être hébergés faute de place. Par ailleurs, les conditions d'installation de l'autel de Pergame dans son bâtiment provisoire étaient considérées comme insuffisantes. À partir de

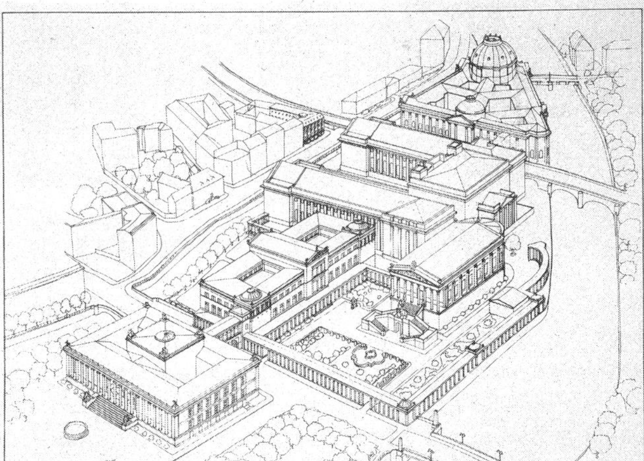

19. L'île des Musées, schéma.

20 

21 

1905, date de sa nomination au poste de directeur général, Wilhelm Bode tenta donc avec énergie d'obtenir une rénovation et un agrandissement du Musée de Pergame[43].

Ce n'est que des décennies plus tard, en 1930, que les travaux de l'actuel Musée de Pergame, commencés en 1912 par Alfred Messel, interrompus pendant la Première Guerre mondiale et continués par Ludwig Hoffmann à la mort de Messel, purent aboutir [19-20]. Le bâtiment

22

20. **Alfred Messel-Ludwig Hoffmann**,
Musée de Pergame, 1912-1930.

21. Deutsches Museum,
l'aile nord dans le Musée de Pergame,
salle des autels, 1930.

22. La porte d'Ishtar, 604-562 av. J.-C.

23. Autel de Pergame, vers 180-159 av. J.-C.

monumental, conçu de nouveau dans un style néo-classique, abritait à côté de l'autel de Pergame, le Deutsches Museum (Musée allemand) dans l'aile nord [21] et, dans l'aile sud, les collections devenues immensément riches du Vorderasiatisches Museum (Musée du Proche-Orient) dont la porte d'Ishtar et l'allée processionnelle formaient un pendant à l'autel de Pergame [22-23].

Avec le Musée de Pergame, se termine la phase de construction sur l'île des Musées. Les musées construits par la suite durent l'être dans d'autres quartiers, au Tiergarten et à Dahlem.

Cinq musées, abritant chacun plusieurs domaines de collections, constituent donc l'essentiel de ce complexe unique dans l'histoire de la culture, qui aura mis cent ans à se construire. Cependant, l'Altes Museum, le Neues Museum, la Nationalgalerie, le Kaiser Friedrich-Museum et le Musée de Pergame ont chacun été créés à des époques différentes, correspondant à des conceptions de l'art différentes. Le développement de ces musées était encouragé par des monarques qui n'obéissaient nullement à des objectifs identiques. Ceux-ci ne se réduisaient pas non plus à la préoccupation concrète d'offrir un lieu d'exposition à la mesure des collections toujours plus grandes. Il faut donc se demander quels éléments politiques et quels développements dans l'histoire des idées ont joué un rôle décisif dans la politique artistique et culturelle, d'abord de la Prusse puis de l'Empire allemand, pour avoir permis une telle extension des collections.

LE RÔLE DE L'ARCHÉOLOGIE

L'île des Musées à Berlin, au nombre desquels il faut encore ajouter les deux musées, pour ainsi dire transplantés, que sont le Musée des arts décoratifs et le Musée ethnologique, était un produit de l'impérialisme allemand. Tandis que l'Angleterre, la France, la Hollande, l'Espagne et l'Italie avaient, pour certains depuis des siècles déjà, acquis en dehors de leur territoire propre des colonies pour satisfaire leurs prétentions hégémoniques, l'unification des États d'Allemagne en un Empire allemand intervint trop tard pour encore réaliser à plus grande échelle de tels objectifs. L'Afrique du Sud allemande et d'autres rares enclaves furent les seules colonies d'un empire qui mit trop tardivement sur pied une flotte pour pouvoir, au-delà des mers du monde entier, participer à grande échelle à la conquête des terres et à l'exploitation des richesses naturelles. Des efforts furent néanmoins entrepris dans ce sens et l'extension des collections ethnologiques profita de cette ambition.

À côté de ces activités, la politique extérieure de l'Empire allemand s'efforçait, dans le but de stimuler le développement industriel propre et les exportations, d'entretenir des relations diplomatiques étroites avec le

Proche-Orient, en concurrence aussi avec l'Angleterre et la France. Des ingénieurs allemands construisirent des routes et des voies ferrées en Asie Mineure. Dans ce cas aussi, l'essor des exportations de biens et de technologies eut des répercussions dans le domaine culturel, en particulier dans celui de l'archéologie.

L'île des Musées doit son autel de Pergame à un ingénieur des ponts et chaussées passionné d'archéologie. Dans le cadre de ses activités d'ingénieur, Carl Humann tomba sur les sculptures de Pergame, qu'il exhuma systématiquement à partir de 1878 et qu'il fit transporter à Berlin, sur la base de contrats signés avec le gouvernement turc.

L'autel de Pergame fit sensation dans le monde scientifique. Berlin pouvait se glorifier de posséder, à côté de Londres avec sa frise du Parthénon, le chef-d'œuvre architectural et sculptural le plus important de l'Antiquité grecque. Jacob Burckhardt affirma que Berlin était devenu avec cette acquisition, « l'un des premiers lieux de pèlerinage artistique du monde »[44]. Il a souvent été dit que la découverte de l'autel de Pergame avait conduit à une nouvelle appréciation de l'hellénisme. Pour les sculpteurs contemporains de l'Empire allemand, il fut en tout cas une stimulation et un objet d'étude décisifs. Le pathos néo-baroque de Reinhold Begas pouvait trouver son pendant dans la gestuelle dramatique des figures de la fin de l'Antiquité[45] [24].

On est même allé jusqu'à expliquer l'engouement pour l'autel de Pergame par un certain parallèle entre la situation historique de la fin de l'Antiquité et celle de l'Empire allemand. De même que les Attalides de Pergame avaient triomphalement échappé à une décomposition en petits États, de même, pensait-on, l'Empire allemand avait su réaliser l'unité allemande à travers la Prusse[46]. Même si on a peut-être été un peu trop loin dans cette interprétation, il ne peut faire l'ombre d'un doute que des biens culturels de grande importance ont été acquis pour

24. Relief de l'autel de Pergame, groupe d'Athéna.

donner à la capitale du Reich toute sa gloire et tout son prestige.

Dans cet ordre d'idées, il est intéressant de savoir comment les musées de Berlin ont réussi à obtenir les reliefs de Pergame. Après qu'en 1872, Carl Humann eut déjà envoyé deux reliefs à Berlin avec la prière que lui soient donnés les moyens de continuer les fouilles, ces deux pièces restèrent tout d'abord au dépôt, sans qu'il y fût prêté attention [47]. Le nouveau directeur de la collection des antiquités, Alexander Conze, qui venait d'être nommé, fut le premier à reconnaître la qualité des fragments reçus et à encourager la poursuite des fouilles. Les négociations se déroulèrent dans la plus grande discrétion. Lors des démarches auprès des autorités turques pour l'obtention de l'autorisation, on chercha à minimiser l'importance de ces fouilles. Le prince héritier, protecteur des musées, apporta son aide au déroulement stratégique de cette action pour laquelle 50 000 marks furent prélevés sur les sommes que l'empereur avait à sa disposition et 50 000 provinrent du fonds des musées. Pour conserver le secret sur cette affaire, on ne passa pas par l'administration générale des musées[48]. Toute l'entreprise fut menée comme une opération secrète de l'État. En un peu plus d'un an, tous les reliefs étaient déjà à Berlin[49]. Ces fouilles exceptionnellement fructueuses purent être célébrées comme un triomphe de l'archéologie allemande. Les musées de Berlin accédèrent au rang des plus grandes collections d'art antique, au même titre que Londres et Paris.

De notre point de vue actuel, ces fouilles n'étaient évidemment fructueuses au plan scientifique que jusqu'à un certain point. L'ingénieur des ponts et chaussées Carl Humann, malgré sa passion et sa prise en compte, en âme et conscience, des connaissances les plus pointues de l'époque, doit être qualifié d'archéologue amateur. Il n'était au départ qu'un chercheur de trésors, et n'accumula que peu à peu de l'expérience, au fur et à mesure des fouilles. Le prince héritier et le ministère de la Culture agissaient à la requête de la direction des musées, conformément aux recommandations d'Alexander Conze, à qui l'on doit les premières découvertes sur le site de Pergame, et du directeur général Richard Schöne. Pour cette acquisition de l'un des plus grands monuments de la culture antique, les musées pouvaient être assurés du soutien politique de leur gouvernement, dans la mesure où l'acquisition de fonds et d'œuvres d'art spectaculaires correspondait parfaitement aux besoins de représentation officielle et à la politique culturelle de l'Empire allemand. Le gouvernement du Reich ne craignit pas non plus de laisser un État ami dans le plus grand flou sur la réalité du processus en cours. L'empereur Guillaume Ier et l'impératrice Augusta visitèrent les reliefs arrivés à Berlin le 5 janvier 1880 et les trouvèrent éparpillés au sol de l'Altes Museum comme s'il s'agissait des trophées d'une campagne victorieuse[50].

Une fois que la mission fut achevée avec succès, on loua, dans l'exhumation des reliefs de Pergame et leur acquisition pour les musées de Berlin, un exploit de la politique culturelle, qui pouvait être profitable à la gloire de l'Empire allemand. Au plus haut niveau politique, au Parlement, l'opération reçut les louanges du député Sybel : « Messieurs, la section plastique de nos musées, les collections de sculptures, ne revêtaient jusqu'à présent qu'une importance tout à fait secondaire… par l'incorporation de ces œuvres de Pergame, notre musée a été propulsé d'un coup au premier rang des collections européennes »[51]. Bismarck prit personnellement part aux négociations avec le gouvernement turc pour obtenir l'autorisation d'exporter tous les reliefs exhumés.

La place offerte à l'autel de Pergame dans le bâtiment dit provisoire, érigé par Wolff en 1897-1899, était insuffisante[52]. De plus, comme dans le cas de la frise du Parthénon à Londres, la nécessité de présenter les reliefs à l'intérieur leur donna une disposition erronée par rapport à celle qui avait été la leur à l'origine. Néanmoins, l'île des Musées connut avec le premier Musée de Pergame un attrait considérablement accru au plan national et international.

L'autel de Pergame fut la trouvaille la plus spectaculaire mais nullement la seule, ni même celle qui devait intéresser aussi durablement l'opinion publique que les fouilles de Heinrich Schliemann à Troie ou celles qu'Ernst Curtius menait à Olympie depuis 1875. Le financement des fouilles était un aspect essentiel de la politique muséale de l'Empire allemand.

Après ses fouilles à Troie au début des années 1870 et les envois spectaculaires à Berlin du trésor dit de Priam, Schliemann avait fait en 1876 ses découvertes sensationnelles sur la culture mycénienne. Même s'il ne trouva pas les tombeaux d'Agamemnon et de Clytemnestre mais, comme nous le savons aujourd'hui, des inhumations bien plus anciennes, les contemporains étaient tout de même enthousiasmés par les résultats de ses recherches. À l'époque, il avait laissé l'essentiel de ses trouvailles aux autorités grecques.

Alors que Schliemann fouillait de son propre chef et à ses propres frais, le ministère de la Culture encourageait les activités des archéologues formés professionnellement, lorsqu'elles présentaient un caractère scientifique sérieux. En première ligne, il y avait celles d'Ernst Curtius. Ses fouilles à Olympie faisaient partie des opérations de prestige de l'Empire allemand. Curtius était en excellents termes avec le prince héritier Frédéric, dont il avait temporairement instruit le fils, le futur empereur Guillaume II. Grâce, entre autres, à cette relation exceptionnelle, l'entreprise coûteuse qu'il dirigeait put jouir en permanence d'un soutien adéquat.

Les fouilles d'Olympie peuvent être considérées comme les plus scientifiques qui aient été entreprises jusque-là dans l'histoire de l'archéologie. Elles introduisirent de tous nouveaux critères dans cette discipline. Mais un tel résultat n'a été possible que grâce au soutien apporté par l'État à cette entreprise à laquelle on se référait toujours avec fierté pour évoquer l'activité de pionnier de l'Empire allemand en matière de politique culturelle. Les descriptions circonstanciées de l'histoire d'Olympie et des résultats des fouilles renseignaient sur « la mise à jour méthodique d'Olympie par l'Empire allemand »[53]. Les explorations archéologiques étaient littéralement considérées comme un exploit national : « Les fouilles d'Olympie, première grande œuvre pacifique du nouvel Empire allemand, une entreprise à laquelle chaque citoyen allemand a en fait apporté son obole, jouirent dès le début d'un intérêt si vif dans les couches les plus étendues de la population… »[54]

L'exploration des sites antiques, les fouilles et l'exploitation scientifique des résultats était donc un *travail pacifique* qui, parallèlement aux activités militaires, contribuait à la gloire de l'Empire allemand, dans le domaine de la pensée et de la culture. Porté par l'enthousiasme général, Curtius réussit à fonder l'Institut archéologique allemand à Athènes ; d'autres institutions du même type devaient voir le jour par la suite, à Rome, au Caire, à Damas, à Bagdad. Jusqu'à aujourd'hui, elles dépendent du ministère de l'Extérieur, dans la continuité de la politique culturelle étrangère de l'Empire allemand.

Les collections sur les civilisations anciennes avaient, entre-temps, atteint un niveau international et intéressaient toujours davantage l'opinion publique. L'une des principales raisons de cet exceptionnel développement des collections était la grande qualité des savants tels que Conze et Curtius, que Schöne savait prendre à son service. Mais l'initiative ne partait pas toujours des musées. Comme Humann, qui tomba sur la culture antique par son travail d'ingénieur, comme Schliemann qui devint un chercheur de trésors par passion personnelle, d'autres savants approchèrent l'État dans le but d'obtenir une aide pour les fouilles qu'ils menaient à titre privé. Les spécialistes n'en approuvaient pas toujours la démarche. Il pouvait arriver, cependant, que l'empereur accordât son soutien même contre l'avis de la direction du musée et de l'Institut allemand d'archéologie. Un exemple caractéristique de subvention accordée personnellement par Guillaume II fut le cas du savant indépendant Ohnefalsch-Richter, qui fouilla à Chypre dans les années 1880, sans l'avis favorable des spécialistes. L'intérêt de l'État à l'expansion des musées de Berlin était parfois plus grand que la prudence des scientifiques[55].

Parmi la génération montante, Theodor Wiegand perpétua de manière décisive l'œuvre de Conze et de Curtius. Après la mort de Humann, il dirigea tout d'abord avec beaucoup de succès les fouilles de Priène, avant de commencer le vaste chantier de Milet, qui devait durer de nombreuses années. Wiegand entretenait d'excellentes relations avec la maison impériale et, en tant que beau-père de Georg von Siemens, avait aussi ses entrées dans les milieux influents de l'économie allemande, dont les plus grands représentants soutenaient activement les projets archéologiques[56]. En sa qualité de directeur de la Deutsche Bank, Siemens jouait un rôle important dans la construction et dans l'exploitation du chemin de fer anatolien. En 1898, il voyagea à travers la Turquie avec l'empereur, à l'occasion de l'inauguration de la ligne de Konya. Il en profita pour visiter les fouilles de Priène et fit alors la connaissance de Wiegand. Dans cette conjonction étroite entre les intérêts économiques et ceux d'un pouvoir préoccupé par sa puissance, Wiegand était un personnage clé. Les musées de Berlin doivent à ses dons de diplomate, qui lui permirent d'entretenir de bons contacts avec les autorités turques et de faire transporter à Berlin une grande partie des monuments exhumés, une part non négligeable de leur extension.

L'ambition d'inclure dans les collections de Berlin non seulement des sculptures et des pièces de décoration isolées mais aussi des éléments architecturaux entiers remonte à Wiegand. Son idée de faire du Musée de Pergame aussi un musée de l'architecture fut approuvée en 1906 – malgré les réserves de Bode – avec l'autorisation accordée pour le transport et l'installation de la Porte du marché de Milet. Cette importation d'architectures monumentales, qui nous paraît plutôt étrange aujourd'hui, supposait évidemment une extension en conséquence de l'espace muséal. Le projet de Messel, en 1909, répondit à cette nécessité d'un nouveau Musée de Pergame, qui ne put toutefois aboutir, sous la direction de Ludwig Hoffmann, qu'après de longues années de discussions.

La dimension monumentale des collections n'échappa pas aux critiques. Dans l'écrit polémique de 1921 cité plus haut, Scheffler avait déjà parlé du fait que les musées visaient faussement à être complets historiquement, mais négligeaient parallèlement certains critères rigoureux de qualité artistique. « L'époque appelait », écrivait-il, « à constituer de grands musées prestigieux, et les directeurs des musées de Berlin y ont donné suite avec un empressement véritablement passionné, constamment encouragés par le désir irrépressible qu'avait l'empereur d'impressionner »[57]. Cette critique de Scheffler ne portait pas seulement sur les collections antiques mais tout particulièrement aussi sur celles de l'Orient qui, depuis le tournant du siècle, recevaient de Didyme et de Baalbek, les compléments les plus précieux.

LES COLLECTIONS DU PROCHE-ORIENT

Les Allemands, toutefois, ne restreignirent nullement leur intérêt aux sites de la civilisation grecque. Les archéologues poussèrent leurs recherches jusqu'en Mésopotamie, le pays aux deux fleuves, berceau prétendu de l'humanité. La Société allemande de l'Orient (*Deutsche Orient-Gesellschaft*), fondée en 1898, encourageait les expéditions dans les régions du Proche-Orient encore largement inexplorées par la science[58]. Dans le voyage de Guillaume II en Palestine, préparé et réalisé avec force moyens, le crochet de l'empereur par Beyrouth, puis Bagdad et Baalbek, pour la visite des ruines qui s'y trouvaient, soulignait l'engagement du gouvernement et de l'empereur lui-même dans l'exploration des grandes civilisations d'autrefois[59].

Une querelle de prestige en règle se déclencha au Proche-Orient pour l'obtention des autorisations de fouilles en certains lieux importants. Les archéologues pouvaient bénéficier, dans leurs négociations, de l'appui des représentations diplomatiques de leurs pays, car les gouvernements européens considéraient aussi l'exploration scientifique et le gain que représentait l'acquisition de monuments pour leurs propres collections, comme un terrain privilégié pour l'exercice de leur politique de puissance. Il est par exemple caractéristique de cette situation que les archéologues allemands s'efforcèrent en vain de reprendre les fouilles abandonnées par les Français à Didyme. L'opposition manifestée sur ce point aux autorités turques par l'ambassadeur français empêcha une campagne allemande. Bien que les fouilles aient été arrêtées, la France ne voulut pas abandonner un terrain archéologique « conquis »[60].

Les fouilles menées sous l'Empire allemand au Proche-Orient, entre les années 1880 et la Première Guerre mondiale, gagnaient toujours plus de terrain, de sorte que de nouvelles constructions devenaient indispensables sur l'île des Musées. Avec le cadeau de la façade de M'chatta et l'installation du département islamique, en 1904, Bode avait dû utiliser une part non négligeable de l'espace qui lui avait été mis à disposition dans le Kaiser Friedrich-Museum pour les collections orientales. Puis, avec les fouilles au pays des deux fleuves, les découvertes de Ninive et de Babylone par des archéologues allemands, et le transfert à Berlin de pièces d'architecture monumentales, un nouvel agrandissement des musées devint nécessaire à partir de 1900.

Après que Bode eut pris la direction générale des musées en 1905 et qu'il eut réalisé son vœu le plus cher, la construction du Kaiser Friedrich-Museum, il lutta pendant des années pour la création du dernier grand complexe muséal, le nouveau Musée de Pergame. Dans son mémoire de 1906, il justifia le besoin d'une nouvelle extension en donnant, notamment, l'explication suivante : « en outre, des domaines entièrement nouveaux, et insoupçonnés jusque-là, se sont ouverts aux collections : le vaste domaine de l'art du Proche-Orient avec les succès prodigieux des fouilles de Mésopotamie, l'extension des collections antiques à l'architecture et à la décoration avec les riches trouvailles de Baalbek, de Milet et de Didyme, etc., et l'immensité de l'art islamique avec le cadeau de la façade de M'chatta». Pour finir, il voulut disposer différemment la sculpture allemande du Moyen Âge et créer dans le nouveau bâtiment un Musée allemand (*Deutsches Museum*) : «enfin, outre la nécessité de trouver de nouveaux espaces pour répondre à tous ces besoins, un nouveau musée pour l'art allemand primitif me paraît, notamment pour des raisons nationales, un devoir»[61].

Chronologiquement, le département du Proche-Orient des musées de Berlin vit le jour avant le département islamique, que Bode créa en 1904. La Société allemande de l'Orient (*Deutsche Orient-Gesellschaft*) avait encouragé, avec le soutien de l'État, mais aussi avec l'aide d'importantes ressources privées, les fouilles et l'exploitation scientifique des objets découverts au Proche-Orient. L'activité en Mésopotamie culmina avec les fouilles de Babylone, menées par Robert Koldewey. La voie processionnelle, la porte d'Ishtar et la façade de la salle du trône de Nabuchodonosor, dégagés par les campagnes de Koldewey, arrivèrent encore à Berlin avant le déclenchement de la Première Guerre mondiale et fondèrent la renommée mondiale des collections du Proche-Orient[62].

RÉSUMÉ

L'île des Musées fut achevée avec l'inauguration du Musée de Pergame, en 1930. Ce complexe unique en son genre a mis cent ans à se construire. Un tel ensemble, modelé par l'histoire, constitue, par son architecture et l'histoire de ses collections, une œuvre d'art totale qui doit son développement et sa diversité aux différents objectifs qui lui furent donnés. Tandis que, sur la base d'une première conception didactique inspirée des Lumières, l'Altes Museum et le Neues Museum inaugurèrent une nouvelle fonction, celle de collectionner des œuvres, la Nationalgalerie incarnait, au-delà de cette tâche, le rôle dirigeant que la Prusse entendait prendre, tant sur le plan de la politique que de celui de l'encouragement des arts. L'art n'était d'ailleurs pas seulement encouragé pour lui-même mais placé, en même temps, au service de la représentation officielle de l'État. Ce lien devait rester caractéristique de l'époque de l'Empire allemand.

À partir de la fondation de l'Empire allemand, les musées se développèrent parallèlement aux prétentions que la Prusse s'efforçait de justifier aux yeux du Reich et du monde entier par des preuves tangibles. Outre la force militaire, dont la Prusse avait fait la démonstration lors de la campagne contre la France, il s'agissait aussi de développer une force économique et de produire des réalisations culturelles dignes d'une grande puissance européenne. Le Kaiser Friedrich-Museum et le Musée de Pergame étaient des complexes prestigieux, offerts aux regards du monde entier, par lesquels la Prusse et l'Empire allemand pouvaient faire figure, au plan national et international, de centres mondiaux de la culture.

L'impulsion la plus décisive fut donnée à l'île des Musées sous l'Empire allemand. Sans l'extension des collections à cette époque, et la construction des deux grands bâtiments supplémentaires, l'Altes Museum, le Neues Museum et la Nationalgalerie seraient restés, jusqu'en 1870, au rang de musées de province, aussi honorables que ceux de Cassel, de Karlsruhe, de Francfort ou de Stuttgart. Or l'Empire allemand visait, pour sa représentation officielle, une gloire mondiale, comparable à celle de Paris et de Londres.

Cet objectif ne put être atteint que par l'action conjuguée de plusieurs facteurs. L'essor économique des premières décennies de l'Empire allemand fut exceptionnellement favorable à l'ambition des souverains – Frédéric III et Guillaume II participèrent tout à fait personnellement à la construction de l'île des Musées, assez souvent malgré les vives résistances de leurs ministères. L'État participa certes au financement des musées, en mettant à disposition des fonctionnaires qualifiés et un budget d'achat non négligeable, mais ce furent les donateurs du monde des affaires qui rendirent possible un développement de rang international. En matière de fouilles et d'achats, la *Deutsche Orient-Gesellschaft* et le *Kaiser Friedrich-Museums-Verein* agissaient aux côtés des autorités pour permettre l'extension des musées. Ces sociétés, dont l'empereur s'était lui-même constitué le protecteur, comptaient parmi leurs membres les plus éminents acteurs de l'économie de l'Empire allemand.

L'interdépendance entre l'État, l'économie et la science mériterait de faire l'objet d'une étude spécifique. Il peut toutefois être tenu pour certain qu'il s'agissait pour chacune des parties d'une alliance et d'un partenariat des plus profitables. Les relations diplomatiques très étroites avec la Turquie et les principautés arabes constituaient, en politique étrangère, un contrepoids important à la présence anglaise, française et russe, qui avait tendance à accaparer la région. Ces relations diplomatiques furent à leur tour très utiles pour l'établissement de relations économiques, qui permirent à l'Empire allemand d'assurer un rôle dirigeant et profitable dans la construction de routes et de voies de chemin de fer, de Turquie jusqu'en Perse. Rappelons que Carl Humann parvint à Pergame en sa qualité d'ingénieur des ponts et chaussées et que la façade de M'chatta dut faire place à la ligne de chemin de fer qui conduisait à La Mecque.

Après le renvoi de Bismarck en 1890, la politique étrangère s'orienta encore davantage, sous Caprivi, vers une politique mondiale. La politique navale et coloniale était renforcée. En tissant des liens économiques étroits, surtout au Proche-Orient et au Moyen-Orient, puis aussi en Chine et au Japon, Guillaume II chercha pour l'Empire allemand une reconnaissance politique digne d'une puissance mondiale.

La transformation de l'île des Musées en un complexe muséal fut une conséquence de cette politique. La science allemande en profita, surtout dans les domaines de l'égyptologie, de l'archéologie – en particulier, proche-orientale – de l'histoire de l'art et de l'ethnologie. Par le soutien apporté aux campagnes de fouilles, à l'acquisition des trouvailles et aussi enfin à leur traitement scientifique et à la publication des résultats de ces recherches, les musées accédèrent au niveau le plus haut, reconnu internationalement.

Ce n'est pas par hasard que le concept de politique culturelle fut forgé peu après 1900[63]. Une telle politique se pratiquait concrètement depuis des décennies. Les musées relevaient déjà d'une assistance de l'État, à l'aide de laquelle le gouvernement pouvait aussi rendre visible à l'extérieur certains de ses objectifs politiques. Il est difficile de discerner et, dans la plupart des cas, impossible aussi à vérifier, de qui des deux partenaires l'initiative partait en réalité. Reprocher par principe aux monarques de l'Empire allemand et à la bureaucratie ministérielle un comportement autoritaire et une ingérence dans les affaires de la direction des musées serait juger de manière trop superficielle. Le processus était plus complexe. Souvent, si ce n'est la plupart du temps, l'initiative des achats, des fouilles ou de l'installation de départements entiers, partait des musées[64]. Cependant, l'intérêt scientifique et artistique des spécialistes des musées se développa parallèlement aux efforts des hommes politiques. Une sorte d'entraide, un accord tacite, peut-être inconscient, semblait avoir été la base de leur action commune. Bode, en particulier, « se sentait », comme le formule Stephan Waetzoldt, « responsable de l'harmonisation entre les objectifs de la politique mondiale et ceux de la politique muséale, sous l'Empire allemand. Ce fut lui qui fit des musées de l'État prussien des institutions de rang mondial »[65]. Certaines contraintes, toutefois, restreignaient la marge de manœuvre des responsables de musées. Il n'était pas permis ni possible d'agir à l'encontre des intérêts du monarque et de sa politique. Les directeurs, surtout ceux de la Nationalgalerie, eurent à souffrir de cet état de fait.

La genèse de l'île des Musées illustre et représente le chemin parcouru par la Prusse dans son développement, qui, d'une principauté au territoire limité, devint un royaume aux prétentions hégémoniques dans l'Empire allemand. À partir d'une modeste collection princière de province qui, en 1830, était loin de pouvoir rivaliser avec la Pinakothek de Munich, se développa un complexe muséal qui renfermait, telle une acropole ses chambres à trésors, les cultures de pays lointains et étrangers. Face à cette prodigieuse importation de cultures, l'on assista, au moment de son plus fort développement, sous l'Empire allemand, à une étrange faiblesse de sa propre production culturelle. Tandis que l'empereur encourageait l'achat d'œuvres d'art de royaumes disparus et utilisait ces monuments pour montrer sa propre puissance, il réprimait toute tentative de renouvellement de l'art moderne dans son propre pays[66].

Maximilian Harden, qui formula les critiques les plus agressives à l'égard de Guillaume II, a noté cette contradiction et n'a cessé de la reprendre en termes polémiques. En 1902, il écrivit dans la revue *Zukunft* : « Nous avons ratissé des trésors de toutes les cultures, mais nous n'avons pas nous-mêmes de culture, nous n'avons pas le courage de combler l'abîme entre enseignement et vie… les idéaux ne s'importent pas ; on ne peut pas non plus les commander à des prix déterminés, ni chez Platon, ni chez Krupp. L'Hellade et Rome en avaient, ainsi que Florence sous les Médicis. C'est pourquoi, ils purent trouver des idéaux et léguer un art qui imprimait, même à l'ustensile le plus minuscule, la marque de son essence profonde »[67].

Guillaume II a souvent exprimé publiquement sa conception de l'art et de la culture. Ses idéaux découlaient de principes académiques confirmés. Les œuvres d'art devaient témoigner d'une solide formation artisanale, les compositions viser l'harmonie et un sentiment de bien-être, et les thèmes divertir ou édifier moralement. Sa célèbre sentence contre ce qu'il appelait l'art du caniveau se voulait surtout une dénonciation des formes d'expression modernes ainsi que de la peinture et de la sculpture qui se posaient en critiques de la société.

Cette conception de l'art était sans doute partagée par un grand nombre, si ce n'est par la plupart des sujets de ce monarque. La crispation sur certaines valeurs était aussi une caractéristique des couches de la bourgeoisie particulièrement intéressées par ce qui touchait à la culture. Le mérite de cette bourgeoisie a justement été d'avoir, sur la base d'une culture humaniste, redécouvert, exhumé, préservé, traité scientifiquement de grandes civilisations disparues et de les avoir portées à la conscience de son époque sous la forme d'un bien culturel. Cet effort, toutefois, était ambivalent, car il était porté par une conscience nationaliste de sa mission. La politique de puissance et la prise de possession des monuments d'autres cultures reposait sur la conviction que la culture allemande avait à remplir en Europe, au Proche-Orient et en Extrême-Orient, une mission de propagation de sa supériorité économique, scientifique, militaire et artistique. Le sauvetage et l'entretien des trésors amassés n'allaient pas sans une outrecuidance et une présomption, qui attribuaient à la culture propre un rang supérieur aux autres.

« Le fait que les Allemands géraient à présent les biens spirituels de l'humanité constituait pour beaucoup d'intellectuels la vocation culturelle de la nation allemande », écrivit Thomas Nipperdey[68]. Cette phrase décrit aussi avec pertinence l'activité des éminents savants des musées de Berlin.

Mais de toute évidence, les efforts accomplis pour redécouvrir les cultures du passé et les réalisations obtenues faussèrent le regard de l'empereur et de la plupart des bourgeois sur les tensions internes, dans l'art de leur propre pays. L'impressionnisme qui, somme toute, était un art étranger, et plus particulièrement français, eut toutes les peines du monde à faire son entrée dans le temple de la politique artistique officielle de l'Empire allemand. Un directeur de musée, tel que Hugo von Tschudi, résista à une mise sous tutelle, par ingérence du souverain, de l'institution qu'il dirigeait. Son renvoi révéla un conflit qui, dans l'histoire des musées allemands, devait encore conduire à d'autres conséquences fatales.

Notes

1. Le concept de politique culturelle semble ne s'être dégagé qu'après 1900, et surtout dans le cadre de la promotion de la politique culturelle étrangère. Voir à ce sujet R. vom Bruch, *Weltpolitik als Kulturmission, Auswärtige Kulturpolitik und Bildungsbürgertum in Deutschland am Vorabend des Ersten Weltkrieges*, Paderborn-Munich-Vienne-Zurich, 1982. Au sujet du concept de culture autour de 1900, voir R. vom Bruch, F. W. Graf et G. Hübinger, éd., *Kultur und Kulturwissenschaften um 1900, Krise der Moderne und Glaube an die Wissenschaft*, Wiesbaden, 1989 ; K. Düwell, « Geistesleben und Kulturpolitik des Deutschen Kaiserreiches », dans E. Mai, S. Waetzoldt et G. Wolandt, éd., *Ideengeschichte und Kunstwissenschaft im Kaiserreich, Kunst, Kultur und Politik im Deutschen Kaiserreich*, III, Berlin, 1983, p. 15-30. Une étude sur le rôle des institutions politiques et culturelles que sont les musées, dans la mesure où ils déterminent de manière décisive l'idée de la culture propre et de la culture étrangère, fait encore cruellement défaut. Surtout en ce qui concerne l'époque de l'Empire allemand, l'absence de prise en compte de ce domaine par la recherche est fortement à déplorer. Dans les publications citées ci-dessus, il n'est question des musées ni en tant que lieux de collection, ni en tant qu'institutions scientifiques.

2. Sur l'histoire de sa construction, voir surtout P. O. Rave, *Karl Friedrich Schinkel, Berlin I, Bauten für die Kunst, Kirchen, Denkmalpflege* (Schinkel Lebenswerk), Berlin, 1981. V. Plagemann, *Das deutsche Kunstmuseum, 1790-1870*, Munich, 1967, p. 66-81.

3. Voir à ce sujet le texte récent de R. Wagner, « Die Einrichtung des Alten Museums in Berlin, Anmerkungen zu einem neuentdeckten Schinkel-Dokument », *Jahrbuch der Berliner Museen*, 31, 1989, p. 265-287.

4. P. Wescher, *Kunstraub unter Napoleon*, Berlin, 1976, ainsi que J. Chatelain, *Dominique Vivant Denon et le Louvre de Napoléon*, Paris, 1973 ; Th. W. Gaehtgens, « Le musée Napoléon et son influence sur l'histoire de l'art », *Histoire de l'histoire de l'art*, vol. II, *XVIIIe et XIXe siècles*, Paris, 1997, p. 89-112.

5. P. Böttcher, *Die Alte Pinakothek in München*, Munich, 1972.

6. C'est ainsi que le formulèrent Schinkel et Waagen dans leur mémoire de 1828. Voir F. Stock, « Urkunden zur Vorgeschichte des Berliner Museums », *Jahrbuch der Preußischen Kunstsammlungen*, 51, 1930, p. 206.

7. A. Woltmann, *Die Baugeschichte Berlins bis zur Gegenwart*, Berlin, 1872, p. 179 ; voir aussi R. Petras, *Die Bauten der Berliner Museumsinsel*, p. 42.

8. Un travail important consisterait à étudier dans le détail dans quelle mesure la volonté de l'État autoritaire de Prusse d'agir dans un sens éducatif fut aussi un élément moteur de sa politique culturelle. Voir à ce sujet H. Schulze, « Die preußischen Reformen und ihre Bedeutung für die deutsche Geschichte » dans *Wir sind, was wir geworden sind. Vom Nutzen der Geschichte für die deutsche Gegenwart*, du même auteur, Munich, 1987, p. 63-87.

9. Petras, *Die Bauten der Berliner Museumsinsel*, p. 49.

10. *Festschrift zur Feier ihres 50jährigen Bestehens am 3.8.1880, Zur Geschichte der Königlichen Museen in Berlin*, Berlin, 1880, p. 53.

11. Petras, *Die Bauten der Berliner Museumsinsel*, p. 54-76.

12. Sur l'histoire de l'égyptologie en Allemagne, voir H. Kischkewitz, « Die Ägyptologen Richard Lepsius, Heinrich Brugsch und Georg Ebers und ihre Stellung zu Zeitfragen », *Forschungen und Berichte*, 20-21, 1980, p. 89-100.

13. Sur l'interprétation des fresques de Kaulbach, voir le texte de W. Busch, « Wilhelm von Kaulbach – peintre philosophe und modern painter. Zu Kaulbachs Weltgeschichtszyklus im Berliner Neuen Museum », dans A. Gethmann-Siefet et O. Pöggeler, éd., *Welt und Wirkung von Hegels Ästhetik*, Bonn, 1986, p. 117-138 ; H. Ebert, « Über die Entstehung, Bewertung und Zerstörung der Wandgemälde Wilhelm von

Kaulbachs im Treppenhaus des Neuen Museums zu Berlin», *Forschungen und Berichte,* 26, Berlin, 1987, p. 177-204 ; et M. Wagner, « Wohin mit der verlorenen Geschichte ? Kaulbachs weltgeschichtlicher Bildzyklus im Neuen Museum», dans Zentralinstitut für Kunstgeschichte München, éd., *Berlins Museen. Geschichte und Zukunft*, Munich-Berlin, 1994, p. 87-98.

14. P. O. Rave, *Die Geschichte der Nationalgalerie Berlin*, Berlin, 1968 ; D. Honisch, *Die Nationalgalerie Berlin*, Recklinghausen, 1979 ; Petras, *Die Bauten der Berliner Museumsinsel*, p. 78-92.

15. Cité d'après Petras, *ibid.*, p. 78. On y trouve aussi une indication sur une critique anonyme de l'année 1832 qui regrettait «qu'il n'y ait aucune place pour une galerie moderne».

16. Rave, *Die Geschichte...*, *op. cit.*, p. 4.

17. Le projet échoua manifestement pour des raisons financières, voir Rave, *ibid.*, p. 10 ; Petras, *Die Bauten der Berliner Museumsinsel*, p. 79.

18. Petras, *ibid.*, p. 79-80 ; et Th. W. Gaehtgens, *Der Bürger als Mäzen*, Opladen, 1998, p. 10-16.

19. K. Scheffler, *Berliner Museumskrieg*, Berlin, 1921, p. 105-106 ; Françoise Forster-Hahn, « Weihestätte der Kunst oder Wahrzeichen einer neuen Nation ? Die Nationalgalerie (n) in Berlin 1848-1968 », dans *Berlins Museen. Geschichte und Zukunft*, *op. cit.*, p. 155-164.

20. Les circonstances de cette démission n'ont pas été éclaircies. Officiellement, il avait été dit que Jordan quittait ses fonctions pour raisons de santé. Mais cela n'est sans doute que la moitié de la vérité, comme on peut le déduire de diverses sources. Pallat, *Richard Schöne*, p. 249 ; Petras, *Die Bauten der Berliner Museumsinsel*, p. 128.

21. Sur la manière dont cela s'est déroulé, voir surtout P. Paret, « The Tschudi Affair », *Journal of Modern History*, 53, 1981, p. 589-618. Sur le rôle et l'action de Tschudi en tant que directeur de la Nationalgalerie, et surtout sur sa politique d'achats, voir B. Paul, *Hugo von Tschudi und die moderne französische Kunst im Deutschen Kaiserreich,* Mayence, 1993 ; et le catalogue de l'exposition *Manet bis van Gogh. Hugo von Tschudi und der Kampf um die Moderne*, Munich-New York, 1996.

22. Une étude complète, à partir des sources encore disponibles, sur l'activité de Frédéric III, protecteur des musées de Berlin, fait malheureusement défaut. Voir, en attendant, le catalogue de l'exposition *Kaiser Friedrich III. und sein Museum, Eine Ausstellung des Kaiser-Friedrich-Museums-Vereins in der Gemäldegalerie,* SMPK, Berlin, 1988.

23. Voir Pallat, *Richard Schöne*, p. 130-132.

24. Voir S. Westphal-Hellbusch, « Hundert Jahre Museum für Völkerkunde Berlin, Zur Geschichte des Museums », *Baessler-Archiv, Beiträge zur Völkerkunde*, Neue Folge XXI, 1973, surtout p. 2-6. Richard Schöne, le directeur général, exprima clairement ce fait dans sa contribution à la *Festschrift der Königlichen Museen* publiée en 1880 en l'honneur des 50 années d'existence de l'île des Musées : « Les collections ethnologiques et préhistoriques, qui pouvaient encore être considérées il y a cinquante ans comme une simple accumulation de curiosités, ont elles aussi atteint, entre-temps, le niveau d'un matériel d'étude tout à fait comparable à nos collections scientifiques et promettent de livrer des connaissances dont on ne pouvait pas même mesurer la possibilité autrefois. » *Festschrift der Königlichen Museen*, *op. cit.*, p. 49.

25. *Ibid.*, p. 56.

26. Westphal-Hellbusch, *op. cit.*, p. 4.

27. On trouvera un bon aperçu de l'histoire de l'extension des collections dans *Die Berliner Museen*, Berlin, 1953, p. 125-136.

28. Ce n'est pas un hasard si les premiers efforts développés par Bismarck en vue d'une politique coloniale datent également des années 1880. Voir à ce sujet l'article récent de K. Hildebrand, « "System der Aushilfen" ? Chance und Grenzen der deutschen Außenpolitik im Zeitalter Bismarcks (1871-1890) », *Jahrbuch der Stiftung Preußischer Kulturbesitz*, XXVII, 1990, p. 462-463.

29. Sur la suite de l'histoire du Musée ethnologique, sur les projets d'extension à Dahlem et sur les nouvelles installations après la Deuxième Guerre mondiale, voir Westphal-Hellbusch, *op. cit.*, p. 6-99.

30. Scheffler parla même du « juste sentiment de l'incompatibilité entre les intérêts ethnographiques et artistiques », Scheffler, *op. cit.*, p. 8.

31. Voir Bode, *Mein Leben*, éd. Th. W. Gaehtgens et B. Paul, Berlin, 1997, vol. I, p. 317-321.

32. Westphal-Hellbusch, *op. cit.*, p. 27. Scheffler, en revanche, estime que « les œuvres d'art n'ont pas leur place au Musée ethnologique, quels que soient l'époque ou le peuple auxquels elles appartiennent. Elles doivent être présentées à part, avec leurs semblables », *ibid.*, p. 16.

33. Voir, dans ce contexte, la discussion intéressante sur l'exposition *High & Low, Modern Art and Popular Culture*, Museum of Modern Art, New York, 1990 ainsi que les articles du catalogue et du recueil de textes K. Varnedoe et A. Gopnik, éd., *Modern Art & Popular Culture, Readings in High & Low*, New York, 1990.

34. *Die Berliner Museen*, *op. cit.*, p. 97-108. Voir surtout B. Mundt, *Die deutschen Kunstgewerbemuseen im 19. Jahrhundert*, Munich, 1974.

35. Voir V. Scherer, *Deutsche Museen, Entstehung und kulturgeschichtliche Bedeutung unserer öffentlichen Kunstsammlungen*, Iéna, 1913, p. 209-216.

36. Depuis 1879, toutefois, les domaines de compétence des ministères ont changé. Voir Pallat, *Richard Schöne, op. cit.*, p. 128.

37. *Concurrenzentwürfe wegen Bebauung der Museumsinsel zu Berlin*, Berlin, 1884 ; Pallat, *ibid.*, p. 164-170. Ce concours mériterait une étude monographique approfondie. Un travail fondamental de description de la situation de départ et d'analyse des projets sélectionnés a été réalisé par S. Waetzoldt, « Bauten der Museumsinsel », dans le catalogue de l'exposition *Berlin und die Antike*, Berlin, 1979, p. 361-374 et du même auteur « Pläne und Wettbewerbe für Bauten auf der Berliner Museumsinsel 1873-1896 », *Jahrbuch der Berliner Museen*, 35, 1993, supplément.

38. Bode, *Mein Leben*, vol. I, p. 161.

39. La présentation que Bode donna des faits a été mise en doute par Pallat, *Richard Schöne*, p. 165.

40. Voir l'exposé des faits par Bode dans son autobiographie *Mein Leben*, vol. I, p. 237.

41. Petras, *Die Bauten der Berliner Museumsinsel*, p. 122-126.

42. Voir l'article sur le Kaiser Friedrich-Museum.

43. Petras, *Die Bauten der Berliner Museumsinsel*, p. 138-150.

44. Cité d'après M. Kunze, « Carl Humann – Vom Ruhm und Nachruhm eines deutschen Ausgräbers », *Forschungen und Berichte*, 31, 1991, p. 154.

45. P. Bloch, « Die Berliner Bildhauerei des 19. Jahrhunderts und die Antike » dans le catalogue de l'exposition *Berlin und die Antike*, Berlin, 1979, recueil d'articles, p. 395-429.

46. Kunze, *op. cit.*, p. 154 ; également H.-J. Schalles, *Der Pergamonaltar, Zwischen Bewertung und Verwertbarkeit*, Francfort, 1986.

47. Pallat, *Richard Schöne*, p. 137. En octobre déjà, Ernst Ludwig Curtius était allé trouver Humann à Pergame et avait visité le site de fouilles. Voir F. Curtius éd., *Ernst Curtius. Ein Lebensbild in Briefen*, Berlin, 1903, p. 615-617.

48. Pallat, *Richard Schöne*, p. 138.

49. Voir Bode, *Mein Leben*, vol. I, p. 151.

50. *Ibid.*, vol. I, p. 151.

51. Cité d'après Schalles, *op. cit.*, p. 10.

52. Petras, *Die Bauten der Berliner Museumsinsel*, p. 122-126.

53. A. Boetticher, *Olympia, Das Fest und seine Stätte, Nach den Berichten der Alten und den Ergebnissen der deutschen Ausgrabungen*, Berlin, 1986, p. 3.

54. *Ibid.*, p. 4.

55. Pallat, *Richard Schöne*, p. 236-238.

56. Les fouilles de Milet commencèrent en 1899 avec un financement pris sur les fonds dont disposait l'empereur. Voir Th. Wiegand, « Halbmond im letzten Viertel, Archäologische Reiseberichte », dans : *Kulturgeschichte der Antiken Welt*, vol. 29, Mayence, 1985, p. 40.

57. Scheffler, *op. cit.*, p. 47.

58. La Deutsche Orient-Gesellschaft semble, d'après Wiegand, avoir été beaucoup moins respectueuse des recommandations nationales turques. Voir Wiegand, *op. cit.*, p. 76-77 et Bode, *Mein Leben*, vol. I, p. 336.

59. Un récit détaillé, avec toutefois une orientation théologique, est donné dans l'ouvrage *Das deutsche Kaiserpaar im Heiligen Land im Herbst 1898,* Berlin, 1899.

60. Wiegand, *op. cit.*, p. 25.

61. Bode, « Denkschrift betreffend Erweiterungen und Neubauten bei den königlichen Museen in Berlin », février 1907, reproduit dans Bode, *Mein Leben*, Berlin, 1930, vol. II, p. 239.

62. Ces fouilles, qui ont duré des années, sont décrites dans R. Koldewey, *Das wieder entstehende Babylon, Die bisherigen Ergebnisse der deutschen Ausgrabungen*, Leipzig, 1913.

63. Voir à ce sujet M. Abelein, *Die Kulturpolitik des deutschen Reiches und der Bundesrepublik Deutschland, Ihre verfassungsgeschichtliche Entwicklung und ihre verfassungsrechtlichen Probleme*, Cologne et Opladen, 1968 ; « Interne Faktoren auswärtiger Kulturpolitik im 19. und 20. Jahrhundert », dans K. Düwell, éd., *Materialen zum internationalen Kulturaustausch,* Stuttgart, 1981. Il reste encore à faire une analyse approfondie des musées en tant qu'institutions de la politique culturelle. Voir aussi la note 1.

64. Voir à ce sujet W. Waetzodt, « Die Staatlichen Museen zu Berlin 1830-1930 », *Jahrbuch Preußischer Kulturbesitz*, 51, 1930, p. 191 : « Les musées de Berlin sont des institutions de l'État. L'État les entretient, il perçoit en eux l'une des formes les plus distinguées de représentation de la politique culturelle de l'État, il les met au service de l'éducation des citoyens pour leur plaisir et pour leur culture. Le spécialiste du musée est un fonctionnaire de l'État ; quelque chose de l'esprit qui régit l'ordre de l'État passe dans ses faits et gestes et aiguise son sens de la responsabilité à l'égard du public. Le solide système d'organisation des musées de Berlin s'explique lui aussi par leur caractère de "manifestation de l'État". »

65. S. Waetzoldt, « Museumspolitik – Richard Schöne und Wilhelm von Bode » dans E. Mai et S. Waetzoldt, éd., *Kunstverwaltung, Bau- und Denk-*

malpolitik im Kaiserreich, Berlin, 1981, p. 490. Étudier de plus près cette action commune, à l'aide des archives aujourd'hui plus accessibles, serait un thème de recherche important.

66. Voir surtout à ce sujet P. Paret, *Die Berliner Secession, die moderne Kunst und ihre Feinde im kaiserlichen Deutschland*, Berlin, 1981.

67. *Die Zukunft*, 4 janvier 1902, cité d'après M. Harden, *Kaiserpanorama, literarische und politische Publizistik*, R. Greuner, éd., Berlin, 1983, p. 244-245.

68. T. Nipperdey, *Deutsche Geschichte 1866-1918*, vol. I, *Arbeitswelt und Bürgerwelt*, Munich, 1991 [2], p. 814.

3
Wilhelm von Bode et ses collectionneurs

Il est surprenant, au fond, que la recherche en histoire de l'art, bien qu'elle se soit occupée, au cours de ces dernières décennies, de questions liées à la réception des œuvres d'art, n'ait guère intégré dans ses études l'histoire des collections, qui représente pourtant un aspect non négligeable de la problématique. L'œuvre d'art dans son environnement social, l'effet d'un tableau sur un public préparé de manière inégale en raison de son éducation et de sa culture, ainsi que le rôle de médiateur joué par le critique d'art et l'historien de l'art sont autant de thèmes qui sont apparus dans le champ de l'histoire de l'art. En revanche, l'histoire des collections, en tant que phénomène social, reste encore un sujet largement négligé par la recherche [1].

Il est vrai que le domaine est vaste ; la matière est si abondante, qu'il n'est guère possible d'en avoir une vue complète et les difficultés méthodologiques sont nombreuses. L'histoire des collections ne pourra donc s'écrire que lorsque la recherche fondamentale aura produit des résultats d'une certaine portée et que, à la faveur d'études

---

Pour les notes de ce chapitre, voir p. 125 sq.

de cas, les sources auront été publiées. Dans une seconde étape seulement, il pourra alors être possible de sonder en profondeur les aspects politiques, sociaux, historiques et culturels liés à l'activité des collectionneurs. Quelques suggestions seront proposées ici pour aller dans ce sens et l'attention sera attirée sur un chapitre essentiel de la constitution des collections d'art allemandes à Berlin à la fin du XIXe siècle.

Au centre de ces développements apparaît la figure de Wilhelm von Bode, assistant aux musées prussiens depuis 1872, puis directeur des collections de peinture et de sculpture, et à partir de 1905, directeur général des musées royaux de Prusse. Il est impossible, ici, de décrire, ne serait-ce qu'à grands traits, la vie et l'œuvre de cet homme remarquable, auquel les Berlinois doivent pour une grande part leur gloire internationale. La présentation de son activité et de son rôle dans la culture de l'Empire allemand reste cependant une des tâches importantes que devra s'assigner la recherche en histoire et en histoire de l'art[2]. Notre intention, dans le cadre de ce chapitre, est plus modeste. Néanmoins, elle conduit à de nombreuses questions relevant aussi d'autres disciplines, comme l'histoire politique, sociale et économique, et, pour finir, également l'histoire des idées.

Mais il s'agit tout d'abord d'étudier, à partir des sources, le rôle que des collectionneurs privés et des mécènes ont joué dans la création des musées prussiens à Berlin. Qui étaient les collectionneurs, qu'est-ce qui les motivait et pour quelles raisons encourageaient-ils le développement des musées ? Il n'est guère possible de répondre ici à cet ensemble complexe de questions qui nous mènerait très loin. Il faudra donc concentrer notre réflexion sur un champ plus restreint, l'art ancien européen, du Moyen Âge au baroque, en tant que domaine de collection.

Bode encouragea de manière déterminante, à l'époque de l'Empire allemand, un grand nombre de collectionneurs. Il savait, par ses conseils stimulants, éveiller l'intérêt des bourgeois aisés, les inciter à acheter des œuvres d'art et les motiver ainsi à constituer des collections. L'objectif de tous ces efforts – Bode ne s'en est pas caché – était, par le biais des collections privées et des donations, d'enrichir les collections d'art publiques. Il considérait comme une tâche essentielle d'un homme de musée de stimuler les connaissances en la matière, en donnant, dans une démarche didactique, des conférences et des conseils, afin de former de nouveaux collectionneurs. « C'est la seule manière », écrivit-il, « pour qu'un autre but soit atteint : celui de retenir et de progressivement intégrer les collections privées les plus précieuses dans les musées du même lieu, que ce soit par donation, par legs ou par achat »[3].

Une série de facteurs ont joué un rôle déterminant dans l'organisation des collections d'art ancien durant le dernier tiers du XIXe siècle. La présentation de ces facteurs, dans ce qui suit, permettra de donner un aperçu de cet important chapitre de l'histoire de la culture allemande.

La victoire de 1870-1871 sur la France constitua aussi pour l'histoire des collections d'art un événement décisif. Parallèlement au développement des musées prussiens, pour la promotion quantitative et qualitative desquels Wilhelm von Bode déploya depuis 1872 les plus grands efforts, des membres aisés de la grande bourgeoisie du début de l'Empire allemand, commencèrent à *aménager leurs intérieurs avec des œuvres d'art*. L'essor économique de l'Empire allemand et les fortunes immenses de certains entrepreneurs et industriels permirent un transfert d'œuvres d'art depuis l'Italie, la France et l'Angleterre vers l'Allemagne et en particulier vers Berlin. Avant l'Empire allemand, les grandes collections, comme la collection du comte Raczynski, avaient plutôt été l'exception[4].

Pour la création des collections de prestige, la victoire sur la France avait été indirectement une condition préalable. Pendant les années 1870 et 1880, la défaite plongea les Français dans une crise économique, qui les conduisit nécessairement aussi à se défaire d'une partie de leur patrimoine artistique. Quant aux acquéreurs allemands, il furent confrontés, dès l'occupation de la France, avec la richesse d'une culture dont eux-mêmes ne pouvaient pas faire preuve. Le tableau d'Anton von Werner, *L'Étape avant Paris*, où des soldats prussiens lourdement bottés prennent leurs aises dans un salon rococo, est un symbole caractéristique [25]. Les Allemands n'y sont pas dépeints comme des vandales mais tout de même comme des conquérants naïfs, insouciants et incultes. Ils sont des corps étrangers dans l'élégant environnement néo-rococo du Second Empire. Ce n'est certainement pas le sens que le peintre avait voulu donner à ce tableau de genre plutôt charmant. Les soldats prussiens étaient sans nul doute censés incarner la virilité et la gaieté prussienne face à une décadence française efféminée. Mais cette représentation peut aussi se comprendre dans un autre sens. Malgré le *lied* de Schumann que sont censés chanter les soldats, il faut voir dans leur comportement le signe de leur inculture face à un aménagement intérieur riche de traditions.

De même que, selon une coutume ancienne, les vainqueurs adoptaient la culture des vaincus, de même les riches collections françaises donnèrent l'impulsion décisive, sous l'Empire allemand, à l'activité de collectionneur. Les deux premières collections d'importance ont, dans une grande mesure, été réunies en France. Celle du neveu de l'ambassadeur de Prusse à Paris, le comte Wilhelm Pourtalès, fut la première et le modèle pour d'autres après elle. Son exemple fut suivi, à la fin des années 1870, par le banquier Oskar Hainauer qui, « en

25. **Anton von Werner**, *L'Étape avant Paris*, 1894, huile sur toile, 120 × 158 cm, Berlin, Staatliche Museen.

tant que représentant berlinois de la maison Rothschild de Paris, avait vu les collections parisiennes des Rothschild » et avait commencé à collectionner « dans le bon style » en se laissant guider par Bode[5]. Au début, Hainauer collectionnait – « comme la plupart des collectionneurs berlinois – pour orner sa nouvelle villa de bonnes décorations »[6]. Il était un représentant de ce type de collectionneur dont on pourrait dire qu'il collectionnait pour le *prestige* et qui se laissait guider par Bode en sa qualité de spécialiste de l'histoire de l'art.

Grâce aux bénéfices colossaux de certains marchands et industriels en Allemagne, les collectionneurs allemands parvenaient à acquérir des œuvres d'art de haute qualité dans les pays voisins, en Italie, en France et en Angleterre. À cause de la chute des prix des produits agricoles, les familles patriciennes eurent en effet à subir des pertes financières considérables dans tous ces pays. Après

1871, la France fut en outre affaiblie économiquement par rapport à l'Empire allemand, par le poids des contributions qu'elle devait lui verser, tandis qu'en Angleterre, l'aristocratie foncière, propriétaire jusqu'à aujourd'hui du patrimoine artistique collectionné depuis le XVIIIe siècle, devint victime des importations de blé américain qui, depuis le milieu du siècle, faisait baisser de moitié les prix des céréales. La conséquence de cette évolution fut que les milieux traditionnels de collectionneurs durent, en Italie, en France et en Angleterre, se défaire d'œuvres importantes pour couvrir leurs dettes[7]. Les achats de Bode à Florence et à Rome puisaient dans les collections les plus précieuses, comme celles des Borghèse et des Barberini. À Paris et à Londres, c'est surtout des chefs-d'œuvre de la Renaissance italienne, du baroque, du XVIIe siècle hollandais et du XVIIIe siècle français qui passaient sous le manteau. Les musées allemands, mais aussi les collectionneurs privés, profitèrent de cette conjoncture.

La motivation qui poussait les collectionneurs à acheter ces œuvres d'art est bien plus difficile et plus complexe à sonder. Seules des réponses en vrac peuvent être proposées sur la question. Il n'existe pas de sources explicites. On ne peut que lire entre les lignes et tirer des conclusions à partir de témoignages divers.

Une des raisons en était certainement que l'œuvre d'art pouvait être considérée comme une base, un objet de spéculation. Nous ne disposons pas d'études sur l'évolution des prix de la peinture, de la sculpture et de l'artisanat d'art anciens sur le marché de l'art et dans les ventes aux enchères[8]. Différentes sources permettent néanmoins de conclure à une évolution fulgurante des prix, entre les années 1880 et le début de la Première Guerre mondiale, évolution uniquement imputable à la demande croissante des collectionneurs privés et des musées publics. Par là, nous n'avons toutefois nommé qu'un seul aspect de la question, et sans doute pas le plus important.

La manière d'acquérir des œuvres pour les collections ainsi que l'évolution des prix étaient très liées à l'idée que l'on se faisait de *l'œuvre d'art originale.* Ce n'est que dans la seconde moitié du XIXe siècle que commença à s'opérer une distinction entre original et copie – aujourd'hui, une évidence pour nous – et une évaluation des œuvres en conséquence. Lorsque Wilhelm von Bode entra, en 1872, dans l'administration des musées prussiens, la politique d'acquisition du directeur général de l'époque consistait encore à agrandir la collection des copies datant de Frédéric Guillaume IV, qui est encore conservée à ce jour dans le Belvédère de Potsdam.

Il n'était nullement aisé de modifier cette politique muséale. Bode parle dans ses Mémoires de ses efforts incessants pour convaincre le directeur général von Usedom d'acheter des originaux. Il fallut toute la ténacité de Bode pour que cette nouvelle orientation pût s'imposer[9]. À l'époque, il pouvait encore utiliser l'argument selon lequel les originaux étaient pour ainsi dire bradés à vil prix – une situation qui devait radicalement changer en très peu de temps[10].

Le désir d'acheter des originaux, et non des copies, doit être étudié dans le cadre d'une théorie de l'art mais aussi d'une histoire de la culture. Pour Bode et son époque, il ne faisait aucun doute que l'œuvre d'art représentait une unité originale qui, en soi, ne pouvait se dupliquer. Selon cette conception, l'œuvre d'art est un objet unique, non interchangeable. Son effet dépend de son unicité et s'intensifie avec sa qualité. La valeur d'une œuvre d'art, y compris aussi justement sa valeur matérielle, est ainsi déterminée par le fait qu'il s'agit d'un original. Guidé par la connaissance, le collectionneur doit donc s'assurer dans son évaluation qu'il ne fait pas l'acquisition d'une copie.

Seul le scientifique peut donner au collectionneur l'assurance qu'il n'a pas commis d'erreur. L'atout que Bode conservait vis-à-vis des collectionneurs amateurs était le soutien qu'il pouvait leur apporter en tant que spécialiste. Ses connaissances étaient la condition au déploiement des collections qu'il voulait promouvoir. Bode était internationalement considéré comme l'un des plus grands connaisseurs, et cela dans les différents domaines de l'art européen et extra-européen. Son expertise permettait ainsi un investissement qui ne s'adressait pas seulement à l'esprit mais qui prenait aussi matériellement un sens et une valeur durables.

Il n'est donc pas étonnant d'observer que la science de Bode reposait tout d'abord sur la connaissance de l'original. Lors des longs voyages qu'il entreprenait, il sut exercer sa mémoire de telle manière qu'il pouvait, par des comparaisons, parvenir à se prononcer pour ou contre une attribution. Cela n'a aucun sens, aujourd'hui où les connaissances sont plus étendues, de montrer qu'il a commis des erreurs. Pour son époque, il a par un zèle infini et une intensité sans relâche contribué à élucider beaucoup de points restés jusque-là sans solution en histoire de l'art. Face à ce cadre théorique et scientifique de l'histoire de l'art, il en existait cependant encore un autre d'ordre historique et culturel. Bode concentrait ses connaissances sur l'œuvre isolée. En même temps, il partageait toutefois les idées selon lesquelles la compréhension d'une œuvre n'a de sens qu'en rapport avec son contexte historique. Lui qui avait été chargé, par Jacob Burckhardt en personne, de la publication de la nouvelle édition de son *Cicerone*, savait l'importance qu'il y a à connaître le contexte dans lequel une œuvre a été créée et déterminée. Il en résulta pour lui un conflit qu'il essayait, tant au niveau des collections privées que des musées, de résoudre par un compromis.

Une caractéristique de la nouvelle conception que l'on avait de l'œuvre d'art originale était qu'une fois arrachée à son contexte d'origine, elle perdait quelque chose de sa

26. Salon dans la villa d'**Oskar Huldschinsky** à Berlin, vers 1909.

fonction et de son effet. Bien que l'on puisse croire que justement l'achat de tableaux et de sculptures de la Renaissance italienne, tel qu'il était pratiqué dans le dernier tiers du XIXe siècle, témoignait d'une insouciance prononcée par rapport au contexte historique d'origine, il existait cependant à cette époque une conscience claire du contexte historique et local. Pour cette raison, l'on s'efforçait de reconstituer une ambiance pseudo-historique dans les salles consacrées aux collections de l'Empire allemand. Cette évolution culmina dans le concept qu'eut Bode du musée de la Renaissance au sein du Kaiser Friedrich-Museum, avec ce résultat paradoxal que des contextes historiques furent détruits très consciemment, avec d'importants moyens financiers, pour être reconstruits en d'autres lieux – évidemment en accord avec une vision et une interprétation propres de l'histoire en général, et de l'histoire de l'art en particulier.

C'était sans doute seulement dans les cas les plus rares que les collections privées significatives de l'Empire allemand étaient constituées exclusivement de sculptures et

27. Cabinet de travail dans la villa d'**Oskar Huldschinsky** à Berlin, vers 1909.

de tableaux. On pouvait y déceler un centre d'intérêt particulier mais la collection restait intégrée à l'habitat. La pièce Renaissance était souvent la salle à manger ou le cabinet de travail, le salon était aménagé dans le style rococo français, etc. L'activité du collectionneur n'était donc pas intégralement motivée par une passion, au sens d'un plaisir esthétique – passion pour la peinture, la sculpture ou la faïence – mais s'inscrivait bien plutôt dans une histoire de l'aménagement intérieur. Ce fait s'observe jusque dans les années 20 et 30 de notre siècle. Les œuvres d'art acquises sont intégrées dans un environnement domestique apparemment conforme par son style [11] [26-27].

Collectionner sous l'Empire allemand signifiait donc à la fois vouloir posséder l'*original* et l'intégrer *historiquement* à sa propre culture. On s'emparait d'une culture passée pour s'y identifier personnellement. Les collections d'art les plus remarquables ne surpassaient en principe les aménagements intérieurs de citoyens moins aisés que par leur qualité et leur valeur. À la chaise pseudo-historique aux formes néo-Renaissance, que l'on trouvait chez le bourgeois fermement campé sur ses prétentions mais limité financièrement, correspondait, à un autre niveau social, la chaise Renaissance originale, dans le cabinet de travail du grand industriel. L'histoire des collections est de l'histoire sociale [12]. La motivation qui pousse à collectionner ne peut se définir que dans un vaste cadre historique, social et culturel.

Collectionner, c'est acquérir une culture que l'on ne possède pas soi-même. Cela était particulièrement vrai à l'époque de l'Empire allemand. Une activité intense dans ce sens ne commença que vers la fin des années 1870, puis avec beaucoup d'élan, dans les années 1880 [13]. Wilhelm von Bode y prit une part active, notamment par les conseils qu'il prodiguait aux collectionneurs. Le marché de l'art international se tournait de plus en plus vers Berlin, des marchands venaient présenter à Berlin des tableaux importants. Les collections s'enrichissaient de ces œuvres, par l'entremise de Bode, qui souvent nourrissait l'espoir qu'elles reviendraient plus tard aux musées par donation.

Les écrits de Bode, où il lui importait surtout de présenter les richesses prodigieuses détenues par des propriétaires privés à Berlin, sont aussi des sources déterminantes pour l'interprétation historique et sociale du phénomène des collections. Bode distingue très nettement deux types de collectionneurs. Le premier est pris d'une passion pour un certain genre ou une certaine tendance artistique. Les amateurs de dessins, de peinture ancienne ou nouvelle, les collectionneurs de porcelaine ou les admirateurs enthousiastes d'un artiste contemporain – Menzel, par exemple – constituent le premier type. Ils étaient eux-mêmes *passionnés*, informés en conséquence sur le marché de l'art et pourvus d'une bonne culture en la matière. Ils n'avaient pas non plus besoin de conseils, se montraient même critiques par rapport à l'homme de musée qui leur était un concurrent. Bode entretenait des relations avec ces collectionneurs, mais n'exerçait pas sur eux une influence marquante.

Il en allait tout autrement du second type que l'on pourrait appeler celui du *collectionneur de prestige.* Celui-ci avait besoin de conseils, puisqu'il collectionnait en premier lieu à des fins de décoration, c'est-à-dire de représentation. Dans de rares cas seulement il se spécialisait. La plupart du temps, il collectionnait dans diverses directions. Mais toujours, il avait besoin de l'assistance du spécialiste et obéissait de ce fait aux recommandations de Bode ou de son collaborateur de longue date, Max J. Friedländer.

Un aspect non négligeable de l'activité des collectionneurs résidait dans le fait qu'elle ne présentait pas en général un caractère strictement privé. Ce n'est pas sans raison que Bode répondait aux besoins de représentation des collectionneurs. Il organisait à cet effet des expositions qui, de 1883 à la Première Guerre mondiale, présentèrent au public une sélection des acquisitions les plus remarquables. La première de ces expositions, en 1883, réunit d'ailleurs les possessions privées de certains collectionneurs en même temps que des chefs-d'œuvre choisis de la collection royale, sans doute aussi pour rehausser de cette manière le prestige des collections de la bourgeoisie aisée [14]. Ces expositions constituaient évidemment, comme Bode le confirmait lui-même, une incitation de poids à la création de nouvelles collections.

Le fait que Pourtalès, Hainauer, Eduard et James Simon ainsi que d'autres collectionnaient pour aménager leurs maisons de ville et leurs villas, stimulait cette activité sous un autre aspect encore. Les propriétaires des œuvres et leurs conseillers s'interrogeaient, dans chaque cas, sur la manière dont il convenait d'installer ces collections et de les exposer. Malheureusement, il n'existe pas, à ce jour, d'étude scientifique sur l'histoire des installations de musées. Il n'est toutefois pas trop osé de supposer que Bode se serait inspiré des installations des collections privées pour réaliser celle du Kaiser Friedrich-Museum, inauguré plus tard, en 1904.

Déjà en 1883, lors de la première exposition de grandes collections privées à l'Académie Unter den Linden, les deux organisateurs de l'entreprise, Bode et son collègue Rudolf Dohme, se préoccupèrent de la manière dont il convenait de présenter les objets. Malheureusement, il ne nous reste pas de reproductions des salles d'exposition ; mais il ressort de l'avant-propos de Dohme ainsi que d'autres rapports sur l'événement, que l'ordre décoratif en usage dans les habitations avait été transféré à la salle d'exposition. Ainsi lit-on chez Dohme : « C'est pourquoi le Comité décida de ne réunir qu'environ deux cents des meilleurs tableaux accessibles, mais de les regrouper en un panorama d'ensemble homogène et plein d'effet, en leur ajoutant quelques sculptures particulièrement bonnes et quelques pièces sélectionnées parmi les métiers d'arts anciens, et en choisissant principalement parmi celles qui n'avaient pas encore été exposées publiquement à Berlin.

« Ce type de disposition devait en même temps contribuer concrètement à la résolution de la question sur la manière appropriée dont il convenait d'installer les collections, question qui, de nouveau, étant donné les travaux d'élargissement en perspective, poussait de manière pressante à la prise d'une décision…

« C'est pourquoi l'on voulait aussi tenter maintenant à Berlin de disposer les tableaux d'une manière qui se rapprocherait de celle qui avait pu être utilisée à l'époque de leur production.

« Le résultat fut conforme aux attentes ; il se révélera, espérons-le, d'une grande importance pour l'avenir » [15].

En encourageant le développement des collections, Bode ne nourrissait pas seulement l'espoir de voir des œuvres importantes intégrer les musées par le jeu des donations. En effet, les collections ainsi que leur disposition dans les espaces privés étaient conçues de manière à créer une ambiance historique. L'aménagement par Bode du futur musée de la Renaissance au sein du Kaiser Friedrich-Museum est le fruit de cette vision que reflétaient les collections et les aménagements dans les années 1870 [16].

Notons bien qu'il ne s'agissait pas en cela de *period rooms*, tels que l'on peut encore les voir aujourd'hui dans les collections privées et les musées publics des États-Unis, à New York, à Philadelphie, à Boston, à Detroit et à Los Angeles. En Amérique, où il n'existait ni châteaux, ni palais, on transféra plus ou moins tels quels les espaces intérieurs originaux au contexte muséal. Bode, en revanche, créa avec ses collaborateurs un environnement Renaissance, tel qu'il se laissait déduire de l'ensemble des œuvres acquises avec beaucoup d'efforts et de connaissances. Le concept de *period room* n'est pertinent ni pour les intérieurs des collectionneurs berlinois, ni pour les salles du Kaiser Friedrich-Museum.

Le plaisir esthétique n'était certainement pas le seul motif qui poussait à collectionner de l'art ancien. Le salon rococo, la salle à manger Renaissance étaient des pièces de prestige. La culture qu'elles abritaient était considérée comme exemplaire. Le grand industriel, le banquier et l'entrepreneur prospère de l'Empire allemand entraient dans le rôle du commanditaire princier. L'appropriation ou l'emprunt d'un art issu d'une autre époque est caractéristique de l'appréciation que les collectionneurs avaient alors de la valeur de leur fonction et de leur rôle.

Le recours à l'art de la Renaissance, du XVIIe siècle hollandais ou du XVIIIe siècle français allait de pair, vers la fin du XIXe, avec un rejet croissant de la production artistique intérieure. Rares sont ceux qui collectionnaient des œuvres modernes contemporaines *et* de l'art ancien. Eduard Arnhold faisait exception. Le mobilier, les objets de prestige et les quelques rares tableaux et sculptures anciens ne servaient toutefois qu'à la décoration de sa maison. C'étaient de belles et précieuses pièces isolées. En tant que collectionneur, il se concentrait sur les impressionnistes français, dont sa collection à Berlin était l'une des plus complètes et des meilleures [17].

La plupart des collectionneurs d'art ancien rejetaient cependant les courants modernes du réalisme, de l'impressionnisme et de l'expressionnisme. Dans certains cas, il peut même être attesté que ce fut justement par dépit et par incompréhension face à l'art contemporain qu'ils furent amenés à s'intéresser à l'art ancien. Wilhelm von Bode, en raison notamment de l'amitié qui l'unissait à Liebermann, toléra l'impressionnisme mais il devint par la suite un opposant acharné de l'expressionnisme et semble souvent avoir tout à fait favorisé une telle attitude chez les collectionneurs. À plusieurs reprises, dans ses préfaces aux catalogues de collections, il a souligné que le propriétaire d'une collection s'était tourné vers un art plus ancien, par rejet de l'art des impressionnistes. Et que lui, Bode, l'avait assisté dans cette démarche. Bode écrivit au sujet du collectionneur berlinois Adolph Thiem : « En même temps, nous avons pu aider le plus ancien des collectionneurs berlinois, Adolph Thiem, aujourd'hui nonagénaire, à se détourner des tableaux modernes et à collectionner un art plus ancien. Il avait commencé par collectionner, il y a cinquante ans, des Français de l'école de Fontainebleau [il entendait par là l'école de Barbizon]. Or, il céda ces œuvres parfaites, par engouement pour Menzel, dont il réunit toute une collection. Puis, à la suite de notre exposition à l'Académie de Berlin (1883), saisissant l'occasion lorsque des marchands étrangers envoyaient des tableaux, il se mit lui aussi à collectionner de l'art ancien »[18].

Et dans l'avant-propos du somptueux et luxueux ouvrage sur la collection francfortoise de Ridder, réalisé sous la direction de Bode, on peut lire : « ... mais lorsqu'il y a environ vingt ans, l'orientation impressionniste prit également pied en Allemagne, il [A. de Ridder] perdit le goût de l'art moderne et se mit à collectionner exclusivement des maîtres anciens »[19]. L'incompréhension à l'égard de la production artistique contemporaine conduisit beaucoup de collectionneurs à se tourner vers les époques antérieures admirées. Ils suivirent à leur manière l'exemple de Burckhardt, qui se détourna de l'étude de l'art contemporain pour se consacrer à la culture de la Renaissance.

Bode décrit avec enthousiasme comment la collaboration harmonieuse entre un commanditaire, Eduard Simon, et un architecte, Alfred Messel, avait conduit, selon lui, à un nouveau sommet du bon goût : « Monsieur le conseiller Eduard Simon a eu la chance de trouver en Messel à la fois l'architecte et le décorateur de sa maison. Parmi les nouvelles demeures privées d'Allemagne, celle-ci n'a sans doute pas sa pareille en matière d'aménagement intérieur. Le goût avec lequel portails, portes, plafonds et mobilier de luxe anciens des palais de la Renaissance de Gubbio et de Florence ainsi que toute une pièce rococo du palais Morosini, de Venise, sont intégrés ici à l'architecture moderne, est le fruit d'une heureuse collaboration entre l'architecte et le propriétaire »[20].

Collectionner des œuvres d'art à l'époque de l'historicisme servait donc à des fins de représentation, mais correspondait en outre à une cassure dans la compréhension de son propre présent. Par la vie dans un autre monde, la fuite hors du sien propre devenait visible.

Une tâche importante mais guère facile à réaliser consisterait à examiner les œuvres des collections privées réunies sous l'Empire allemand, à les repérer d'après leur provenance, à étudier les moyens mis en œuvre et les coûts encourus et enfin, à reconstituer les arrangements auxquels elles ont donné lieu dans les pièces privées. Le matériel documentaire est en partie conservé. Comme un certain nombre de collections furent vendues aux enchères après la Première Guerre mondiale, les catalogues produits à cet effet constituent une source importante. Bode réalisait souvent des catalogues, signe que les propriétaires accordaient de l'importance à un travail scientifique et qu'ils éprouvaient de la fierté à publier leurs œuvres. Les catalogues sont souvent des in-folios imprimés sur du papier à la cuve et reliés dans du cuir gravé de lettres d'or. Pour les ventes aux enchères, cependant, la présentation était généralement moins luxueuse.

Les villas des collectionneurs n'étaient des pièces privées que jusqu'à un certain point. On aménageait sa maison comme un musée. Il est extrêmement intéressant de voir que l'individualité du collectionneur transparaissait à peine dans ses appartements. Il manque malheureusement une documentation complète sur ces salles de collection, surtout de la période couvrant le dernier tiers du XIXe siècle. Mais, en considérant quelques vues sélectionnées plutôt au hasard, il devient clair que le premier principe d'aménagement était celui de la reconstruction d'un environnement historique. L'unité de style – bien sûr en fonction de l'état des connaissances de l'époque – primait sur les préférences personnelles.

La culture de la Renaissance italienne constituait de toute évidence, pour les collectionneurs allemands, le sommet de la production artistique occidentale. C'est pourquoi les plus grands collectionneurs faisaient ériger leurs demeures dans des formes Renaissance. Ils créaient déjà ainsi, comme James Simon dans sa villa du Tiergarten, un cadre extérieur correspondant au style des œuvres et donnaient extérieurement à leur maison trésor les formes qui prédominaient aussi à l'intérieur [28].

Cela vaudrait la peine de mener une étude spécifique pour comprendre pourquoi, dans l'évaluation que l'Empire allemand faisait des différentes époques artistiques, la Renaissance venait en tête.

Si l'on se donne un bref aperçu du contenu des collections, on remarque les points essentiels suivants. Les collectionneurs privilégiaient l'art de la Renaissance, surtout italienne. C'est ainsi que les demeures privées de Berlin se garnirent de tableaux et de sculptures, mais aussi d'artisanat d'art et de mobilier dans ce style. Un second point fort était constitué par la peinture hollandaise du XVIIe siècle et enfin venait, mais plus rarement, la peinture française du XVIIIe siècle. La peinture et la sculpture allemandes du Moyen Âge et de la Renaissance suscitèrent un intérêt croissant, mais seulement peu de temps avant et après 1900, en bonne partie sans doute parce qu'il n'y avait guère plus accès à des œuvres de la Renaissance italienne qualitativement dignes d'être recherchées.

Lorsque Bode et d'autres auteurs par la suite faisaient toujours référence, dans leurs articles sur l'un ou l'autre collectionneur, à leur dévouement à la cause, à leur désintéressement, à leur modestie et à leur dignité, ils ne décrivaient pas l'essentiel. Car outre la description des personnalités des collectionneurs, c'est surtout l'interprétation de leur *comportement* et de leur *rôle* sous l'Empire allemand qui importe ici.

Il est indéniable que les collectionneurs trouvaient aux œuvres acquises un plaisir grandissant à mesure qu'ils gagnaient en expérience et en connaissances. La passion, toutefois, n'était que très rarement le véritable motif de départ. Il s'agissait plutôt pour eux de se créer le cadre représentatif qu'ils jugeaient approprié à leur position sociale. Les collectionneurs de l'Empire allemand

28. Villa de **James Simon**,
vue de la grande salle du premier étage, vers 1897.

n'étaient pas issus de la noblesse, ni même des bonnes familles de vieille souche berlinoise et prussienne. Ils faisaient partie de ces entrepreneurs qui avaient réussi en affaires et qui donnèrent, en allemand, leur nom à l'époque, la « *Gründerzeit* »[21]. Le seul succès économique (l'activité de draperie de Simon générait dans les années 1890 un chiffre d'affaires annuel de 600 millions de marks) ne suffisait cependant pas à conférer le rang social voulu. Une collection d'art pouvait, en revanche, produire l'effet d'un anoblissement, que l'histoire et l'origine n'avaient pu offrir. Les plus grands collectionneurs d'art de l'Empire allemand s'entourèrent de trésors dignes de princes et se substituèrent ainsi aux commanditaires princiers des époques antérieures.

Pourquoi fallait-il que ce fût justement l'art de la Renaissance qui offrît le cadre à ce besoin de représentation ? Nous pouvons peut-être avancer quelques hypothèses à ce sujet. D'une part, la Renaissance italienne était considérée, d'après la manière dont on jugeait l'art dans la seconde moitié du XIXe siècle, comme l'accomplissement d'un idéal culturel. La *Madone Sixtine* de Raphaël, reproduite en d'innombrables gravures sur bois, était considérée comme l'œuvre parfaite par excellence. L'art de la Renaissance était idéalisé et l'on voyait en lui une production qui visait l'équilibre, l'harmonie et la pureté des formes. Cet art avait justement été encouragé par les familles patriciennes de Florence qui – tout comme les riches entrepreneurs de l'après-1871 – s'étaient en plusieurs générations élevées à force de travail au rang des élites dirigeantes du monde politique et culturel des villes. Les Médicis aussi étaient – et restèrent – une famille de banquiers avant de devenir la dynastie florentine.

Ces parallèles doivent être considérés avec la plus grande circonspection. Les Hainauer, les Huldschinsky, les Simon et les de Ridder n'évoquaient certainement pas ces circonstances verbalement. Mais le fait que collectionner, et surtout collectionner de l'art italien de la Renaissance florissante et primitive, constituait, consciemment ou non, un anoblissement au sens de celui que connurent les modèles culturels ainsi choisis, devrait cependant être pris en considération.

Une autre tâche consisterait à tirer au clair pourquoi beaucoup de collectionneurs de l'Empire allemand acquéraient, outre les œuvres de la Renaissance italienne primitive et florissante, des tableaux hollandais du XVIIe siècle. Souvent, ceux-ci étaient accrochés dans des salles appelées spécifiquement des *galeries*, c'est-à-dire des pièces volontairement réservées à un usage exclusif de musée, où ils étaient présentés avec fierté aux visiteurs.

Le fait que Wilhelm von Bode devint l'un des éminents spécialistes de la peinture hollandaise et que, par ses nombreuses études monographiques d'artistes, il élargit

29. **Frans Hals**, *Malle Babbe*, vers 1629-1630,
huile sur toile, 75 × 64 cm, de la collection Suermondt, Berlin,
Staatliche Museen Preußischer Kulturbesitz, Gemäldegalerie.

constamment la connaissance de cet art, ne peut être la seule raison que l'on puisse invoquer pour expliquer cet état de fait. Il faut plutôt voir en Bode quelqu'un qui partageait les préférences de ses compatriotes et qui, évidemment, sut par ses connaissances donner aux collections de cet art un niveau exceptionnel, fondé sur un savoir scientifique.

Les conseils de Bode avaient aussi permis d'agrandir considérablement la part de l'art hollandais dans les collections artistiques prussiennes. Par l'acquisition, surtout, de la collection Suermondt en 1874, il avait posé les bases de l'extraordinaire collection d'art néerlandais que les musées de Berlin ont encore à offrir aujourd'hui [22] [29]. Bode, qui avait déjà pu acquérir une bonne connaissance de la peinture hollandaise dans sa ville natale de Brunswick mais aussi non loin de là, à Cassel, se rendit pour la première fois aux Pays-Bas en 1868, après avoir examiné la collection Suermondt à Aix-la-Chapelle et s'être muni de lettres de recommandation adressées par le grand collectionneur à ses amis hollandais. L'art hollandais resta toujours l'un des grands centres d'intérêt de Bode. Il écrivit sa thèse de doctorat sur Frans Hals à Leipzig et résuma plus tard ses nombreuses recherches dans un important ouvrage sur les écoles de peinture hollandaises [23].

Après sa nomination dans les musées de Berlin, Bode encouragea l'achat de tableaux hollandais, sans être soutenu au départ dans cette démarche par son directeur général von Usedom. Le prince héritier, en sa qualité de protecteur des musées, réagissait lui aussi aux projets de Bode en affirmant que « des maîtres tels que Frans Hals étaient sans doute d'un rang trop inférieur pour que l'on y prêtât attention » [24].

Pourtant, cette attitude changea au cours des deux dernières décennies du XIXe siècle, et ce furent justement les collectionneurs conseillés par Bode, qui essayèrent de s'assurer, dans les ventes aux enchères de Paris et de Londres, les remarquables tableaux qui y faisaient surface.

L'acquisition de peintures hollandaises ne s'explique toutefois pas seulement par la naissance – quelles qu'en soient les raisons – d'un nouvel intérêt esthétique pour ces œuvres d'art. Dans la seconde moitié du XIXe siècle, ces tableaux étaient considérés, en particulier par les acteurs du nouvel essor économique, comme le reflet d'une culture pour laquelle on développait la plus grande compréhension. À la différence des courants réalistes du XIXe siècle, ressentis comme *vides de contenu* (voir le jugement du critique d'art Adolf Rosenberg, qui jouissait, à l'époque, d'une grande popularité), l'art hollandais semblait communiquer un sens clair de la réalité. Avec le souci de précision et l'attention apportée à l'objet qui s'y reflétaient, ces tableaux pouvaient paraître comme les images fidèles d'une société que son zèle et son savoir-faire avaient conduite à une solide prospérité. La précision avec laquelle ces œuvres s'appliquent à reproduire la réalité n'était pas seulement admirée d'un point de vue esthétique mais pouvait aussi être interprétée comme l'expression d'une certitude à maîtriser les conditions de vie.

L'adhésion à une religion ou l'origine juive des collectionneurs de l'Empire allemand n'étaient pas déterminants dans leur admiration pour la peinture hollandaise du XVIIe siècle. Un facteur plus important était l'appartenance au petit cercle de ceux qui se distinguaient par leur réussite professionnelle et qui, à l'image des calvinistes hollandais, pouvaient fonder leur richesse et leur influence sur leur réseau de contacts. Il serait naïf de croire que les collections d'art hollandais sous l'Empire allemand se soient constituées par hasard. Car – comme dans le cas de l'intérêt manifesté pour la Renaissance italienne – l'élément déterminant résidait dans le potentiel d'identification qu'elles offraient[25].

Collectionner et jouer un rôle de mécène sont deux activités totalement différentes. Néanmoins, la plupart des collectionneurs d'art ancien devinrent aussi des mécènes. À l'instigation de Bode, se créa en 1897 l'association, encore active aujourd'hui, du Kaiser Friedrich-Museum. Elle achetait des sculptures et des tableaux de très grande valeur et les mettait à la disposition des musées prussiens. Tous les collectionneurs importants étaient membres et bienfaiteurs de cette association, dont les possessions constituent encore aujourd'hui une part non négligeable des collections des musées de Berlin[26]. Outre de l'argent, les collectionneurs donnaient des œuvres isolées ou des collections complètes. Les deux legs de James Simon, celui de 1904 pour l'ouverture du Kaiser Friedrich-Museum et celui de 1917, figurent parmi les plus importants qui aient été transmis d'un bloc aux musées prussiens[27][30].

Sous l'Empire allemand, l'on pouvait être à la fois collectionneur et mécène. Comment cela s'explique-t-il ? Il serait sans doute trop superficiel de donner pour seule raison la richesse qui caractérisait ce cercle d'amateurs. Un point est certain. Beaucoup de collectionneurs se sentaient redevables à Bode, et celui-ci ne cachait pas son attente d'être remercié de ses services par des donations pour les musées. Mais cette dette de gratitude ne suffit pas à expliquer les immenses donations que certains mécènes apportaient parfois par collections entières.

Plus fondamentale est sans doute la question de savoir dans quelle mesure les collectionneurs considéraient les œuvres qu'ils possédaient comme un bien privé ou seulement comme une acquisition passagère. En remettant leurs possessions privées à l'État, et par là au public, les collectionneurs devenaient des mécènes. Mais il n'est pas facile de trouver au nom de quoi ils se décidaient à franchir ce pas.

Beaucoup invoquent les compensations reçues – la reconnaissance sociale, les ordres, les titres, l'empereur et l'État flattant l'un ou l'autre donateur. Mais ces raisons ne conduisent pas à une compréhension assez profonde du phénomène[28].

Collectionner des œuvres d'art, c'est se saisir d'une autre culture, c'est une activité, un comportement, que l'intérêt ou la passion individuels ne suffisent pas à expliquer. La chasse aussi est une passion, mais la manière et les circonstances dans lesquelles elle se pratique, et même

30. Cabinet **Simon**, Kaiser Friedrich-Museum, niveau supérieur, 1904.

la nature du gibier, permettent de tirer certaines conclusions sur les comportements spécifiques d'une période donnée de l'histoire. L'acte de collectionner des œuvres d'art anciennes sous l'Empire allemand était l'expression d'une génération de « fondateurs », qui ne se caractérisait pas seulement par le succès économique et la richesse, mais aussi par le fait de *ne pas se sentir à l'aise* devant les créations culturelles de son époque. Contrairement à leurs prédécesseurs des époques romantique et Biedermeier, les bourgeois qui faisaient fortune sous l'Empire allemand cherchaient – hormis quelques exceptions – à décrire leur position sociale à travers la culture d'une époque révolue.

Si l'on veut caractériser la création de l'île des Musées, les recherches scientifiques sur l'Antiquité et les fouilles archéologiques, fortement encouragées par les collectionneurs, le terme d'*impérialiste* paraît approprié pour qualifier ces réalisations. Les trésors prodigieux de l'île des Musées à Berlin, qui réunissait des cultures de tous les continents, expriment aussi ce sentiment où l'on se sentait étranger à sa propre culture. L'achat d'un art étranger et la reconstitution d'une culture étrangère dans sa demeure propre, qui prenait des allures de musée, sont évidemment le signe de la valeur et du respect dont on créditait le produit culturel d'une époque antérieure. Mais le désir de le posséder doit en même temps être considéré comme l'expression d'un doute par rapport à l'époque propre et d'une incapacité à reconnaître à celle-ci un niveau de réalisation artistique comparable. Collectionner de l'art ancien, encourager des travaux scientifiques sur la question et contribuer, par des donations, à le rendre accessible au public, était un phénomène politique et culturel conservateur. Les collectionneurs faisaient don d'œuvres d'art très précieuses, dont la science avait évalué l'importance. Le musée devait être le lieu où elles pouvaient produire tout leur effet, conformément à un idéal de culture que les institutions de l'État défendaient aussi par ailleurs. Les collectionneurs d'art ancien, qui devenaient des mécènes, exerçaient, sous l'Empire allemand, une action culturelle et politique qui venait seconder celle de l'État.

Il est toutefois caractéristique de cette époque que seule une petite minorité de collectionneurs et de mécènes reconnurent la valeur des innovations artistiques de leur époque. Leur soutien à la Sécession, leur engagement dans une expérimentation artistique parfois risquée, ne pouvait s'exercer qu'à travers un combat passionné et violent. Cette fissure créée, d'un côté, par une méfiance à l'égard des découvertes artistiques de l'époque et, de l'autre côté, par le fait de déclarer exemplaires les réalisations du passé, marqua la culture de l'Empire allemand.

Notes

1. Il faut se reporter à des textes plus anciens qui, de par leur méthodologie et leur problématique, sont plutôt des ouvrages généraux, mais constituent néanmoins un matériel qui n'a rien perdu de son intérêt. Nous citerons par exemple : L. Brieger, *Das Kunstsammeln. Eine kurze Einführung in seine Theorie und Praxis*, Munich, 1918 ; A. Donath, *Psychologie des Kunstsammelns*, Berlin, 1917 ; A. Donath, *Technik des Kunstsammelns*, Berlin, 1925 ; P. Cabanne, *Le Roman des grands collectionneurs*, Paris, 1961 ; et plus récemment, deux études importantes d'A. Schnapper, *Le Géant, la licorne, la tulipe. Collections et collectionneurs dans la France du XVIIe siècle*, I, *Histoire et histoire naturelle*, Paris, 1988 ; *Curieux du grand siècle. Collections et collectionneurs dans la France du XVIIe siècle*, II, *Œuvres d'art*, Paris, 1994 ; et K. Pomian, *Collectionneurs, amateurs et curieux. Paris, Venise : XVIe-XVIIIe siècle*, Paris, 1987.

Dans les écrits sur l'histoire des collections allemandes des XIXe et XXe siècles, il existe divers articles consacrés à des collections bien précises. Mais il manque une étude d'ensemble. Pour se faire une idée de l'importante activité des collectionneurs et des mécènes sous l'Empire allemand, le plus utile est encore de lire les rapports de l'époque, qui furent publiés de manière très éparse. L'article très complet d'A. Donath, « Der Berliner Kaufmann als Kunstfreund », dans *Ein Gedenkbuch*, éd. par l'association Verein Berliner Kaufleute und Industrieller à l'occasion du cinquantenaire de sa création, Berlin, 1929, p. 241 sq., reste toujours très riche en informations. Un aperçu instructif de la problématique et une vue d'ensemble, nécessairement résumée, de quelques collections berlinoises créées après 1870, sont donnés par N. Teeuwisse, « Bilder einer verschollenen Welt, Aufstieg und Niedergang der Berliner Privatsammlungen 1871-1933 », dans le catalogue de l'exposition *Der unverbrauchte Blick*, Berlin, 1987, p. 13-39 ; voir aussi du même auteur, *Vom Salon zur Secession, Berliner Kunstleben zwischen Tradition und Aufbruch zur Moderne, 1871-1900*, Berlin, 1986, p. 97 sq., où il est surtout question des collections d'art moderne. Au sujet des collectionneurs des débuts de l'art moderne, voir diverses contributions dans le *Zeitschrift des Deutschen Vereins für Kunstwissenschaft*, 42, n° 3, 1988.

C. Girardet présenta, dans sa contribution sur James Simon, une étude de cas sur l'un des plus importants collectionneurs et mécènes des musées prussiens, dans : *Jahrbuch Preußischer Kulturbesitz*, XIX, 1982, p. 77-98 ; voir également du même auteur *Jüdische Mäzene für die preußischen Museen zu Berlin. Eine Studie zum Mäzenatentum im Deutschen Kaiserreich und in der Weimarer Republik*, Eggelsbach, 1997.

Au sujet de Bode et les collectionneurs voir B. Paul, « "Das Kollektionieren ist die edelste aller Leidenschaften". Wilhelm von Bode und das Verhältnis zwischen Museum, Kunsthandel und Privasammlertum », *Kritische Berichte*, 21, 1993, Cahier 3, p. 41-64 ; et « Wilhelm von Bodes Konzeption des Kaiser Friedrich-Museums. Vorbild für heute ? », dans Zentralinstitut für Kunstgeschichte, éd., *Berlins Museen. Geschichte und Zukunft*, Munich-Berlin, 1994, p. 205-220.

2. Une source importante est constituée par les nombreux articles rédigés à l'occasion de ses anniversaires, commémorations et éloges posthumes. Au sujet de la personnalité de Bode et de ses rapports avec les collectionneurs, voir M. J. Friedländer, *Reminiscences and Reflections*, éd. par R. M. Heilbrunn, Greenwich, Connecticut, 1969, surtout p. 19-24. L'hommage récapitulatif le plus récent, assorti d'une liste bibliographique, est donné par W. Beyrodt, « Wilhelm von Bode (1845-1929) », dans H. Dilly, éd., *Altmeister moderner Kunstgeschichte*, Berlin, 1990, p. 19-34 ; voir aussi M. Ohlsen, *Wilhelm von Bode. Zwischen Kaisermacht und Kunsttempel. Biographie*, Berlin, 1995 ; et l'autobiographie de W. Bode, *Mein Leben.*

3. Bode, « Die Entwicklung der öffentlichen Sammlungen der Kunst des Mittelalters und der Renaissance in Deutschland seit dem Kriege 1870-1871 », *Deutsche Rundschau*, 10, 1889, p. 9.

4. Voir Th. W. Gaehtgens, *Der Bürger als Mäzen*, p. 18 ; et le catalogue *Sammlung Graf Raczynski, Malerei der Spätromantik aus dem Nationalmuseum Poznan,* Munich-Berlin-Kiel, 1992-1993.

5. Bode, « Die älteren Privatsammlungen in Berlin und die Bildung neuer Sammlungen nach dem Kriege 1870 », *Der Kunstwanderer*, 4, 1922, p. 540.

6. Bode, « Von der Kunst des Sammelns und von den Berliner Privatsammlern », *Velhagens und Klasings Monatshefte*, XXIX, 1914-1915, 15, p. 172.

7. G. Reitlinger, *The Economics of Taste, The Rise and Fall of Picture Prices 1760-1960*, Londres, 1961, donne une description de l'évolution des prix sur le marché de l'art.

8. Nous sommes mieux informés sur la politique d'achat de l'État et sur l'évolution des prix dans le domaine de l'art moderne. Voir à ce sujet R. Lenman, « Painters, patronage and the Art Market in Germany (1850-1914) », *Past and Present, Journal of Historical Studies*, mai 1989, n° 123, p. 109-140 ; voir aussi Reitlinger, *op. cit.*

9. Bode rapporte dans ses souvenirs que Hermann Grimm continua à privilégier l'achat de moulages en plâtre et ne soutint en rien les efforts de Bode pour acquérir des œuvres d'art originales. Bode, *Mein Leben*, vol. I, p. 128.

10. Bode, *Mein Leben*, vol. I, p. 42.

11. Outre la collection de James Simon, cette affirmation vaut surtout pour l'installation de l'appartement d'Oskar Huldschinsky. Voir Bode, *Die Sammlung Oskar Huldschinsky*, Francfort-sur-le-Main, 1909. Ce point de vue pourrait se démontrer à partir des archives photographiques des collections privées berlinoises de Marta Huth, qui restent encore largement inexploitées. Voir L. Reidemeister, « Das "Archiv Marta Huth" und die Berliner Sammlerwelt der zwanziger Jahre », dans le catalogue de l'exposition *Orangerie 82, Deutscher Kunsthandel im Schloß Charlottenburg*, Berlin, 1982, p. 20-25 ; catalogue de l'exposition *Berliner Lebenswelten der zwanziger Jahre. Bilder einer untergegangenen Kultur. Photographiert von Marta Huth*, Berlin, 1996.

12. Voir aussi à ce sujet H. Schulze, « Die Wiederkehr der Antike, Renaissancen und der Zusammenhang der europäischen Geschichte », dans T. Nipperdey, A. Doering-Manteuffel et H.-U. Thamer, éd., *Weltbürgerkrieg der Ideologien. Antworten auf Ernst Nolte. Festschrift zum 70. Geburtstag*, Berlin, 1993, p. 361-383. Partant d'une problématique différente, Schulze aboutit à des conclusions très semblables dans l'analyse de la culture bourgeoise du XIXe siècle, en particulier en ce qui concerne la réception de la Renaissance.

13. Les écrits de Bode – ses Mémoires, ainsi que ses très nombreuses publications – sont les sources les plus vivantes sur la constitution des collections sous l'Empire allemand. Dans plusieurs articles, Bode s'est exprimé directement sur la question. D'une part, il écrivit des articles sur les collectionneurs et sur la genèse de leurs collections dans les

nombreux catalogues de collections qu'il rédigeait lui-même. D'autre part, il donna dans l'histoire de sa vie, *Mein Leben*, et dans d'autres textes sur la question, une présentation générale de certains des collectionneurs qu'il avait conseillés. Par la même occasion, il se justifiait aussi des reproches qui lui étaient adressés, selon lesquels il aurait influencé d'une manière partiale l'activité des collectionneurs, « Von der Kunst des Sammelns und von den Berliner Privatsammlern », *op. cit.*, p. 169-185, und « Die älteren Privatsammlungen in Berlin und die Bildung neuer Sammlungen nach dem Kriege 1870 », *op. cit.*, p. 539-540, 7-8, 30-32. Voir aussi W. Kiaulehn, *Berlin, Schicksal einer Weltstadt*, Munich, 1981, p. 313-333.

14. Bode et R. Dohme, *Die Aufstellung von Gemälden älterer Meister im Berliner Privatbesitz*, Berlin, 1884, p. 9.

15. *Ibid.*, p. 9.

16. Voir à ce sujet les développements présentés dans l'article sur le Kaiser Friedrich-Museum.

17. B. Paul, « Die Sammlungen französischer impressionistischer Kunst im kaiserlichen Berlin - Bernstein, Liebermann, Arnhold », dans *Sammler der frühen Moderne in Berlin*, *op. cit.* ; du même auteur *Hugo von Tschudi und die moderne französische Kunst im Deutschen Kaiserreich,* Mayence, 1993 ; et le catalogue de l'exposition *Manet bis van Gogh. Hugo von Tschudi und der Kampf um die Moderne*, Munich-New York, 1996.

18. Bode, « Die älteren Privatsammlungen… », *op. cit.*, p. 8.

19. Bode, *Die Gemäldegalerie des weiland Herrn A. de Ridder in seiner Villa zu Schönberg bei Cronberg im Taunus*, Berlin, 1913, p. 1.

20. Bode, « Von der Kunst des Sammelns… », *op. cit.*, p. 179.

21. Girardet a montré que la grande majorité des mécènes des musées de Berlin étaient juifs ; voir Girardet, *Jüdische Mäzene*, *op. cit.*

22. Voir à ce sujet, en détail : H. Lepper, « Kunsttransfer aus der Rheinprovinz in die Reichshauptstadt », *Aachener Kunstblätter*, 56-57, 1988-1989, p. 183 sq.

23. Bode, *Die Meister der holländischen und vlämischen Malerschulen*, 4e édition, Leipzig, 1923.

24. Bode, *Mein Leben*, vol. I, p. 54.

25. Évoquons encore simplement un autre point de vue, celui d'une prétendue communauté nationale avec la Hollande. Voir à ce sujet les commentaires positifs que Bode donna du livre de J. Langbehn, *Rembrandt als Erzieher*, *Preußische Jahrbücher*, 65e année, 1890, n° 3, p. 301-314.

26. P. Bloch, « Der Kaiser-Friedrich-Museums-Verein », dans *Orangerie 82, Deutscher Kunsthandel im Schloß Charlottenburg*, Berlin, 1982, p. 26-28. Voir aussi Kaiser-Friedrich-Museums-Verein, éd., *Kaiser-Friedrich-Museums-Verein*, *Erwerbungen 1897-1972*, Berlin, 1972 et le catalogue de l'exposition *Sammler, Stifter und Museen, Mäzenatentum 1897-1987*, *Ausgewählte Gemälde und Skulpturen, Kaiser-Friedrich-Museums-Verein*, avec une introduction de P. Bloch et d'A. von Schoenebeck, Berlin, 1987 ; Kaiser-Friedrich-Museums-Verein, éd., *100 Jahre Mäzenatentum. Die Kunstwerke des Kaiser-Friedrich-Museums-Vereins Berlin*, Berlin, 1997 ; voir également Th. W. Gaehtgens, *Der Bürger als Mäzen*, Opladen, 1998, p. 21.

27. Voir Girardet, *James Simon* et *Jüdische Mäzene*, *op. cit.*, 1982.

28. Au sujet du mécénat, voir Th. W. Gaehtgens et Martin Schieder, éd., *Mäzenatisches Handeln. Studien zur Kultur des Bürgersinns in der Gesellschaft. Festschrift für Günter Braun zum 70. Geburtstag*, Berlin, 1998.

31 

32 

31. **Ernst von Ihne**, Kaiser Friedrich-Museum, aujourd'hui Bode-Museum, vers 1920, vue de l'entrée.

32. **Ernst von Ihne**, Kaiser Friedrich-Museum, aujourd'hui Bode-Museum, 1898-1904, vu du Kupfergraben.

4
Le Kaiser Friedrich-Museum à Berlin

Le 18 octobre 1904 eut lieu à Berlin l'inauguration solennelle du Kaiser Friedrich-Museum – une cérémonie officielle, en présence de l'empereur, de la famille impériale, du chancelier de l'Empire, des ministres, des hauts fonctionnaires de l'État, des représentants du corps diplomatique et des invités d'honneur [31-32]. Les participants avaient été placés au centre du musée, dans cet espace aux formes Renaissance, baptisé la Basilique. Musique, discours, visite solennelle et réception – l'événement s'inscrivait dans la suite des cérémonies officielles qui se succédaient dans la capitale de l'Empire allemand. Seul le grand promoteur de cet important édifice muséal se tenait à distance, en raison de sa maladie : Wilhelm von Bode observa le déroulement de la manifestation dans sa chaise roulante, depuis la galerie [1].

L'empereur et l'État célébraient l'événement. Le musée fut appelé du nom du père du monarque régnant, Frédéric III, décédé en 1888, qui avait longtemps été le protecteur des musées. Un second honneur devait lui être rendu avec l'érection, devant le musée, d'une statue équestre à son effigie, inaugurée le même jour, qui rappelait au visiteur le rôle de promoteur des musées qu'il avait joué. L'inauguration eut lieu le jour de son anniversaire.

Pour les notes de ce chapitre, voir p. 179 sq.

Le bâtiment, avec ses précieuses collections, était une institution de la monarchie et de l'État, érigée pour le bien du peuple. De quelle manière il conciliait ses objectifs de représentation politique de l'État et ses buts pédagogiques est la question à laquelle nous nous proposons de répondre dans ce qui suit. C'est au musée en tant qu'institution née de différentes tendances de son époque – celles de la politique, de l'histoire sociale, de l'histoire de l'art et de la théorie scientifique – que nous nous intéresserons ici à partir, en quelque sorte, d'une étude de cas.

L'ARCHITECTURE

Le plan

Intéressons-nous d'abord à la construction[2]. L'architecte et premier conseiller des bâtiments de la cour, Ernst Eberhard von Ihne, avait à sa disposition un terrain de forme peu propice, à la pointe nord-ouest de l'île de la Sprée[3], puisqu'il devait construire sur une base triangulaire [33]. La surface à bâtir était délimitée par la Sprée, le Kupfergraben et le chemin de fer, qui coupait l'île en deux depuis 1884. Nous ne pouvons pas, ici, considérer dans le détail les différentes phases de la planification de cet édifice dont la construction dura de 1898 à 1904, et nous préférons concentrer notre étude sur l'architecture telle qu'elle fut exécutée et se présente encore aujourd'hui pour l'essentiel.

Ihne mit à profit la totalité du terrain. Il reprit, dans son projet, des solutions qui avaient déjà été proposées lors du concours de 1884[4]. Le plan au sol montre comment il disposa les salles selon trois ailes le long des côtés du terrain. Un axe supplémentaire, reliant l'entrée, à l'ouest, à l'aile orientale, divise le corps du bâtiment en son milieu en passant par les deux escaliers centraux.

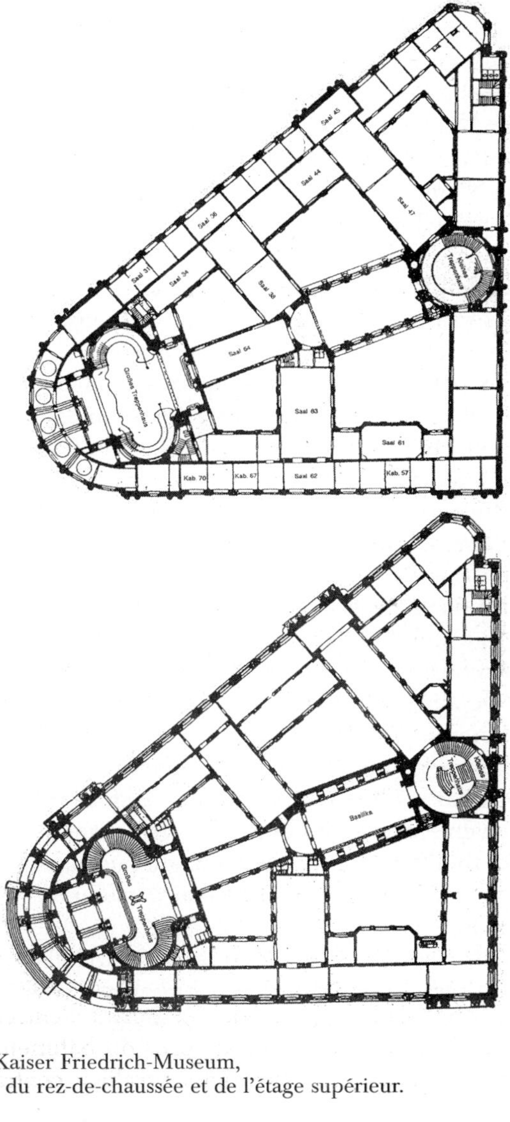

33. Kaiser Friedrich-Museum,
plan du rez-de-chaussée et de l'étage supérieur.

Ainsi était créée une liaison rapide entre l'entrée et les salles arrière. Des ailes transversales relient habilement aussi les deux autres côtés du triangle en croisant l'aile médiane et en créant ainsi des cours intérieures, dispensatrices de lumière.

À première vue, le plan dérange un peu. Mais l'irritation suscitée se dissipe rapidement dès que l'on supprime en pensée l'angle à l'extrémité orientale. Car il ne fut pas ajouté par l'architecte pour constituer une salle d'exposition mais une aile administrative. Abstraction faite de cette aile, le plan est symétrique et d'une clarté parfaite. Dans sa fonctionnalité aussi, le plan est pensé dans ses moindres détails. À l'escalier de prestige à l'ouest, un autre plus petit, du côté est, préparé par la basilique à deux niveaux, fait en quelque sorte contrepoids. La communication entre les différentes ailes semble elle aussi aisée. Le plan permet de faire le tour complet mais aussi de prendre des raccourcis ou des voies en diagonale. Ceci vaut également pour le premier étage qui suit d'un bout à l'autre la disposition du rez-de-chaussée.

Au-delà des aspects formels ainsi décrits, le plan au sol soulève quelques remarques à propos de certains éléments de construction, porteurs d'une signification particulière. Depuis la grande entrée, l'aile médiane apparaît comme un axe principal sur lequel se concentre la fonction de représentation officielle. Les deux escaliers constituent, au plan esthétique, les formes architecturales les plus mouvementées et les plus richement ornées, tout en jouant un rôle fonctionnel d'articulation puisque les spectateurs peuvent, par leur intermédiaire, gagner les salles d'exposition.

Une telle disposition est fondée sur une architecture de palais, elle aussi caractérisée par la présence d'escaliers et d'enfilades de salles de prestige. En effet, les pièces de l'aile médiane du musée rappellent les salles de réception d'un palais, nécessaires aux nombreuses manifestations cérémonielles. Dans cet ensemble, la basilique ressort tout particulièrement en vertu de ses grandes dimensions et de sa conception[5].

La vue extérieure

L'extérieur aussi du musée emprunte au langage d'une architecture palatiale, un point qui n'a guère été observé jusqu'ici dans la littérature afférente. Le bâtiment s'élève au-dessus d'un socle rudimentaire, percé de fenêtres sans cadre. L'ensemble est ceint d'un ordre colossal, constitué au niveau de l'arrondi de l'entrée par des demi-colonnes, et le long des côtés par des pilastres. Du côté de la Sprée et du Kupfergraben, les façades sont ponctuées d'un portique formé de deux demi-colonnes de part et d'autre. Sur le côté oriental, le portique est situé au milieu de la façade, dans l'alignement de l'escalier qui se trouve derrière lui. La structure des façades, aux fenêtres cintrées, couronnées de cartouches à têtes sculptées au rez-de-chaussée, et rectangulaires au niveau supérieur, se décline avec régularité tout le long du bâtiment.

Seule l'entrée principale est mise en évidence, non par un fronton proéminent mais par une coupole qui s'arrondit au-dessus de l'escalier intérieur. Les fenêtres cintrées des façades latérales s'ouvrent, dans l'entrée, sur un vestibule resserré. Couronnant l'espace de l'entrée du musée, des statues – allégories des arts – sont installées sur la balustrade qui court tout le long des façades sans autre décoration. De l'extérieur, aucun élément n'évoque la fonction du bâtiment : point de signes caractéristiques d'une architecture de musée tels qu'il s'en était déjà développé au XIXe siècle, avec par exemple des bustes d'artistes, ni d'inscriptions indiquant la finalité de l'architecture[6]. À l'extrémité de l'île de la Sprée s'élève donc un palais qui, dans le langage des formes de son architecture colossale, reprend une tradition connue depuis la Renaissance et poursuivie sous le baroque.

Cette première constatation, générale, mais néanmoins importante, peut être complétée par une observation plus différenciée de l'articulation architecturale et par quelques remarques intéressantes. Du point de vue du langage des formes, on distingue à l'extérieur, deux conceptions stylistiques différentes. Tandis que les grands côtés, avec leur ordre colossal sévère, reflètent le caractère de représentation officielle propre aux façades des châteaux baroques, l'entrée reprend des idées de bâtiments à plan carré. Par les ouvertures des portes, la large balustrade animée de statues et la coupole, le style de l'entrée ressemble à celui des constructions de la Renaissance italienne [7]. Mais il paraît difficile, à cause du parti pris architectural insolite, de mettre en évidence un modèle qui aurait été déterminant. Ihne se laissa guider par une multitude de sources d'inspiration et les transforma en une composition propre [8].

L'articulation de la construction extérieure obéit à un schéma traditionnel d'architecture de palais et de châteaux. Développé à la Renaissance, ce schéma connut toujours de nouvelles variantes. En Prusse, il réapparaissait dans les constructions de Nering et de Schlüter ; les masques au-dessus des fenêtres furent d'ailleurs empruntés à l'Arsenal. Même quelques prestigieuses maisons bourgeoises à Potsdam, dont les façades avaient été en partie dessinées par Frédéric II en personne, sont conçues d'après ce principe d'articulation [9].

On peut par conséquent établir qu'avec son langage des formes historiciste, issu de la Renaissance et du baroque, le Kaiser Friedrich-Museum ne s'inspire pas, en tant que musée, d'un type d'architecture précis, caractéristique de ce genre de bâtiments, mais donne la préférence aux moyens stylistiques de l'architecture de château. Ihne connaissait bien l'architecture italienne de la

Renaissance et du baroque. Pour l'essentiel, il s'inspire, dans sa conception des façades, de l'architecture prussienne de Schlüter et des constructions de l'époque de Frédéric II. Wilhelm von Bode ne parla pas sans raison d'un bâtiment qui, extérieurement, se rattachait au baroque de l'époque schlüterienne [10].

Ihne, que l'empereur Guillaume II en personne avait nommé architecte pour cette construction, créa un édifice dans un langage des formes qui reprenait différents motifs du baroque prussien. Un signe idéologique visible était ainsi posé. Le bâtiment devait obéir à la tradition de représentation officielle chère à la monarchie prussienne. L'influence de la cour et du monarque lui-même s'exprimait directement dans les formes de la construction.

C'est déjà dans ce sens que des esprits critiques de l'époque avaient compris le style de l'architecte de cour Ihne. Ainsi, le critique et historien de l'art Albert Dresdner supposa très prudemment que Ihne avait reçu des instructions claires dans ce sens. Il regretta son style historiciste, qui anéantissait selon lui tout espoir d'une mise en forme moderne. Dans une critique parue dans la revue *Der Kunstwart*, il écrivit :

« Car tous les amateurs d'art avertis sont on ne peut plus fatigués de ce jeu sans fin avec des styles historiques. Ils sont très las de voir que nos architectes revêtent toujours le costume de carnaval d'une époque révolue au lieu de parler leur propre langue, la langue de notre temps… Voici donc que l'on a une fois de plus choisi, pour le musée, un style historique, le baroque de Schlüter. Nous ignorons dans quelle mesure le conseiller Ihne avait peut-être à suivre sur ce point un itinéraire forcé ; mais on le rend responsable de cette architecture et il faut, en définitive, l'en rendre responsable. Sa construction témoigne d'une connaissance historique très solide et d'une grande habileté technique ; mais il lui manque le caractère proprement artistique, créatif… » [11]

Ihne renonça à tout motif architectural qui aurait pu signaler d'entrée de jeu la fonction du bâtiment ou donner l'impression d'un temple de l'art, comme le suggérait très clairement la Nationalgalerie, construite à côté. De même, la statue équestre de Frédéric III, érigée devant l'entrée du musée par Rudolf Maison, ne rend pas explicite la fonction du musée. Et l'inscription initialement apposée sur la frise : « L'empereur Guillaume II, à la mémoire de l'empereur Frédéric III », n'y fait pas non plus allusion. Pour le commanditaire comme pour son architecte, le caractère de représentation officielle revêtait manifestement, dans la conception du bâtiment, plus d'importance que sa fonction.

Guillaume II fit ériger un édifice qui, par son langage architectural emprunté au baroque prussien, contrastait avec le néo-classicisme des autres musées édifiés sur l'île de la Sprée. L'édifice fait penser à une résidence royale et agrandit l'île des Musées par une architecture dynastique au service des besoins de la représentation monarchique.

C'est pour cette raison que la réception de l'ouvrage ne fut pas uniquement positive dans l'opinion publique. En particulier, les défenseurs de l'art moderne se montrèrent fort critiques et réprouvèrent le faste pompeux avec lequel l'art avait été mis en scène à la gloire du commanditaire. La polarisation du monde artistique en deux camps absolument irréconciliables, que Guillaume II avait provoquée par son rejet abrupt de toute tendance moderne, s'exprima aussi dans l'appréciation du Kaiser Friedrich-Museum. La plainte de Bode n'était peut-être pas tout à fait justifiée lorsqu'il parla du *faible écho favorable* dans l'opinion publique, car les journaux ne tarissaient pas de louanges. Mais il sentait correctement le jugement des amis de la Sécession, lorsqu'il le qualifiait de *reconnaissance à contrecœur*[12].

L'architecture intérieure

Lorsque le visiteur pénètre à l'intérieur, il se trouve dans un grand hall d'escalier lumineux, surmonté d'une coupole [34]. Mais avant qu'il ait pu s'approcher de la volée droite ou gauche en tournant le dos à l'autre qui conduit elle aussi à l'étage supérieur, le voilà confronté avec une nouvelle statue équestre, cette fois, celle du Grand Électeur, qui trône au milieu du hall d'entrée. Elle se compose du socle original surmonté d'une copie de la sculpture de Schlüter qui – dressée autrefois sur la Lange Brücke – se

34. Kaiser Friedrich-Museum, le grand escalier avec la copie de la statue équestre d'**Andreas Schlüter**.

trouve aujourd'hui devant le château de Charlottenbourg[13].

Le hall qui s'offre au spectateur est aménagé d'une manière spacieuse. Au-dessus d'une base carrée sur laquelle débouchent les montées d'escalier semi-circulaires, s'élève, par-delà les pendentifs, un espace sous coupole rond et bien éclairé. Des demi-coupoles s'adossent sur les côtés. Les doubles colonnes en ordre toscan, les grandes fenêtres surmontées de frontons à segments et un puissant entablement s'arquant en saillie confèrent à la construction un caractère monumental. En revanche, le décor reste modeste. Il n'y a que dans le vestibule que les murs sont ornés plus richement de stucs rouge et de chapiteaux dorés. Dans l'espace principal, se trouvent seulement quelques éléments décoratifs isolés, mais néanmoins porteurs de signification. Les pendentifs sont ornés d'aigles brandebourgeois, tenant des banderoles avec les devises des Hohenzollern et des ordres de l'Aigle noir. Sur les piliers d'angle taillés en biseau, on aperçoit des médaillons aux effigies du Grand Électeur, de Frédéric le Grand, de Frédéric Guillaume IV et de Frédéric III. Leur place en cet endroit se justifie du fait qu'ils ont été les promoteurs les plus importants des collections d'art prussiennes.

Mais d'aucune façon, cela n'est exprimé directement. Toutefois, au-dessus de la porte de la galerie, au premier étage de l'entrée, apparaissent encore une fois les allégories des arts, où elles encadrent cependant un cartouche, comme cela se produit assez souvent dans l'iconographie baroque des intérieurs de châteaux.

Le visiteur du Kaiser Friedrich-Museum est invité à emprunter l'une des volées d'escalier pour accéder à l'étage supérieur et contempler la collection de tableaux dans un ordre chronologique, depuis la partie avant du bâtiment[14]. L'architecture du hall d'entrée n'indique pas toutefois un sens précis de la visite, de sorte que le visi-

35. Kaiser Friedrich-Museum, la Basilique.

teur peut aussi bien s'engager dans l'axe principal, et traverser un espace intermédiaire, voûté en berceau, dépourvu d'ornements et sans, au fond, de fonction précise, pour pénétrer dans la Basilique [35].

Là, il se trouve soudain dans un autre monde. La salle, qui rappelle l'architecture florentine de la Renaissance, avec, sur les longs côtés, ses galeries surmontant des niches étroites, en forme de chapelles, fait penser à un lieu de culte. Les stalles dressées au milieu, le pupitre, mais surtout les autels peints, sculptés ou en terre cuite vernissée, disposés sur les côtés, en donnent l'impression. Le commanditaire inventa là, de concert avec l'architecte, un cadre monumental coûteux pour quelques œuvres d'art qu'ils voulaient placer dans un contexte de forme et de style appropriés. Cette salle, appelée « Basilique », bien qu'en réalité elle ne corresponde pas à un tel type d'édifice, est un pastiche d'architecture de la Renaissance italienne [15].

En cet endroit, le visiteur peut enfin commencer à reconnaître qu'il se trouve dans un musée. Cette connaissance, toutefois, lui est transmise par le sentiment d'être transposé dans une époque antérieure – dans la mesure, en effet, où il reconnaît dans cette salle une enceinte de musée qui permet de se plonger dans l'ambiance de l'époque à laquelle les œuvres exposées avaient été créées pour une fonction déterminée. Pour susciter cette impression, l'architecte utilisa les moyens stylistiques de la Renaissance italienne dans la conception des arcs, de l'architrave, des galeries, de la voûte et de toutes les autres formes architecturales représentées.

Après avoir traversé cette pièce et gagné l'escalier qui lui succède, le visiteur se trouve de nouveau transféré dans une autre époque [36]. L'escalier circulaire, occupant un espace resserré, les rampes garnies d'ornements rococo, les murs revêtus de stuc rouge, le délicat ordre de pilastres entre lesquels se dressent, logées dans des niches, des statues de marbre, le renvoient à l'époque de Frédéric le Grand. Les différentes formes architecturales sont empruntées à la résidence royale de Potsdam et à celle de Sanssouci.

En regardant de plus près, le visiteur reconnaît dans les deux figures couronnant la balustrade de l'escalier, les deux célèbres statues de *Vénus* et de *Mercure*, réalisées par Pigalle et acquises par Frédéric le Grand pour Sanssouci. Que tout cet aménagement ait été conçu dans l'esprit du grand roi de Prusse, lui est encore confirmé par les statues des généraux dans les niches de l'étage supérieur, qui, à l'origine, se trouvaient en plein air, sur la Wilhelmsplatz. Entre les deux, face au visiteur qui monte l'escalier, se

36. Kaiser Friedrich-Museum, le petit escalier.

dresse une copie de la célèbre statue du souverain lui-même, réalisée par Schadow pour Stettin [16].

Sans être allé jusqu'à présent dans les salles d'exposition proprement dites, le visiteur a traversé, au rez-de-chaussée du Kaiser Friedrich-Museum, en suivant son axe principal, une enfilade de salles somptueuses. Hormis la Basilique, elles étaient uniquement décorées de quelques rares sculptures et éléments de mobilier. Si autant d'espace a été accordé à cette suite de pièces sans que la présentation d'œuvres d'art y ait été le premier souci, en quoi résidait donc leur fonction ?

Certes, les espaces à l'entrée et à l'extrémité de cette aile sont occupés par des escaliers, et la Basilique est une salle de passage. Mais en nommant cette dernière fonction, on ne décrypte pas encore le sens par lequel ces espaces s'inscrivent dans le programme conceptuel du musée, tel qu'il peut être reconstitué à la vue des formes architecturales et de la décoration. Comme déjà l'extérieur du bâtiment, l'enfilade des salles le long de l'axe principal se présente dans une architecture de représentation officielle, qui évoque plutôt l'art de la construction des châteaux que les salles fonctionnelles d'un musée.

À l'intérieur aussi, le langage des formes emprunte à l'histoire en recourant à des modèles de la Renaissance et du baroque. Une fois de plus, l'on y décèle des réminiscences de l'architecture prussienne, de celle de Schlüter comme de celle de l'époque de Frédéric le Grand. L'axe principal du musée se présente, dans son architecture et sa décoration, comme une sorte de *voie triomphale*, qui rappelle les origines de la grandeur prussienne impulsée par le Grand Électeur, évoque son plus grand architecte et sculpteur du baroque, Schlüter, et trouve son pendant frédéricien à l'autre extrémité, dans un second sommet de la culture prussienne. Comprise entre ces deux pôles, la Basilique renvoie le visiteur à une époque de l'histoire qui, reconnue dans son exemplarité, a été intégrée dans la tradition prussienne comme la condition et la source de tout art et de toute culture modernes.

L'extérieur de la construction et les grands espaces du rez-de-chaussée doivent être compris au sens d'une *architecture parlante.* Le musée ne se présente pas au visiteur comme un bâtiment dans lequel il peut, de loin déjà, reconnaître un temple de l'art mais rappelle bien plutôt un palais [17].

Cette conception se prolonge encore à l'intérieur. Toutefois, avec ses allusions claires à des formes de construction prussiennes et ses représentations de souverains prussiens, le bâtiment apparaît comme un don de la maison impériale. Par son langage architectural et sa décoration, le musée est une sorte de « château d'art ». Il héberge les collections réunies par les souverains. Mais il n'est pas question ici de la sensibilité artistique de la bourgeoisie, ni de la passion avec laquelle certains de ses membres collectionnaient. D'ailleurs, la construction et l'aménagement intérieur du musée renoncent totalement aux bustes et aux signatures d'artistes tels qu'ils figurent fièrement sur les façades de nombreux musées pour proclamer leur gloire à l'extérieur et à la postérité.

Dans cette mesure, le Kaiser Friedrich-Museum prend ses distances par rapport à une architecture muséale type, devenue tradition au cours du XIXe siècle. Cette création de Guillaume II, en souvenir de son père, était une entreprise de la monarchie prussienne et de l'État prussien. Le nom et toute la conception de l'édifice sont révélateurs de la manière dont le type de construction spécifique aux musées, déjà devenu une tradition, a été transformé sous l'Empire allemand en une architecture de prestige, à la gloire de la Prusse.

DISPOSITION DE LA COLLECTION

Répartition des œuvres

Le Kaiser Friedrich-Museum devait héberger l'art depuis la fin de l'Antiquité jusqu'au XVIIIe siècle. Les collections avaient été considérablement agrandies, grâce, notamment aux efforts inlassables de Wilhelm von Bode. Dans l'Altes Museum de Schinkel, les œuvres d'art étouffaient dans un espace trop réduit. Beaucoup étaient reléguées dans les réserves. Il n'était pas possible d'offrir au visiteur une présentation didactique chronologique ou systématique. Même l'utilisation des cours intérieures, que l'on recouvrit d'une toiture, n'avait amélioré que pour une partie seulement des sculptures le problème de la disposition des œuvres. La nécessité de construire un nouveau bâtiment avait été ressentie depuis longtemps – cela faisait une vingtaine d'années que la demande en avait été faite et que des pourparlers étaient engagés.

Déjà à l'inauguration du nouveau bâtiment, en 1904, l'édifice se révéla bien trop petit pour rendre justice aux collections. Un département entier, celui de l'art islamique, s'était ajouté, entraînant, juste avant l'ouverture du musée, de grandes modifications dans la disposition. Même encore durant la phase de construction, le musée entra en possession d'objets importants, provenant pour l'essentiel des fouilles d'Asie Mineure, de sorte qu'il fallut sans cesse remanier les plans d'installation des différents départements. Un exemple important en était la façade de M'chatta. Ce cadeau du sultan Abdulhamid à l'empereur Guillaume II devait trouver sa place dans le nouveau musée. Au reste, Bode avait lui-même amplement contribué au manque de place, par la donation qu'il fit de sa collection de tapis d'Orient pour étoffer le département islamique.

Une cause supplémentaire de perte de place, à l'intérieur, fut l'ajout tardif d'une coupole au niveau de l'entrée. L'étayage indispensable de cet élément de construction fit perdre à plusieurs pièces leur éclairage zénithal [18].

Les plans architecturaux aussi étaient constamment remaniés, à cause des fréquents changements dans la disposition des collections, dus en particulier à des questions d'éclairage. Bode et ses collaborateurs ne s'épargnèrent aucun effort pour placer les tableaux dans des conditions d'éclairage appropriées. Partout, à l'étage supérieur, était prévu un éclairage zénithal dans les salles et un éclairage latéral dans les cabinets. Mais des essais d'accrochage et d'exposition n'étaient possibles que de manière très limitée. Jusqu'à l'inauguration et même après, il fallut remodifier les plans. Au rez-de-chaussée surtout, dépourvu d'éclairage zénithal hormis dans la Basilique, les conditions d'éclairage se répercutaient sur la manière de regrouper les œuvres. Il fallut constamment dissocier de nouveau des ensembles dont la composition avait été judicieusement étudiée d'un point de vue historique, stylistique et esthétique. Une systématique de l'accrochage ne pouvait donc guère en découler, compte tenu des données architecturales.

Puisque, pour ces raisons, un ordonnancement systématique des œuvres n'était possible que dans une mesure limitée, Bode et ses collaborateurs se soucièrent au moins de trouver une répartition sensée. Tous les départements devaient être hébergés dans le Kaiser Friedrich-Museum, hormis les collections des sculptures grecques et romaines antiques qui restèrent dans l'Altes Museum, les œuvres d'art égyptiennes et le Cabinet des estampes conservés dans le Neues Museum, et les tableaux et sculptures du XIXe siècle exposés dans la Nationalgalerie [19].

La répartition s'organisa de la manière suivante : dans l'aile nord du rez-de-chaussée, c'est-à-dire du côté de la Sprée, fut installé l'art chrétien primitif et byzantin ; l'art islamique, avec la façade de M'chatta, lui succéda au coin droit, dans une grande salle attenante. L'aile sud reçut la sculpture allemande et italienne. Le musée dut en outre accueillir une partie de la collection de plâtres ainsi que le Cabinet des médailles, qui furent logés dans l'aile est, du côté du chemin de fer. L'étage supérieur servit pour l'essentiel à la peinture, avec la peinture italienne dans l'aile nord et la peinture septentrionale dans l'aile sud.

Dans le cadre de notre sujet, nous nous intéresserons moins, dans ce qui suit, aux œuvres elles-mêmes, qui nous sont indiquées par les catalogues et qui, bien que disséminées et diminuées par les pertes des guerres mondiales, sont encore conservées pour la plupart dans la ville de Berlin. En lien avec les réflexions précédentes sur le langage architectural du Kaiser Friedrich-Museum, nous nous proposons à présent de nous interroger sur la manière dont les collections étaient présentées.

Il n'est pas possible ici d'approfondir cette problématique département par département. Quelques exemples devront être sélectionnés pour illustrer la question dans son ensemble. Mais l'analyse de ces quelques modèles devrait permettre d'aboutir à des conclusions sur les principes sous-jacents.

Il faut dire, pour commencer, que l'on possède, pour le musée lui-même et son intérieur, de nombreux documents photographiques datant des années qui ont directement suivi son ouverture. Le concept d'exposition, conçu pour l'essentiel par Bode, est ainsi facile à retracer. Nous trouverons une autre source importante, qui rend également compte de la manière dont a été perçu le mode d'installation, dans les commentaires que publièrent les journaux et les revues spécialisées après l'ouverture du musée[20]. Enfin, les descriptions que Bode a données lui-même de l'installation ainsi que son évaluation du travail fourni par lui et ses collaborateurs sont également des éléments d'appréciation déterminants[21].

Comme cela a déjà été expliqué, Bode et ses collaborateurs ne purent pas s'en tenir à un principe directeur rigoureux. Devant certaines considérations pratiques, il leur fallait en effet déroger parfois aux principes de base. Il est donc tout à fait possible de reconstituer par la pensée la solution idéale imaginée, à partir d'un examen des salles et d'une étude des propos de Bode, de ses collaborateurs et de la critique. Bode avait déjà développé ses idées sur la question une trentaine d'années auparavant. Ses idées n'étaient pas non plus pensables sans une connaissance et une réflexion sur les solutions mises en œuvre en d'autres lieux, dans d'autres pays d'Europe et d'Amérique. Ces interactions internationales ne peuvent toutefois être évoquées ici que ponctuellement[22].

Isolement des chefs-d'œuvre

Pour la présentation des œuvres d'art, Bode obéit à deux principes de base. Le premier consistait à mieux mettre en valeur l'œuvre individuelle. Il voulait la rendre accessible à une contemplation concentrée, seule manière de laisser s'exprimer sa singularité, son unicité et – selon lui – son message artistique. Un remplissage des murs sur plusieurs rangées devait, dans la mesure du possible, être évité.

« Les murs », expliquait-il, « ne sont pas carrelés de tableaux mais remplis modérément avec, en règle générale, dans le cas de grands tableaux, une seule rangée. Seul le milieu est particulièrement mis en valeur d'ordinaire par un second tableau, plus décoratif. Lorsque la perspective et la forme du mur le permettaient, une œuvre maîtresse est accrochée seule et tout au plus renforcée dans son effet par la présence d'un meuble placé en dessous à titre décoratif, ou de quelques bustes sur le côté »[23].

Une telle disposition se reconnaît par exemple dans la salle avec *Le Prédicateur Anslo et sa femme* de Rembrandt [37]. Le tableau, considéré comme un chef-d'œuvre du peintre, est accroché au milieu du mur et encore mis en valeur par une table sur laquelle reposent deux statuettes de bronze. Ce mobilier ne devait pas neutraliser l'effet du tableau, ni distraire le visiteur mais justement produire l'effet inverse[24].

La préoccupation première de Bode avec cette table et ces bronzes n'était nullement de créer un environnement conforme au tableau. Au contraire, ces objets ont été disposés là pour des raisons didactiques, et pour attirer l'attention sur une œuvre maîtresse de la galerie. La table avec les bronzes a pour but d'accrocher le regard juste devant le tableau mais par sa forme semblable à un autel, elle crée aussi une ambiance cérémonielle[25]. La peinture

37. Kaiser Friedrich-Museum, la salle **Rembrandt**.

représentant *Le Prédicateur Anslo et sa femme* donne l'impression d'un tableau d'autel devenu profane, et toute la pièce est élevée à la dignité d'un espace cultuel consacré à l'art.

Une autre manière de mettre en évidence un chef-d'œuvre était, selon Bode, d'« isoler chaque œuvre individuelle par la présence de tableaux voisins dissemblables » [26]. Un exemple d'une telle disposition est donné, par exemple, par le relief de Luca Della Robbia au milieu d'un mur [38]. Ce relief est encadré de chaque côté par des statuettes plus petites et des *tondi*, et surmonté par un grand *tondo* ne contenant pas de figure, donc par une

38. Kaiser Friedrich-Museum,
salle de sculptures du Quattrocento (**Della Robbia**).

forme purement décorative qui contribue encore à le mettre en valeur.

Le critère esthétique de présentation et d'accrochage était celui de la symétrie. C'est elle qui pouvait le mieux caractériser le goût esthétique de Bode. Les œuvres, jugées particulièrement remarquables et exceptionnelles, devaient chaque fois être placées au milieu et entourées de pendants moins significatifs. Cet ordre permettait de guider le spectateur vers les œuvres maîtresses à voir absolument.

Un regard, maintenant, sur la salle Rembrandt va permettre de préciser la conception de Bode. L'accrochage conçoit chaque mur comme une unité en soi. Souvent, comme dans le cas présent, les murs adjacents étaient également intégrés dans cette conception. Nous avons déjà parlé du milieu, avec son œuvre maîtresse. Deux groupes de six tableaux forment de chaque côté un pendant à l'œuvre maîtresse au centre. Les groupes de tableaux sont, quant à eux, également construits selon une symétrie rigoureuse, les plus importants étant à leur tour disposés au centre et entourés de pendants.

Cette articulation murale en fonction de l'importance des tableaux, qui visait en même temps un équilibre formel, ne remettait pas totalement en question les liens thématiques mais les subordonnait au concept esthétique et didactique. Pour chaque pendant, un lien iconographique était recherché. *Moïse* et *Jacob luttant avec l'ange* se font pendant, ainsi que *Hendrikje Stoffels* et *Le Rabbin*. À notre connaissance, toutefois, ces tableaux n'ont jamais constitué un pendant l'un pour l'autre à l'époque de leur création. L'accrochage de Bode était par conséquent purement esthétique et non historique.

Dans sa manière d'assembler les tableaux de Rembrandt, Bode renonça aussi à se prononcer sur l'évolution du style de l'artiste. Des œuvres du début, du milieu et de la maturité sont mélangées. Un ordre didactique dans ce sens n'était pas possible avec ce système d'accrochage esthétique. De plus, les chefs-d'œuvre sélectionnés étaient certes mis en évidence mais en même temps intégrés dans un ensemble esthétique monumental, hiérarchique et cérémoniel.

L'accrochage symétrique était un procédé courant, fréquemment utilisé dans les expositions de l'Académie. La plupart du temps, toutefois, les murs étaient totalement couverts de tableaux, par manque de place. Un exemple en est l'exposition anniversaire à Berlin, en 1886. Les contemporains déjà se plaignaient du fait que l'œuvre individuelle était noyée dans un tel tapissage des murs [27].

Le principe hiérarchique de symétrie ne recueillait nullement l'approbation dans tous les cas [28]. Au cours des discussions sur la Galerie, il était clairement donné à entendre que cette forme d'articulation murale ne correspondait pas à l'époque, sans qu'il y eût une compréhension sur le fond de l'intention avec laquelle Bode avait agi. « Dans nos intérieurs modernes, on en est venu depuis longtemps à trouver plus belle une asymétrie insolite qu'une distribution régulière et rigide d'œuvres se faisant pendant. Comme je le pense », écrivit le critique et historien Seeck, après l'ouverture du musée, « le Musée pourra encore susciter plus d'effets subtils qu'il n'en a déjà suscités à ce jour, s'il appliquait aussi de temps en temps ce principe, en complément de l'ancien. Seulement en complément. Car je suis moi aussi de l'avis que la symétrie renforce l'impression de monumentalité » [29].

Il est intéressant de constater que dans les expositions d'art moderne de l'époque, le concept de Bode n'était pas appliqué. Une comparaison avec l'accrochage de la Sécession, en 1899, témoigne de l'importance que les peintres accordaient sciemment à une disposition régulière, équivalente, pour éviter toute hiérarchisation [30] [39]. Ils refusaient aussi, pourvu que cela se justifiât d'une manière ou d'une autre, d'aligner plusieurs rangées de tableaux parce qu'une telle disposition, pourtant habituelle dans les expositions de l'Académie, nuisait presque toujours aux œuvres les plus hautes. Depuis la création des Salons, au XVIIIe siècle, cette question a toujours été un sujet de querelle entre les artistes.

Malgré une répartition ingénieuse selon ce principe, Bode ne pouvait pas, à cause du très grand nombre d'œuvres, éviter une impression de trop-plein dans l'accrochage et la disposition des objets. La comparaison

39. Salle d'exposition de la Sécession, Berlin, 1899.

avec l'Altes Museum fait certainement apparaître les efforts et les changements mis en œuvre dans la disposition. Mais pour nos habitudes optiques d'aujourd'hui, ces salles paraissent encore surchargées, et les œuvres trop entassées les unes sur les autres[31] [40].

La mise en évidence des chefs-d'œuvre dans la galerie amena Bode à développer un système, qui reposait sur de solides fondements. Car Bode pouvait s'appuyer à cet effet sur la connaissance précise qu'il avait de la collection et sur la conscience du fait que, à la différence par exemple des musées de Paris, de Vienne, de Londres, de Madrid et de Munich, qui avaient été créés à partir de collections princières beaucoup plus anciennes, le nombre d'œuvres remarquables était relativement plus faible. Lui-même avait essayé, par sa politique d'acquisition des trente dernières années, de remédier à cet inconvénient, et avait pu acquérir un nombre imposant de tableaux de grands maîtres tels que Frans Hals, Rembrandt, Rubens, Dürer, Titien, etc. Et dans le domaine, surtout, de la sculpture italienne, il avait fait de la galerie de Berlin l'une des meilleures adresses [32].

En ce qui concerne les collections berlinoises, en tout cas, il est vrai que la répartition des œuvres dans un grand espace mettait en lumière les différences de niveau artistique. Aussi, des voix s'élevèrent-elles en faveur d'un tri. L'idée naquit de confier aux musées de province les œuvres de moindre qualité [33].

Une telle intention, qui devait être mise à exécution par la suite, ne faisait pas encore l'objet d'un débat lors de l'installation du Kaiser Friedrich-Museum. Bode avait cependant à faire face à la tâche difficile de trouver une présentation judicieuse pour une collection peu homogène. « Les musées de Berlin ne possèdent pas », écrit-il en 1904, « les quantités de chefs-d'œuvre que l'on trouve

40. Salle d'exposition anniversaire à Berlin, 1886.

dans les vieux musées. C'est pourquoi ils doivent s'efforcer de mettre chaque œuvre autant en valeur que possible». Et il poursuit, à propos de son arrangement, sur un ton de franche résignation : «les résultats obtenus sont évidemment dans nombre de cas restés plus ou moins en deçà des bonnes intentions; nous en sommes nous-mêmes mieux convaincus que quiconque et l'avons douloureusement ressenti à chaque pièce qui, par sa couleur, son motif, son ton et sa qualité, n'était pas en harmonie avec son voisinage ou avec l'ensemble… avec chaque pièce médiocre qui, pour une quelconque raison, devait encore être incluse dans l'exposition. Il reste, pour l'avenir, encore certaines choses à faire sur ce point : éliminer, acquérir, modifier; car nous ne pouvions compter que sur ce dont nous disposions»[34].

Après l'ouverture du Kaiser Friedrich-Museum, on continua à respecter, dans les délibérations internes du musée, le principe qui consistait à mettre en évidence les chefs-d'œuvre. Otto Seeck, notamment, parvint, dans un commentaire extrêmement riche intellectuellement, à s'apercevoir que cette démarche signifiait un changement dans la manière d'exposer, qui d'historique devenait esthétique. Selon lui, la politique d'achat des musées de Berlin avait enfin, grâce à l'insigne contribution de Bode, relégué au second plan les problématiques des historiens de l'art au profit de critères qualitatifs. Un musée n'était pas destiné, en fin de compte, à des spécialistes de l'histoire de l'art mais à un grand nombre de visiteurs, et surtout à un public qui n'était pas fait de connaisseurs. Or la *beauté qui touche* émane plutôt des œuvres des grands maîtres, et il était donc juste de posséder autant d'œuvres que possible d'artistes réellement grands. Seeck dresse avec fierté la liste des acquisitions glorieuses, durant les dernières décennies, dans les musées de Berlin : «Ainsi, le nombre de tableaux de Rembrandt et de Frans Hals a été plus que doublé, de Rubens et de Ruisdael triplé, de

Ter Borch quintuplé ; aux œuvres de Van Eyck, il en fut ajouté cinq, de Botticelli, Signorelli, Holbein respectivement trois... »[35]

Le premier principe d'installation de Bode, dans le Kaiser Friedrich-Museum, était par conséquent la pleine mise en valeur des grands chefs-d'œuvre. Dans cette préoccupation s'exprime la conception de l'art du grand connaisseur qu'il était. Les aspects relevant plus strictement de l'histoire de l'art ne devaient pas être négligés, mais il s'agissait seulement de les mettre au second plan, en laissant la première place à un ordre qualitatif hiérarchique[36]. Les regroupements par thèmes ou par genres pouvaient être défaits. Un tableau représentant une Vierge à l'Enfant était accroché à côté d'un portrait profane sans que les différences de fonction aient été prises en compte. Des œuvres semblables par le style ne figuraient pas non plus nécessairement côte à côte, le plus important étant de mettre en valeur l'œuvre qui se distinguait par sa qualité artistique. À cet effet, un tableau de moindre qualité pouvait au besoin servir de repoussoir.

Une telle conception de l'installation mérite d'être comprise dans le contexte de l'époque. Différents points de vue sont à expliciter à ce propos.

D'une part, un rôle important était joué, dans le concept de Bode et dans son application didactique, par les considérations des historiens de l'art. Le succès de Bode reposait sur le lien indissociable qu'il maintenait entre son activité muséale et la recherche. Un tel lien avait certes déjà été amorcé par Waagen, avant l'arrivée de Bode en 1872, mais ce fut Bode, en définitive, qui, le premier, fonda sa politique d'acquisition sur une recherche scientifique intensive menée sans relâche durant toute sa vie.

Devant cette évolution d'une installation établie d'abord selon des considérations historiques puis en fonction de l'importance des œuvres, il convient de s'interroger sur les critères qui ont présidé au choix des œuvres. Ces critères relevaient d'une part de l'histoire de l'art et d'autre part de considérations esthétiques, en vigueur à l'époque de l'Empire allemand. Les artistes qui jouirent d'une vénération particulière sous l'Empire allemand sont vite énumérés. C'étaient les grands maîtres de la Renaissance et du XVIIe siècle hollandais, les deux époques auxquelles on attribuait la plus grande valeur à l'époque de l'ouverture du musée. De même que l'architecture de l'historisme, jusqu'au bâtiment du Kaiser Friedrich-Museum lui-même, avait sa source dans la Renaissance italienne, de même l'intérieur était lui aussi globalement aménagé dans le goût de la Renaissance italienne et allemande. La Renaissance ainsi que le XVIIe siècle hollandais offrirent aux premières décennies de l'Empire allemand les critères d'identification idéologiques et esthétiques qui leur correspondaient.

Enfin, ce système d'accrochage ne témoignait pas seulement du manque de chefs-d'œuvre, qui faisait la désolation de Bode, mais aussi justement du contraire. Bode avait beau se plaindre, le Kaiser Friedrich-Museum apparaissait aux yeux d'un public international comme comparable aux célèbres collections européennes. Ce grand succès fut autant celui de Bode que celui de ses collectionneurs, conseillés par lui, qui enrichissaient le Kaiser Friedrich-Museum de leurs donations.

Un résultat non moins important était le prestige récolté par le monarque à qui la création de ce musée permettait à présent de s'aligner sur les autres cours d'Europe. La performance était d'autant plus remarquable qu'elle n'avait pas seulement été le fruit d'un simple héritage mais qu'elle pouvait être célébrée comme un exploit culturel que la Prusse devait à ses seuls efforts.

Ce n'est pas ici le lieu de traiter en détail du travail scientifique de Bode. Toutefois, il est déterminant pour notre sujet de savoir que l'activité scientifique de Bode visait non seulement à une exploration du contexte historique, mais avant tout et toujours plus aussi, à un approfondissement des connaissances. Ses voyages, son expérience et le contact direct, pendant des décennies, avec les œuvres d'art lui ont fourni la matière première sur laquelle il fondait ses jugements et ses appréciations. Si, par une symétrie de l'accrochage, la galerie mettait en évidence les œuvres des grands maîtres, c'était le fruit de la grande expertise de Bode, que tout le monde lui reconnaissait. Son jugement reposait sur une recherche scientifique. On retiendra cependant que pour lui tout système fondé sur des connaissances en histoire générale ou en histoire de l'art devait céder la priorité à un système esthétique.

Ordre pittoresque

Pour une autre part, et c'est là le second principe, qui s'oppose apparemment au premier, Bode cherchait à réaliser dans la Galerie ce qu'il appelait « un ordre pittoresque des salles »[37]. Celui-ci consistait à réunir en une même *unité* les tableaux, les sculptures et le mobilier, de façon à donner au musée un caractère vivant. Bode comptait ainsi éviter le risque de monotonie dans la présentation des grandes collections. La *diversité* était le mot clé qui décrivait cet *ordre pittoresque.* Dans cette optique, Bode sut tirer profit de la particularité du plan du musée, qui n'imposait pas de circuit précis à l'intérieur de l'édifice. « C'est pourquoi », écrivait-il, « nous avons volontiers renoncé à la trajectoire droite et sobre des musées plus anciens, qui permet cependant de tout embrasser – sans introduire d'un autre côté la contrainte policière qu'impose une enfilade de salles… »[38]

À la volonté de laisser le visiteur circuler librement entre les salles répondait une articulation adroite des

41

points de passage. Bode évita l'enfilade de bout en bout, du moins pour les grandes salles. Les portes n'étaient pas toujours disposées aux mêmes endroits dans les pièces mais par des ouvertures au milieu, sur les côtés ou en plusieurs points de passage d'un même côté, les salles étaient reliées visuellement les unes aux autres. Les chambranles des portes – en partie même des originaux –, travaillés dans le style des œuvres exposées, conféraient l'aspect vivant recherché [41].

Le principe de l'*ordre pittoresque*, toutefois, était surtout obtenu *en mêlant les tableaux avec des sculptures de la même époque et de la même école*[39]. Examinons quelques salles pour mieux nous représenter les grandes lignes de ce concept d'exposition bodéen. Un exemple instruc-

42

42. Kaiser Friedrich-Museum,
salle du Cinquecento avec des œuvres de la Renaissance
classique florentine et lombarde.

41. Kaiser Friedrich-Museum,
salle de Peinture vénitienne du XVIe siècle.

tif nous est donné par la salle consacrée à la Renaissance classique florentine et lombarde. Tableaux, reliefs, sculptures et mobilier y étaient réunis en un ensemble décoratif. Les portes aussi avaient été conçues dans des formes renaissantes, conformes au contenu de la salle ; même le siège, qui invitait le visiteur à se reposer, semblait exécuté d'après un modèle de cette époque [40] [42].

L'un des murs réunit des reliefs de madones et des portraits peints, qui, à leur tour, encadrent une statue de *Saint Jean.* Cette sculpture, acquise par Bode, et qu'il attribuait à Michel-Ange, était considérée comme l'un des chefs-d'œuvre les plus remarquables de la Galerie. C'est pourquoi, elle se détache sur le fond d'une précieuse étoffe de velours, placée derrière elle pour faire tout particulièrement ressortir l'effet du marbre[41]. Deux bustes Renaissance assurent, dans les coins, la transition vers les deux murs adjacents. Sur ceux-ci se trouvaient de grands tableaux d'autel, entre lesquels étaient accrochés des *tondi* plus petits et des portraits. Des coffres et des crédences créaient tout le long du mur une articulation plastique[42].

Le critère esthétique de cette présentation était une fois de plus celui de la symétrie. Bode agissait sur ce point conformément au système de valeurs selon lequel les œuvres jugées les plus significatives et les plus remarquables étaient exposées au milieu – dans notre exemple, la statue attribuée à Michel-Ange –, tandis que des pendants moins importants devaient être disposés autour de l'objet central.

Le principe de l'*ordre pittoresque* ne remettait par conséquent pas en question la règle énoncée plus haut. Dans ce cas aussi, le mur était conçu comme un tout, tandis que les tableaux et les sculptures étaient sélectionnés de façon à se correspondre mutuellement, et à former des pendants. Il reste que dans une telle installation, le contexte thématique et la fonction première de l'œuvre n'étaient pas retransmis. Des œuvres religieuses et profanes pouvaient se trouver côte à côte. Par l'alternance des techniques – peinture, relief, sculpture, étoffes, etc. – et par l'animation plastique donnée de cette manière aux murs, la pièce pouvait paraître plus vivante. Atteindre un tel effet était le but principal de Bode. L'*ordre pittoresque* visait à donner la priorité à des aspects muséaux – nous dirions aujourd'hui conviviaux. Le spectateur devait toujours découvrir de nouveaux angles de vue stimulants. Bode s'efforçait d'éviter, dans sa présentation de la collection, toute disposition par rangées uniformes, ressentie comme ennuyeuse. La variété au lieu de l'uniformité – tel était le fil directeur. L'impression stéréotypée, qui fatigue le

43. Kaiser Friedrich-Museum, salle Donatello.

visiteur et exige de lui un trop grand effort, devait être limitée autant que possible. Le visiteur devait pouvoir traverser un environnement esthétique, et l'espace du musée devait être un espace d'expérience. Il fallait, à cet effet, que les chefs-d'œuvre soient chaque fois mis en évidence et immé-diatement reconnaissables grâce à des éléments de mobilier placés au milieu de la pièce à des fins didactiques, pour servir d'indicateurs. C'est dans ce sens qu'il convient de comprendre le concept de *diversité* employé par Bode.

Dans les exemples donnés jusqu'ici, les tableaux étaient prédominants, tandis que les sculptures servaient généralement à alléger l'image d'ensemble. Mais le rapport inverse aussi pouvait s'observer au Kaiser Friedrich-Museum. Dans une salle remplie de sculptures de la Renaissance italienne, Bode chercha à introduire un peu de diversité par l'ajout de quelques peintures et meubles, là où les œuvres s'entassaient presque comme dans une réserve [43]. Mais il comprenait clairement qu'un tel mélange ne pouvait pas être à l'avantage de l'œuvre individuelle. Dans un environnement où une place prépondérante était accordée, comme dans l'exemple présent, à la sculpture, l'effet d'un tableau est amoindri. En pareil cas, des tableaux, qui n'étaient pas des chefs-d'œuvre, servaient à rendre plus vivantes des sculptures, et non l'inverse. « Dans le cabinet des œuvres de la Renaissance plus petites, en marbre », écrivit Bode, « quelques rares tableaux ont trouvé leur place au côté de certaines sculptures en terre ou en stuc, aux tons mats ; mais ils ne servent également ici qu'à rehausser les bustes et autres sculptures : c'est pourquoi il ne s'agit pas de tableaux de premier rang, car un tel emploi à des fins décoratives, leur porterait préjudice, dans leur signification et dans leur effet »[43].

Bode comprit très précisément qu'un mélange des genres ne serait possible que de manière très limitée dans le musée. Son expérience lui apprit qu'« une distribution ne serait-ce qu'un tant soit peu régulière de tableaux et de sculptures le long du mur créait un effet extrêmement perturbant et qu'en règle générale, les œuvres se gênaient mutuellement de la manière la plus sensible »[44].

Si Bode procédait au mélange de tableaux et de sculptures dans les salles consacrées à l'art allemand, ce n'était cependant pas uniquement au sens d'un *ordre pittoresque.* En effet, il pouvait encore justifier ce mélange par le fait que dans les pays du Nord, justement, les peintres et les sculpteurs collaboraient étroitement à la production des retables. C'est pourquoi, dans ce département où, d'un point de vue artistique, le mélange se justifiait au niveau du contenu, il était pratiqué de la manière la plus systématique. Il y était aussi recherché un équilibre entre la qualité des sculptures et celle des tableaux. Le mélange des genres artistiques était approprié à l'époque représentée et devait par conséquent aussi être rendu visible au visiteur [45].

La plupart des contemporains ont salué positivement les efforts de Bode sur ce point. Rapportons simplement ici le jugement de Ludwig Justi, caractéristique de beaucoup d'autres, et paru dans la très célèbre revue *Zeitschrift für Bildende Kunst.* Si les musées étaient souvent qualifiés de prisons d'images, pensait-il, un tel jugement ne convenait pas au Kaiser Friedrich-Museum : « Les salles que nous venons de traverser, en revanche, ne sont pas une prison ni un entrepôt. L'utilisation des perspectives, l'emplacement judicieux des portes, l'aménagement des pièces à l'aide de plafonds, de chambranles et de meubles anciens, l'emploi de cadres anciens, la disposition des tableaux sur de vastes espaces, l'association d'œuvres plastiques – tout cela crée souvent une impression d'ensemble cohérente et agréable, toujours très raffinée et grandiose » [46].

Réflexions sur le réaménagement de la collection à partir des années 1880

Cela faisait déjà une trentaine d'années que Bode développait ses idées sur l'installation des musées. Il connaissait évidemment la plupart des musées européens et prenait une part active aux installations nouvelles, en particulier des musées d'arts décoratifs [47].

La disposition des œuvres d'art dans l'Altes Museum ne pouvait satisfaire personne. Les tableaux étaient ordonnés par écoles et accrochés en rangées superposées selon un ordre plus ou moins chronologique. Les sculptures ne trouvaient souvent de place qu'en réserve. L'entassement des œuvres, mais aussi leur présentation d'après l'époque et les écoles qui leur ont donné naissance, c'est-à-dire d'après des points de vue scientifiques, ne les rendaient pas spécialement attrayantes aux yeux des simples amateurs d'art. Heureusement, le réaménagement des cours intérieures permit, dans les années 1890, une nouvelle disposition [48].

Très tôt après sa nomination aux musées royaux, Bode eut l'occasion de procéder à des expérimentations de son choix, dans le but d'améliorer la situation. Comme il était responsable des sculptures et des peintures, et qu'il ne se limitait pas non plus dans son savoir à un seul domaine mais étendait de manière étonnante toujours davantage le champ de ses connaissances, il avait sans doute songé depuis le début à la possibilité de mêler les genres dans la présentation des collections.

L'occasion lui en fut donnée directement, lorsqu'après l'acquisition de la collection Suermondt, en 1874, une exposition cohérente en fut organisée très peu de temps après. Des déclarations de Bode montrent, toutefois, que la juxtaposition des tableaux et des dessins ne fut pas très heureuse. Il en alla autrement, en revanche, des associations de tableaux et de sculptures qui furent expérimentées avec beaucoup plus de rigueur lors des expositions publiques d'œuvres privées, organisées à partir de 1883 [49].

Le catalogue de la première de ces expositions, en 1883, contenait un mémoire du prince héritier Frédéric Guillaume et de sa femme Victoria, qui – en se fondant certainement sur des idées formulées par les responsables du musée – laissaient entrevoir la perspective d'une réorganisation des musées [50]. On y lisait :

« Il semble que l'on ait toujours pris jusqu'à ce jour comme principe directeur pour la disposition des collections d'art à l'intérieur des musées le seul point de vue de la science. La classification stricte, la séparation des arts plastiques a toujours été maintenue. Compte tenu de l'inestimable valeur de ce matériau artistique, un tel point de vue semble malgré tout un peu unilatéral… Que de fois ne regrette-t-on pas que des œuvres vues autrefois dans des palais ou des églises aient été replacées telles quelles dans des galeries ou disposées en rangées sur un mur, alors qu'elles brillaient de leur éclat dans une jolie pièce dont elles étaient l'ornement et d'où elles devaient nous pénétrer de leur beauté, qui maintenant se perd dans la masse. Il en va de même des retables, des tableaux et des tombeaux qui, retirés des églises, produisent un effet atténué jusqu'à en devenir méconnaissables, dans des salles de musée qui ressemblent le plus souvent à des chambres d'hôpital. » Les auteurs se plaignaient aussi du fait que cette masse d'objets, alignés les uns contre les autres, étaient les arbres qui cachaient la forêt aux yeux des visiteurs. Le temps était venu de donner aux œuvres d'art le cadre susceptible de les mettre correctement en valeur. Les musées ne devaient pas être des entrepôts pour des œuvres d'art retirées de la circulation. « Ne pourrait-on », propose le texte, « constituer un ensemble merveilleux et harmonieux, en réunissant des statues, des tableaux, des bustes et des reliefs dans de belles salles où des vitrines de bon goût auraient leur place pour exposer des médailles, des gemmes, etc. Le plus bel objectif serait sans doute celui d'un tout nouvel édifice, pour la galerie de peinture et pour les sculptures de la Renaissance, selon les principes évoquées plus haut »[51].

Dès les années 1880, on réfléchissait donc à une nouvelle façon de disposer les collections berlinoises. Le Kaiser Friedrich-Museum doit son installation à une réflexion sur un ordonnancement nouveau, développée pendant de nombreuses années[52].

Un tel ordonnancement n'était pas réalisable tout de suite dans les musées, mais put cependant s'expérimenter dans le cadre plus modeste des collections privées des industriels et des marchands qui avaient fait fortune dans les années 1870 à 1890, de tous ces mécènes qui étaient pour la plupart d'origine juive. C'est dans cette direction que Bode orienta une part importante de ses efforts.

Ainsi donc, lorsque la grande donation de James Simon fut réunie dans une salle propre, en 1904, ce n'était pas seulement pour faire honneur au collectionneur. Bode voulut sciemment conserver de cette façon le caractère intime des collections privées, « pour insister sur le fait qu'il s'agissait bien d'une donation, ainsi que sur l'origine de celle-ci »[53]. Il en alla même ainsi de la collection Thiem, qui fut affectée à une salle particulière, quoique provisoire, dans le département des peintures italiennes.

Ce caractère intime, tel qu'il était introduit au musée dans certains rares cas, ne constituait cependant pas un modèle aux yeux de Bode. Il avait certes l'intention de recréer au Kaiser Friedrich-Museum une ambiance solennelle. Toutefois, il écrivit : « mais nous avons toujours évité de créer une impression de salle de séjour et avons pour cette raison choisi, et réparti parcimonieusement, les meubles de façon à conserver l'effet monumental des salles du musée »[54].

Ainsi, l'*ordre pittoresque* que Bode conféra à la collection du Kaiser Friedrich-Museum avait été prémédité de longue date, avec l'objectif de donner à chaque chef-d'œuvre un cadre digne de sa valeur au sein du musée, et d'offrir en même temps au spectateur un parcours varié à travers des salles qui revêtaient un caractère à la fois animé et solennel.

Salles de style

L'ordre pittoresque, c'est-à-dire la disposition ensemble dans une même pièce de tableaux, de sculptures et de mobilier d'une époque donnée, avait encore un autre sens. Bode voyait là l'unique manière, d'une part, de respecter l'œuvre d'art elle-même, et d'autre part, de communiquer au visiteur une impression du contexte artistique et culturel original de l'œuvre. Sur ce point, le concept de Bode a souvent été mal compris, ou du moins interprété trop superficiellement. On désignait ces salles de musée du nom de *salles d'époques*. Ce terme prête à confusion. Il est d'ailleurs significatif que Bode ne l'employait jamais. En tout cas, il ne faut pas le confondre avec le terme anglo-saxon de *period room*.

Les salles du Kaiser Friedrich-Museum ressemblaient peut-être à des salles de palais, mais Bode n'avait pas l'intention de créer un environnement historique précis. Dans le Kaiser Friedrich-Museum, il n'existait pas de *period rooms*, au sens où à New York, à Boston, à Philadelphie, à Detroit et à Los Angeles, des salles d'anciens châteaux étaient transférées telles quelles dans les musées[55].

Dans ses Mémoires, Bode décrit en détail les buts qu'il avait poursuivis : « Nous ne voulions nullement imiter l'exemple de certains musées d'arts décoratifs (comme le Landesmuseum de Zurich) qui cherchaient à montrer d'une manière aussi fidèle et complète que possible, à travers une suite de pièces anciennes, la place de l'artisanat d'art dans les aménagements intérieurs, mais notre intention était, avec ces éléments de décoration monumentaux, de placer les œuvres d'art dans un environnement d'époque afin d'en rehausser l'effet et de correspondre autant que possible à l'intention initiale. Si l'on était allé jusqu'à imiter des pièces anciennes, on aurait nui à l'effet monumental des œuvres »[56].

La salle qui, évidemment, se prêtait le plus à une interprétation au sens d'une *salle d'époque*, était la Basilique. Or, bien sûr, il était justement visible dans cette pièce qu'il ne s'agissait pas d'un original mais d'un pastiche. Elle avait été conçue avec l'idée de se contenter de suggérer au visiteur l'impression d'un intérieur d'église du Quattrocento. Sans reproduire la copie d'une construction précise, il s'agissait de créer le cadre dans lequel des autels de la Renaissance pouvaient être présentés selon une disposition conforme à leur destination première.

Il apparut toutefois que cette intention, justement, ne pouvait être satisfaite que de manière très limitée. Les conditions d'éclairage n'étaient pas si propices, et il s'en fallut de beaucoup que l'on ait pu y héberger des retables de grande valeur. C'est pourquoi, la Basilique n'était pas une *salle d'époque,* mais, comme le disait Bode, elle était susceptible d'offrir, à proximité des escaliers, « la diversion et le repos à l'œil fatigué par la contemplation des tableaux. Les retables ne devaient produire qu'un effet en soi et ne pas conférer à la pièce un caractère de galerie »[57].

Ces remarques, toutefois, ne rendent pas encore compte de l'essentiel. En différents endroits, Bode dit clairement qu'il faut veiller, justement dans un musée, « à conférer à peu près aux œuvres d'art l'effet qu'elles produisaient à leur emplacement originel »[58]. C'est pour cette raison qu'il s'était efforcé, longtemps déjà avant l'ouverture du Kaiser Friedrich-Museum, de réunir des éléments d'architecture décoratifs de la Renaissance italienne et du XVIIe siècle hollandais, tels que des chambranles, des cheminées, des meubles, etc.[59] Ces éléments rapportés devaient, en quelque sorte, constituer des repères par rapport à l'origine et au contexte culturel dont étaient issus les chefs-d'œuvre de peinture et de sculpture exposés. Bode cherchait à rendre aux œuvres le cadre de vie dont elles avaient été arrachées par leur éloignement de leur lieu de destination historique initial. Il reconstitua ainsi un environnement muséal qui correspondait à l'œuvre et permettait d'introduire le visiteur dans le style d'une époque. Le style de l'époque constituait l'unité catégorielle qui caractérisait le concept bodéen d'exposition. C'est pourquoi il serait beaucoup plus adapté de parler de *salles de style* que de *salles d'époque.*

La manière dont Bode concevait l'installation d'un musée découlait de sa conception de l'art. Autant, toutefois, celle-ci était déterminée par les formidables connaissances acquises durant de nombreuses années, autant l'homme de musée ne perdit pas de vue le contexte historique dans lequel les sculptures et les tableaux avaient été réalisés. Ces deux pôles, celui de la connaissance et celui du style dans son contexte historique, déterminèrent tout son travail d'historien de l'art.

Dans cet ordre d'idées, il est important de savoir que Bode se disait un élève de Jacob Burckhardt[60]. Il avait rendu personnellement visite à Burckhardt en 1874, à Bâle. De cette époque date un lien entre les deux hommes, qui incita Burckhardt à confier à Bode la publication de son *Cicerone*[61]. Au fil des nombreuses rééditions, Bode se consacra très consciencieusement à cette tâche.

L'admiration que Bode portait à l'œuvre scientifique de Burckhardt fait clairement apparaître la manière dont il en fut personnellement marqué. Il est très facile de comprendre pourquoi il se qualifiait d'élève de Burckhardt, bien que celui-ci n'ait été son maître qu'au sens figuré. Bode voyait dans la méthode de Burckhardt un complément nécessaire aux recherches, menées en Italie, par Karl Eduard von Liphart, Giovanni Morelli et Giovanni Battista Cavalcaselle, qui, par des comparaisons formelles de style, avaient découvert des principes importants sur la manière d'appréhender et d'ordonner l'héritage artistique. Par ses recherches, Bode lui-même avait pu, sur la lancée de ces savants, améliorer sur des points essentiels la connaissance de la peinture et de la sculpture italiennes. Le fondement méthodologique de ces travaux reposait sur le talent de connaisseur, acquis au contact des originaux, lors de ses voyages.

Or la réflexion sur les travaux scientifiques de Burckhardt ouvrit à Bode de nouvelles perspectives de recherche. Les efforts de Burckhardt, l'historien, qui, selon les termes de Bode, pratiquait l'histoire de l'art « comme le fruit d'un devenir, comme un tout, en lien avec l'évolution de la culture dans son ensemble », impressionnèrent aussi l'homme de musée[62]. Bode souligna l'originalité du questionnement burckhardtien, qui, pour prononcer une attribution, ne se limitait pas à la description des plis, ni à celle de la formation des oreilles et des doigts. L'essentiel pour lui n'était pas de déterminer si une œuvre était un original ou une copie, mais de voir « ce que tel ou tel maître a apporté de nouveau ou d'important à l'art et à la culture, comment son œuvre s'inscrit dans l'évolution de l'art, comment tel artiste se situe par rapport à toute une école, telle orientation de l'art par rapport à telle autre, comment elles sont conditionnées par l'histoire et quelle signification elles prennent au sein de l'évolution de la culture dans son ensemble »[63].

Bode parla aussi de ce qu'il vécut avec Burckhardt, lorsqu'ils parcoururent ensemble les rues de Rome. Burckhardt était porté, dit-il, par un formidable enthousiasme et une grande vivacité. Lors de ces visites, « même un modeste candélabre, un simple cadre de tableau ou, à défaut, un objet en apparence secondaire » lui avaient fourni « l'occasion d'expliquer le style ou le développement de telle ou telle branche de l'art ou des arts décoratifs, le rapport de l'un à l'autre et leur signification pour l'art et la culture en général »[64].

Le récit de Bode relatant sa rencontre avec Burckhardt et son appréciation de la méthode de ce savant qu'il appelait son maître, fait apparaître clairement qu'il s'identifiait aussi avec la problématique scientifique de celui-ci. Bode est considéré comme un grand connaisseur en histoire de l'art, et l'on se fondait sur son expertise pour acquérir des sculptures et des tableaux. Une telle appréciation n'est pas inexacte, mais elle ne rend compte qu'en partie de ses travaux scientifiques et de sa conception de l'art.

Bode apprit de Burckhardt à replacer la connaissance dans un contexte culturel plus large. Pour cette raison, il s'efforçait, dans ses écrits comme dans son travail muséal, à rendre correctement compte de l'œuvre d'art dans son contexte historique et spirituel. L'aménagement du Kaiser Friedrich-Museum, pour lequel il collectionnait depuis des décennies non seulement des chefs-d'œuvre de l'art mais aussi des éléments rapportés permettant de caractériser le contexte culturel, était la concrétisation visible de cette conception de l'art. Bode défendait une conception du musée selon laquelle l'œuvre d'art devait être présentée selon des points de vue esthétiques, stylistiques, historiques et culturels. Le musée était pour lui un lieu de conservation des œuvres d'art, mais aussi de recherche et d'ouverture de l'art à tous. « Les musées », écrivit-il, « ont dépassé le stade où ils étaient exclusivement confiés aux bons soins du gouvernement et de ses représentants et utilisés seulement par un petit cercle de personnes, pour être maintenant intégrés à l'héritage spirituel de toute la population ; la charge de leur conservation et de leur promotion sera désormais portée et vivement soutenue par le peuple »[65].

Cette conception muséale et sa mise en œuvre étaient insolites et inédites en Europe et en Amérique, à l'époque où elles se sont fait jour. Aussi cette solution inhabituelle de Bode s'attira-t-elle force critiques mais aussi force approbations.

En général, toutefois, il trouva davantage la louange que le rejet[66]. Les spécialistes, surtout, étaient de son côté.

Albert Dresdner, par exemple, défendit l'aménagement du musée réalisé par Bode contre les critiques qui y voyaient « une entrave à l'étude sérieuse » et qui auraient souhaité une disposition plus rigoureuse, par artistes et par écoles. « Ces productions n'ont-elles pas été créées ensemble dans leur passé historique, et parfois même par les mêmes artistes ? » écrit Dresdner, et il poursuit, à propos du département d'art allemand : « Au contraire, l'étude sérieuse est stimulée de la manière la plus heureuse, par justement cet ordonnancement qui présente explicitement aux yeux du spectateur l'interpénétration vivante de différents grands domaines de la création artistique allemande ancienne »[67].

L'*ordre pittoresque* des œuvres exposées, tel que Bode le réalisa dans le Kaiser Friedrich-Museum, satisfaisait à certains principes qui étaient en discussion depuis plusieurs décennies et pour lesquels Frédéric III avait donné son approbation et son soutien. Au grand regret de Bode, l'installation du musée ne put pas être intégralement menée à bien selon ses conceptions. Il fallut accepter des compromis sur de nombreux points. Force est néanmoins de constater que le résultat correspondit à une vision scientifique et didactique de la manière d'installer un musée.

Cette vision était, justement aussi dans sa modernité, inspirée de l'histoire. En ne se contentant pas d'ordonner chronologiquement tout l'héritage recueilli d'après des écoles et des maîtres, mais en réunissant l'essentiel et l'accessoire dans un même espace de découverte, elle présentait des « salles de style » d'une culture considérée comme idéale.

Alors que Bode voulut éviter de donner un caractère intime à ces salles, il créa cependant, dans certains domaines, un environnement princier. La retenue justement, avec laquelle il disposait du mobilier dans ces salles et l'intégration discrète, en particulier dans les grandes salles, de sculptures parmi les peintures de la galerie, donnaient l'impression d'une collection princière monumentale. Bode lui-même l'avait sans doute ressenti de cette manière lorsqu'il dit que l'on avait voulu « donner à certaines salles exceptionnelles un caractère solennel » [68].

De ce point de vue, le décor de Bode pouvait évoquer pour le visiteur du musée une promenade à travers un palais. L'architecture et l'aménagement intérieur formaient, en ce sens, une unité esthétique et idéologique.

Le Kaiser Friedrich-Museum – une collection monarchique de prestige sous l'Empire allemand

Toute tentative d'analyser l'institution du Kaiser Friedrich-Museum à partir de l'histoire de sa création, de la forme de sa construction et de l'installation de sa collection, doit faire ressortir un certain nombre d'aspects dans ce qu'ils ont de significatif :

1. le musée était une construction qui, à travers son langage des formes, servait à la représentation officielle de la grandeur monarchique ;
2. la présentation des collections favorisait un effet esthétique, au sens où elle obéissait à un aménagement de type palatin, et mettait en valeur, dans l'esprit de l'histoire de l'art, le contexte stylistique dans lequel les œuvres avaient été créées.

Nous proposons de soupeser encore une fois ces deux points de vue et de vérifier comment ils se relient à notre problématique.

Le Kaiser Friedrich-Museum avait été dédié par l'empereur d'Allemagne à son père Frédéric III. L'inscription, à l'entrée, rappelait ce geste à tous les visiteurs. Le musée se différenciait déjà par cette dédicace de la Nationalgalerie que Frédéric Guillaume IV avait dédiée *À l'art allemand*, comme l'indique jusqu'à ce jour l'inscription sur son entablement.

Avec cette dédicace, Guillaume II ne faisait pas que poser un signe extérieur, en souvenir de l'activité du protecteur des musées. Mais il démontrait aussi que la création de ce musée correspondait à sa volonté impériale. Le Kaiser Friedrich-Museum n'est pas seulement un contenant, un lieu de conservation, pour une collection qui s'est constituée au fil des générations et pour laquelle un lieu de rangement digne de sa valeur avait enfin été créé. Le souverain régnant utilisa bien plutôt l'édifice à des fins d'auto-représentation de la dynastie impériale. Le caractère d'un palais de ville, à l'extérieur, et les halls d'honneur, à l'intérieur, soulignaient cette intention.

Le musée était un édifice au service de la représentation officielle de l'Empire allemand. Il fut créé sous la protection spéciale du souverain régnant. Ce fait devait aussi s'exprimer à travers l'architecture qui, par son caractère palatin aux formes renaissantes et baroques, se rattachait à d'autres constructions de la monarchie prussienne.

Mais l'intérieur aussi, par la décoration de ses escaliers, était chargé de symboliser ce lien. Les statues équestres et les portraits des souverains qui avaient tout particulièrement encouragé les arts en Prusse, ainsi que l'emploi d'idées architecturales empruntées à des châteaux déjà construits, faisaient apparaître le Kaiser Friedrich-Museum comme le couronnement des efforts d'une monarchie, attentive à cultiver les arts, à collectionner les œuvres et à les mettre à la disposition de la population[69].

Au caractère palatin de l'extérieur faisait écho l'arrangement intérieur. Les œuvres d'art qui, pour une part non négligeable, avaient été initialement la propriété des souverains, dans les châteaux des Hohenzollern, devenaient à présent le bien de tous, dans un musée palatin ouvert au grand public. Le visiteur du musée devenait l'usager d'un château. L'occasion lui était donnée de jouir des œuvres d'art mais aussi de se laisser transporter dans l'environnement historique d'un habitat princier.

La mise en valeur des chefs-d'œuvre dans les salles permettait à la fois de signaler d'une manière didactique au spectateur les œuvres les plus remarquables au plan qualitatif et de témoigner de la richesse et de l'étendue des connaissances du collectionneur princier. Le mélange de tableaux, de sculptures et de meubles était d'une part le fruit d'une réflexion scientifique sur la manière de rendre compte d'une culture dans son unité, mais pouvait aussi d'autre part être compris comme la reconstitution d'un environnement princier que les monarques régnants rendaient à présent accessible, par leur don, à la population.

L'ouverture du Kaiser Friedrich-Museum eut lieu à une époque où le monarque était très vivement opposé à la modernité. Guillaume II, qui prenait une part active à la politique culturelle de son pays, était un adversaire farouche de toutes les impulsions sécessionnistes de son époque. Il réprimait toutes les tentatives en direction d'une nouvelle expression artistique, telles qu'elles s'exprimaient à travers l'impressionnisme, et plus tard l'expressionnisme. La querelle autour de la participation d'artistes modernes à l'exposition de St. Louis, qui remonta jusqu'au Reichstag, en 1904, illustre bien la manière dont étaient rejetés tous les courants d'art moderne sous Guillaume II [70].

L'édification et l'installation du Kaiser Friedrich-Museum répond, en revanche, au modèle artistique, politique et culturel que défendaient, sous l'Empire allemand, l'empereur, la cour et des couches étendues d'une bourgeoisie préoccupée par la conservation de la culture classique. Pour Guillaume II, écrit Peter Paret, « le meilleur art était celui qui était inspiré directement de l'Antiquité classique et de la Renaissance » [71]. Collectionner l'art de ces époques, y travailler scientifiquement et le présenter au peuple était par conséquent une tâche de la politique culturelle officielle. Le Kaiser Friedrich-Museum était sans aucun doute un musée d'art dont l'influence sur l'histoire de la culture et des sciences rayonnait loin au plan national et international, mais en même temps, il était aussi une institution dynastique de politique artistique doublée d'un objectif de représentation officielle par lequel le souverain cherchait à se faire représenter devant l'opinion publique mondiale, à travers surtout les époques artistiques idéalisées de la Renaissance et du baroque.

Pour cette raison, l'opinion publique n'accueillit pas sans critique l'ouverture de ce musée dans lequel elle voyait aussi une architecture de domination. La formulation la plus sévère de ce sentiment fut donnée par Karl Scheffler, mais seulement après l'effondrement de l'Empire allemand : « En réalité, la monumentalité palatine du Kaiser Friedrich-Museum ne sert à rien ni à personne. Mais il est vrai qu'à l'époque, la folie des grandeurs ne connaissait bientôt plus de bornes »[72].

Notes

1. Bode, *Mein Leben*, vol. I, p. 311.

2. Une monographie détaillée de la construction, prenant également en compte le détail des projets, fait encore défaut. Sur un plan général, voir R. Petras, *Die Bauten der Berliner Museumsinsel*, p. 101-121. Voir aussi K. Streckenbach, « Museumsbauten », *Berlin und Bauten*, vol. 5, Berlin-Munich, 1983, p. 13-37.

3. Une monographie informative sur Ihne fait encore défaut. Sous forme de résumé, dans : *Neue Deutsche Biographie*, X, 1974 (H. Reuther).

4. *Concurrenzentwürfe wegen Bebauung der Museumsinsel zu Berlin*, Berlin, 1884. Voir aussi S. Waetzoldt, « Pläne und Wettbewerbe für Bauten auf der Berliner Museumsinsel 1873-1896 », *Jahrbuch der Berliner Museen*, 35, 1993, supplément.

5. Il n'existe pas d'étude sur les constructions triangulaires, qui prenne en compte le projet d'Ihne d'un point de vue historique. Notons toutefois que l'entrée du Palais Ephraïm à Berlin n'est pas sans présenter quelque ressemblance.

6. Pour des exemples, voir V. Plagemann, *Das deutsche Kunstmuseum, 1790-1870*, Munich, 1967.

7. H. Lorenz, (« Zur Zukunft der Berliner Museumsinsel : Das Kaiser Friedrich-Museum », *Kunstchronik*, 44e année, n° 2, 1991, p. 123), a suggéré récemment de manière convaincante que la Loggia del Capitaniato de Palladio à Vicence a pu être une source d'inspiration pour Ihne.

8. Voir P. Clemen, « Das Kaiser Friedrich-Museum zu Berlin », *Zeitschrift für Bildende Kunst*, 1904, p. 7-8 : « L'architecture d'Ihne puise à deux

sources, à la Renaissance italienne et à l'architecture prussienne de Schlüter et de l'époque de Frédéric le Grand, et pour celui qui connaît bien les réalisations de cet artiste fécond, il n'est pas inintéressant de suivre ces différents modèles, et de constater dans quelle mesure et de quelle manière ils sont utilisés et intégrés dans ses œuvres. Pour la construction extérieure du musée, Ihne a choisi le langage des formes du baroque précoce italien… » Le texte de Clemen fournit la description et l'analyse les plus détaillées qui aient paru après l'ouverture du musée. Clemen ne fut pas non plus avare en critiques lorsqu'il reprocha surtout aux façades latérales leur monotonie et à l'entrée principale un manque de caractère.

9. Voir les maisons de la Breite Straße n° 30 et n° 34, construites en 1752 et en 1751 par Johann Bouman. Reproduites dans F. Mielke, « Das Bürgerhaus in Potsdam », dans *Das Deutsche Bürgerhaus*, XV, 2 vol., Tübingen, 1972, vol. 1, planche 38. De même, la maison Brock, Am Kanal 30, construite en 1776 par Karl von Gontard, Mielke, *ibid.*, planche 21 ou encore la maison de la Charlottenstraße 47-45, aux pilastres cannelés, également de Gontard, Mielke, *ibid.*, planches 50-51.

10. Bode, « Das Kaiser Friedrich-Museum in Berlin, Zur Eröffnung am 18. Oktober 1904 », *Museumskunde*, I, 1905, p. 3.

11. A. Dresdner, « Das Kaiser Friedrich-Museum in Berlin und seine Kritiker », *Der Kunstwart*, XVIII, 5, 1904, p. 361-366. Voir aussi P. Schubring, « Das Kaiser Friedrich-Museum in Berlin », *Die Woche*, IV, 1904, p. 2014 : « Peut-être avait-on espéré qu'il s'agirait, avec la nouvelle construction, d'un édifice moderne. Ceci était déjà exclu du fait du choix, par l'empereur, de l'architecte Ihne, conseiller de la Cour à la construction, dont les points forts étaient sa maîtrise des formes de la Renaissance tardive et de la manière de construire italienne. »

12. Bode, *Mein Leben*, vol. I, p. 314.

13. Clemen s'étonnait déjà que la statue fût disposée en cet endroit, « puisqu'il n'y avait que dix minutes jusqu'à la Lange Brücke, sur laquelle se dressait l'original de Schlüter avec les appendices qui lui étaient indissociablement attachés ». Clemen, *op. cit.*, p. 12. Voir aussi Schubring, *op. cit.*, p. 2014 : « La décoration pompeuse à souhait des escaliers avant et arrière… et l'érection vraiment superflue d'une copie de la statue équestre de Schlüter, dont on pouvait presque voir l'original à la jumelle, sont des choses qui sont peu réjouissantes mais par bonheur sans grandes conséquences. »

14. Dans des plans antérieurs, l'escalier fut, tout d'abord, orienté différemment, mais comme le rapporte Bode, il fut ensuite modifié pour répondre au souhait de Schöne, directeur général des musées, de donner à la collection un ordre chronologique. Voir à ce sujet Bode, *Mein Leben*, vol. I p. 270 ; L. Pallat, *Richard Schöne,* p. 294.

15. Clemen, *op. cit.,* p. 14, pense qu'Ihne s'était peut-être inspiré de S. Francesco (San Salvatore) al Monte, à Florence.

16. Bode relate dans ses Mémoires comment il s'était comporté envers Guillaume II pour obtenir le transfert des statues. Bode, *Mein Leben*, vol. I, p. 301-302.

17. « L'architecture extérieure, dans laquelle transparaît tout de même toujours l'ancienne idée de palais, n'est pas très heureuse », pensait V. Scherer, *Deutsche Museen, Entstehung und kulturgeschichtliche Bedeutung unserer öffentlichen Kunstsammlungen,* Iéna, 1913, p. 248.

18. Voir Bode, « Das Kaiser Friedrich-Museum… », *op. cit.*, p. 13-14. Et aussi Bode, *Mein Leben*, vol. I, p. 270-271.

19. Le Cabinet des estampes devait lui aussi être hébergé au Kaiser Friedrich-Museum. Mais ce projet fut abandonné. Voir Pallat, *Richard Schöne*, p. 293.

20. Il convient tout particulièrement d'évoquer ici la contribution de Clemen, *op. cit.*, qui est rejoint dans ses analyses par celles de certains de ses collègues sur l'installation d'autres départements. Voir par exemple l'historien O. Seeck, « Das Kaiser Friedrich-Museum », *Halbmonatshefte der deutschen Rundschau*, 1904-1905, II, 1905, p. 16-44.

21. Ces explications de Bode se trouvent en divers passages. Les plus détaillées sont Bode, *Mein Leben*, vol. I, p. 269 sq., p. 285 sq. et p. 310 sq. ; Bode, « Das Kaiser Friedrich-Museum… », *op. cit.*, p. 1-16 ; *id.*, « Kunstsammlungen und Museumsbauten Hüben und Drüben », *Kunst und Künstler*, 3e année, 1904-1905, p. 33-38 ; *id.*, « Unsere Museen und die Vermehrung ihrer Sammlungen », *Die Woche*, 6e année, n° 10, 1904, p. 407-411.

22. Bode se réfère en particulier au Victoria-and-Albert Museum à Londres, appelé à l'époque le South Kensington Museum, ainsi qu'au Schweizer Landesmuseum de Zurich. Bode, « Das Kaiser Friedrich-Museum…», *op. cit.*, p. 1. Les questions de mise en scène dans les

musées ont été étudiées récemment par A. Joachimides, S. Kuhrau, V. Vahrson et N. Bernau, éd., *Museumsinszenierungen. Zur Geschichte der Institution des Kunstmuseums. Die Berliner Museumslandschaft 1830-1990*, Dresde-Bâle, 1995 et Paul, *Hugo von Tschudi.*

23. Bode, « Das Kaiser Friedrich-Museum... », *op. cit.*, p. 8.

24. Il s'agit d'ailleurs, avec cette installation, d'une deuxième solution améliorée, datant de 1910. À l'époque de l'inauguration, en 1904, ce tableau était accroché dans une pièce plus petite de l'enfilade méridionale. Illustration dans Schubring, *op. cit.*, p. 2015.

25. Bode note d'ailleurs aussi que la présence de meubles peut éviter que les visiteurs touchent les œuvres. De cette manière, il aurait été possible de se passer des barrières utilisées dans l'*Altes Museum.* Bode, « Kunstsammlungen und Museumsbauten... », *op. cit.*, p. 37.

26. Bode, « Das Kaiser Friedrich-Museum... », *op. cit.*, p. 8.

27. Voir N. Teeuwisse, *Vom Salon zur Secession, Berliner Kunstleben, zwischen Tradition und Aufbruch zur Moderne, 1871-1900,* Berlin, 1986, p. 145-46, ill. 63.

28. « On a aussi veillé avec soin à ce que chaque mur produisît une belle image, et notamment à ce que la symétrie ne fût pas perturbée ; mais en cela on est, à ce qui me semble, allé un peu trop loin. Car l'on a, par moments, laissé dans la Galerie des tableaux très pauvres, uniquement parce que leur forme et leur taille en faisaient des pendants plus adéquats pour d'autres, et l'on a, pour les mêmes raisons, éliminé certains qui auraient bien plutôt mérité d'être pris. Oui, dans certains cas, l'objectif de symétrie a même causé un dommage très sensible... », Seeck, *op. cit.*, p. 22-23.

29. *Ibid.*, p. 23-24.

30. Teeuwisse, « Bilder einer verschollenen Welt, Aufstieg und Niedergang der Berliner Privatsammlungen 1871-1933 » dans le catalogue de l'exposition *Der unverbrauchte Blick*, Berlin, 1987, p. 13-39, ill. 247.

31. Au sujet de la disposition dans l'Altes Museum voir *supra*, chap. 1.

32. Cependant, il lui fut toujours plus difficile, dans les dernières années, notamment à cause de la concurrence américaine, d'acquérir des

œuvres d'art qui fussent vraiment de haut rang. Il s'était exprimé plusieurs fois dans ce sens, aussi dans des articles. En 1902, il publia un texte au titre provocateur : « Die Amerikanische Konkurrenz im Kunsthandel und ihre Gefahr für Europa », *Kunst und Künstler*, 1re année, n° 1, 1902, p. 5-12. Dans cet écrit, il railla certes encore les achats en gros, par collections entières, d'Américains, tels que Pierpont Morgan, Walters et d'autres. Il voyait encore une chance pour l'Europe, puisque les musées, en Allemagne, achetaient en fonction d'un savoir et non du prestige escompté. Même Bode devait cependant reconnaître que la flambée des prix de l'art créait un surcroît de difficultés, et en outre son jugement se révéla erroné. Car on allait très bientôt se rendre compte de la très grande qualité aussi des objets collectionnés par les Américains. Sa visite aux États-Unis en 1893 fut trop courte. Voir aussi les autres textes de Bode sur la question : « Die amerikanischen Gemäldesammlungen in ihrer neueren Entwicklung », *Kunst und Künstler*, 2e année, 1904, p. 387-389 ; et « Die amerikanische Gefahr im Kunsthandel », *Kunst und Künstler*, n° 1, 1906, p. 3-6. À la fin du dernier article, on peut lire désormais : « Depuis, le danger est devenu considérablement plus grand ; en effet, la fuite des bonnes œuvres d'art anciennes vers l'Amérique est si forte qu'il faut déjà mentionner maintenant, pour certains genres et artistes, les collections réunies là-bas. » Après son voyage de 1911, il allait sérieusement réviser son jugement sur les collections américaines.

33. « Il serait ensuite possible de procéder à une sélection encore plus sévère, ainsi que de renoncer à certaines bonnes pièces intéressantes au plan de l'histoire de l'art, au profit des musées de province… » Clemen, *op. cit.*, p. 17.

34. Bode, « Kunstsammlungen und Museumsbauten… », *op. cit.*, p. 36. Ce passage est également reproduit chez Clemen, *ibid.*, p. 21.

35. Seeck, *op. cit.*, p. 39-40.

36. En tant qu'historien de l'art, Clemen reconnut immédiatement cette nouvelle perspective, mais ne se montra pas critique à son égard : « Lorsque des séries d'œuvres d'art que l'on avait considérées comme allant ensemble et comme inséparables, parce qu'on s'était habitué à les voir ensemble, sont dispersées, lorsqu'ici l'évolution semble interrompue, que la comparaison et l'étude paraissent plus malaisés, d'autres rapprochements importants et des comparaisons précieuses peuvent apparaître en contrepartie », *op. cit.*, p. 22.

37. Bode, « Das Kaiser Friedrich-Museum… », *op. cit.*, 1905, p. 4.

38. *Ibid.*, p. 4-5.

39. *Ibid.*, p. 9 ; *id.*, « Kunstsammlungen und Museumsbauten… », *op. cit.*, p. 36-37.

40. Comme Bode devait constamment remodifier la disposition des pièces, les éléments architecturaux, reconstitués ou originaux, qui devaient servir à la décoration, ne se trouvaient plus, bien souvent, dans l'environnement pour lequel ils avaient été prévus.

41. De tels arrangements étaient modifiés et améliorés au cours du temps. En 1904, un kilim pendait au mur à une place qui ne paraissait pas propice.

42. On parvenait toutefois aussi à animer un peu l'ensemble lorsqu'une grande table avec quelques bronzes disposés dessus était placée au centre d'une salle aux murs abondamment recouverts de tableaux sur deux rangées, et que certaines œuvres étaient mises en valeur par la présence de quelques coffres. Voir l'illustration dans Petras, *Die Bauten der Berliner Museumsinsel*, p. 113.

43. Bode, « Das Kaiser Friedrich-Museum… », *op. cit.*, p. 10.

44. *Ibid.*, p. 9. D'ailleurs, il constata que les collections berlinoises ne disposaient pas de suffisamment d'objets pour équiper correctement le musée de cette façon.

45. « C'est pourquoi, en ce qui concerne l'art allemand, les sculptures ont été pour l'essentiel regroupées avec les peintures dans le nouveau bâtiment, et ces dernières, déjà du fait qu'elles sont beaucoup moins importantes en nombre que les sculptures, ont été réunies avec celles-ci au rez-de-chaussée… » Bode, « Unsere Museen… », *op. cit.*, p. 9-10.

46. Ludwig Justi, dans Clemen, *op. cit.*, p. 60.

47. Voir à ce sujet Bode, « Das Kaiser Friedrich-Museum… », *op. cit.*, p. 1. Voir aussi la description des contextes chez Clemen, *ibid.*, p. 20.

48. Lors de la réinstallation des sculptures dans les cours intérieures, Bode développa déjà son idée de présenter les collections en mélangeant les genres. Pour animer les salles de sculptures, il y mêla aussi des tableaux et des tapis.

49. Bode, « Das Kaiser Friedrich-Museum… », *op. cit.*, p. 9.

50. Voir les déclarations de R. Dohme, avec qui Bode organisa l'exposition, dans le catalogue de l'exposition des collections privées berlinoises 1883, *Die Aufstellung von Gemälden älterer Meister im Berliner Privatbesitz*, Berlin, 1884, p. 9 : « On voulut aussi tenter une fois à Berlin de disposer les tableaux à peu près comme la période qui les a produits aurait pu le faire. Le résultat correspondit aux attentes ; espérons qu'il s'avérera important pour l'avenir. » Il est également intéressant de lire ce que dit Bode sur la manière dont il prévoit d'installer le musée de la Renaissance, dans son texte « The Berliner Renaissance Museum », *The Fortnightly Review*, L, 1891, p. 506-515, surtout p. 511-512.

51. Le catalogue de l'exposition de 1883, *Die Aufstellung…*, *op. cit.*, p. 10, reproduit dans : *Jahrbuch der Preußischen Kunstsammlungen*, IV, 1883, p. 120. Clemen, *op. cit.*, p. 17 et le catalogue de l'exposition *Kaiser Friedrich III. und sein Museum, Eine Ausstellung des Kaiser-Friedrich-Museums-Verein in der Gemäldegalerie*, SMPK, Berlin, 1988, p. 16-18.

52. Bode confirme ce point au moment de l'installation du Kaiser Friedrich-Museum : « Pour la disposition des tableaux, nous avons obéi aux principes et nous nous sommes laissés guider par les expériences que nous avons faites lors des fréquentes réorganisations de la Galerie de tableaux ainsi que lors des expositions de tableaux provenant de collections privées berlinoises. » Bode, « Das Kaiser Friedrich-Museum… », *op. cit.*, p. 8. En particulier, l'exposition sur la Renaissance, qui se tint à Berlin en 1908, avait manifestement constitué une sorte de répétition générale. *Ibid.*, p. 12.

53. *Ibid.*, p. 13.

54. *Ibid.*, p. 12-13. Voir aussi Bode, « Kunstsammlungen und Museumsbauten… », *op. cit.*, p. 37 : « Si l'on aménage trop richement les salles, elles prennent le caractère de pièces d'habitation et la signification des œuvres d'art est bien moins apparente. C'est ce que l'on ressent, non sans gêne, dans certains palais, par exemple, qui sont entrés dans le bien public avec leurs trésors artistiques, tels que le Palazzo Bianco et le Palazzo Rosso, offerts par le couple Galliera à la ville de Gênes, et dans une grande mesure aussi dans Hertford House, ce don formidable de lady Wallace. Le caractère de musée doit toujours être préservé. »

55. La salle dite de Tiepolo dans la villa du comte Panigai di Nervesa près de Trévise constituait une sorte d'exception. Les fresques étaient

présentées dans l'ordre d'origine. Les cadres de stuc étaient toutefois des copies.

56. Bode, *Mein Leben*, vol. I, p. 300.

57. Bode, « Das Kaiser Friedrich-Museum… », *op. cit.*, p. 5.

58. Bode, « Kunstsammlungen und Museumsbauten… », *op. cit.*, p. 36.

59. Voir Pallat, *Richard Schöne*, p. 294.

60. Bode, *Mein Leben*, vol. I, p. 285. Bode écrivit un éloge posthume de Burckhardt dans : *Pan*, IV, 1898, p. 105.

61. Bode décrit sa première visite à Burckhardt dans sa préface à l'ouvrage : J. Burckhardt, *Der Cicerone, Eine Einladung zum Genuß der Kunstwerke Italiens*, réédition de l'édition originale, Stuttgart, s. d. Voir aussi W. Kaegi, *Jacob Burckhardt, Eine Biographie*, 7 vol., Bâle 1947-1982, surtout vol. III, p. 527 et vol. IV, p. 164 sq. et 170 sq.

62. Bode, dans la préface du *Cicerone*, *op. cit.*, p. X.

63. *Ibid.*

64. *Ibid.* Au sujet des séjours de Burckhardt à Rome, de son étude des monuments, de son amour pour la ville et de ses observations sur les événements politiques, voir H.-M. von Kaenel, éd., *Jacob Burckhardt und Rom*, Bibliotheca Helvetica Romana XXIV, Rome, 1898.

65. Bode, « Das Kabinett Simon ; Die Stiftung des Herrn James Simon im Kaiser Friedrich-Museum zu Berlin », *Kunst und Künstler*, 3e année, 1904-1905, p. 70.

66. Clemen, *op. cit.*, p. 19. Clemen date de l'époque du classicisme les premières présentations plus sobres d'œuvres d'art et précise que « grâce à un sens plus fort du pittoresque dans l'arrangement général des salles intérieures », un changement s'était enfin amorcé. Dans l'aperçu qu'il donne de la question, il se réfère à différents musées et collections privées européens dans lesquels l'idée de « sortir l'œuvre d'art de son isolement et de recréer, au moins de manière approximative, l'atmosphère que celle-ci créait autour d'elle en son emplacement primitif » avait lentement réussi à s'imposer. Dans sa contribution circonstanciée, parue en 1905 dans la *Deutsche Rundschau*, Otto Seeck arriva lui aussi à des conclusions semblables à celles de Clemen. Il souligna

encore plus fortement que Clemen que l'effet produit importait plus que l'ordre historique des œuvres lorsqu'il s'agissait de les présenter dans un musée. Le musée était, selon lui, surtout destiné au profane, qui voulait y jouir du Beau. C'est pourquoi il était essentiel de regrouper les œuvres dans « le contraste ou l'harmonie », et non en première ligne selon un point de vue historique. Seeck, *op. cit.*, p. 30.

67. Dresdner, *op. cit.*, p. 362. Le critique A. Rosenberg soutint lui aussi très vivement la nouvelle conception muséale de Wilhelm Bode dans la critique qu'il en donna après l'inauguration : « On avait aussi appris à considérer l'art comme un tout et l'on ne voulait plus se satisfaire de l'exercice pratiqué jusque-là, qui consistait à présenter séparément les tableaux et les sculptures. Les musées ne devaient plus ressembler à des archives arides, dans lesquels tout ce qui est de même nature est rangé dans une seule rubrique, mais donner un reflet de la coopération vivante entre tous les arts, qui a marqué l'âge d'or de la Renaissance. » Adolf Rosenberg, « Das Neue Kaiser Friedrich-Museum in Berlin », *Daheim*, XLI, 1905, n° 9, p. 19.

68. Bode, « Das Kaiser Friedrich-Museum… », *op. cit.*, p. 12.

69. Voir aussi Seeck, *op. cit.*, p. 34. Seeck affirmait que, conformément au « caractère jeune, audacieux et ambitieux de l'État prussien », les collections prussiennes sont en fait très récentes, et qu'à la différence d'autres cours européennes, on n'avait pas acheté directement auprès de Raphaël, Titien et Léonard, mais que l'on avait dû acquérir les œuvres de seconde, voire de troisième main. Il affirme aussi que la qualité des musées avait été considérablement améliorée grâce au « pillage » des châteaux, mais qu'ils n'en ont pas atteint pour autant un rang européen. Seeck exprima l'espoir que l'empereur fît encore don aux musées d'autres œuvres qui se trouvaient encore dans les châteaux de Potsdam, et étaient inaccessibles à la population, et il évoque dans ce cadre *L'Embarquement pour Cythère* de Watteau. Après que les châteaux furent eux-mêmes devenus des musées, dans la continuité, d'une certaine manière, des idées de Bode, le transfert de la propriété de ces biens n'aurait pas de sens aujourd'hui. Cela ne ferait que détruire le caractère d'œuvre d'art totale [*Gesamtkunstwerk*] des châteaux-musées.

70. Voir à ce sujet P. Paret, *Die Berliner Secession, Moderne Kunst und ihre Feinde im Kaiserlichen Deutschland*, Berlin, 1981, surtout p. 137-223.

71. *Ibid.*, p. 178.

72. Karl Scheffler, *Berliner Museumskrieg*, Berlin, 1921, p. 58 et p. 60.

44 

45 

44. **Alfred Messel**, projet pour le Musée de Pergame, vu du Kupfergraben, 1907.

45. **Alfred Messel**, projet pour le Musée de Pergame, 1907, cour d'honneur.

5
Le Musée de Pergame

I

La construction du dernier édifice de l'île des Musées, le Musée de Pergame, demanda une trentaine d'années [20]. Depuis la rédaction du mémoire que Bode prépara immédiatement après son entrée en fonction au poste de directeur général, en 1906, et qui fut présenté l'année suivante au parlement de Prusse pour adoption, jusqu'à l'achèvement du musée, l'Allemagne connut successivement la chute de l'Empire allemand, l'épisode de la République de Weimar et le début du IIIe Reich. Alors que ce mémoire visait à attirer l'attention sur la nécessité d'une extension des constructions muséales, le Musée de Pergame ne put être ouvert au public qu'en 1930, et les travaux extérieurs se prolongèrent encore pendant de nombreuses années. Ils ne furent d'ailleurs jamais terminés. La colonnade prévue à l'ouest, des parties de la décoration extérieure et certaines sculptures décoratives projetées à l'origine n'ont jamais été exécutées jusqu'à ce jour.

Les décennies qui s'écoulèrent entre les premiers projets et l'achèvement ont été marquées par un manque

---

Pour les notes de ce chapitre, voir p. 221 sq.

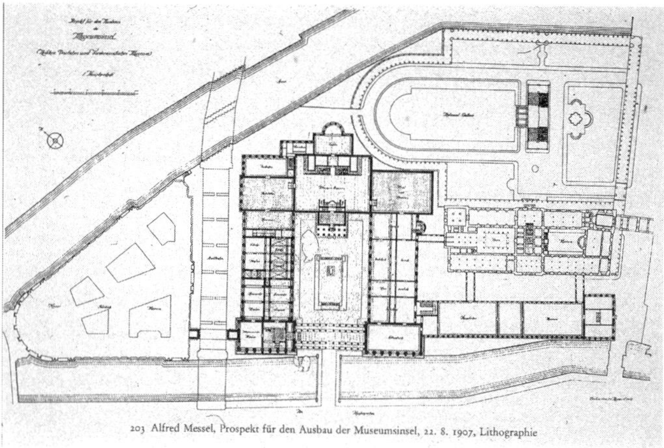

46. **Alfred Messel**, projet pour le Musée de Pergame, plan du rez-de-chaussée, 1907.

d'argent chronique. Les volontés ne manquaient pas, mais les difficultés économiques ne permettaient pas un avancement rapide des travaux.

Les projets qui s'éternisent traversent généralement des crises d'ordre conceptuel. On ne construit pas volontiers d'après des plans conçus plusieurs décennies auparavant. Non seulement le style de l'architecture change mais aussi la manière dont on conçoit la présentation des œuvres.

L'histoire du Musée de Pergame reflète bien ce problème. De plus, la mort de l'architecte Alfred Messel, en 1909, jeta une ombre sur cette longue période de construction. Messel avait dessiné le premier projet [44-46]. Son successeur, le conseiller en urbanisme de la ville de Berlin, Ludwig Hoffmann, un ami intime de Messel, suivit, dans un premier temps, les projets initiaux, mais se trouva bientôt contraint d'apporter des modifications, qui devaient conduire à des conflits acharnés. Ces controverses sont entrées dans l'histoire de l'île des Musées sous le nom de la *Guerre des musées de Berlin*. C'est sous ce titre que l'influent écrivain et critique Karl Scheffler publia en 1921 un écrit polémique, qui devait susciter des répliques véhémentes [1].

Par rapport au sujet qui nous intéresse ici, cette controverse ne joue qu'un rôle marginal. La question qu'il nous importe plutôt d'étudier est de savoir sur quelle conception repose le Musée de Pergame. Cette question n'a encore jamais été posée jusqu'à présent. On s'est contenté de constater que les collections existantes sur l'Allemagne, la Grèce et le Proche-Orient, dont l'autel de Pergame constitue le chef-d'œuvre le plus remarquable, ont nécessité une telle construction [2]. Mais ce seul besoin ne constitue pas encore un critère suffisant pour déterminer la forme qui doit être donnée à un musée et à la présentation de ses œuvres. C'est généralement le manque d'espace qui est à l'origine de l'élaboration d'un projet : la question de savoir où et quel type de musée il est possible d'ériger donne nécessairement lieu à des réflexions de nature conceptuelle, à partir desquelles des plans concrets et artistiques peuvent être mis en place.

Le projet de Messel pour le Musée de Pergame a ouvent fait l'objet de discussions. Du vivant de Messel, il fut salué par beaucoup de contemporains, considéré comme génial et glorifié à travers des écrits sur l'architecture, la presse et des publications spécialisées. Deux choses, en particulier, parurent particulièrement dignes d'être relevées aux yeux des contemporains. Premièrement, la structure à trois ailes du musée apparaissait à la plupart des commentateurs comme une solution véritablement idéale, puisqu'elle permettait de réunir dans un même édifice les différents domaines représentés par les collections, à savoir l'art antique, l'art allemand et le Proche-Orient.

Bode, qui avait particulièrement appuyé la nomination de Messel, souligna que de cette façon était créé « un grand tout cohérent » et « qu'une vaste cour d'honneur se terminant par l'imposant Musée de Pergame, constituait le centre prestigieux de l'ensemble des constructions de l'île des Musées »[3].

Outre cet aspect, le langage des formes monumentales néo-classique, suivant lequel était décliné le bâtiment et qui nous paraît aujourd'hui particulièrement sévère et froid, avait été bien apprécié à l'époque. Il était considéré comme une solution originale, alliant des éléments du classicisme prussien, en particulier la forme de la Porte de Brandebourg, à une clarté d'expression moderne et monumentale[4].

Dans les années 1920, toutefois, lorsqu'on s'efforça de faire avancer le projet vers sa réalisation, ce concert de louanges à l'adresse de Messel fut troublé par quelques voix critiques. Adolf Behne était alors l'adversaire le plus virulent. Dans plusieurs de ses contributions, il ne cacha pas son opinion selon laquelle les formes architecturales, d'une monumentalité surdimensionnée, n'étaient absolument pas adaptées à l'objet et qu'en outre, l'orientation du bâtiment ne faisait pas preuve du sens urbanistique le plus élémentaire. Behne qualifiait le musée de « forteresse des Huns », faisant des « emprunts gigantesques mais d'une faiblesse pitoyable à une "Asie" dépassée »[5]. Behne haïssait cette démesure de moyens mise au service de la représentation officielle et aurait souhaité voir un « musée accessible, pratique, clair », construit « pour ainsi dire avec simplicité »[6]. Scheffler s'est lui aussi exprimé, dans ses écrits polémiques, sur un ton analogue, avec la différence, toutefois, que sa critique ne visait pas tant Messel, qu'il respectait en tant qu'architecte, mais le caractère monumental discutable donné par Ludwig Hoffmann à l'édifice et dont nous reparlerons un peu plus loin[7].

Très récemment, l'analyse critique de l'architecture du bâtiment, menée par Wolfgang Schäche avec le recul que donne l'histoire, confirma encore une fois le jugement polémique de Behne. Schäche suivit Behne en montrant à l'évidence que par son ouverture à l'ouest, le Musée de Pergame brouillait définitivement l'axe clair qui reliait l'Altes Museum au Kaiser Friedrich-Museum. En effet, avec la disposition que Messel donnait au dernier bâtiment de l'île des Musées – pour lequel l'architecte s'inspira d'ailleurs de son projet de concours de 1884 –, l'idée de forum, telle qu'elle se discutait vers le milieu du XIXe siècle et qui envisageait l'île comme une unité urbanistique, était sacrifiée, dans la mesure où cette disposition créait des arrière-cours et des parties arrière peu esthétiques.

L'analyse architecturale de Schäche, comme celle, avant lui, de Behne, tend à montrer que la volonté de produire un effet d'« architecture colossale », aurait brisé, sur l'île des Musées, la « transparence des volumes » qui avait naturellement prévalu jusque-là[8]. Son étude formelle conduisit l'auteur à une critique très acerbe, comme s'il s'agissait encore aujourd'hui d'empêcher la poursuite des travaux de construction. Il y est question de la « destruction implacable d'un espace urbain organique ». Le nouveau bâtiment ne constituerait nullement, comme l'affirmait Bode, le couronnement final, mais au contraire, viserait « à s'imposer clairement »[9].

Schäche s'interrogea aussi sur les raisons de ce résultat. Il voyait dans le langage des formes du Musée de Pergame une démonstration de puissance : « Au seuil de la Première Guerre mondiale, par laquelle le partage territorial du monde, déjà effectué, devait être corrigé en faveur d'une Allemagne "en retard" dans son développement, la prétention impériale du Reich wilhelmien trouve son expression adéquate dans l'architecture néo-classique de ce "Musée allemand" et est, sur ce point, le produit exemplaire d'une époque où le progrès était combattu »[10].

Quoique sévère, ce jugement n'est pas infondé. Toutefois, le caractère polémique de sa formulation fait perdre de vue les fondements historiques qui ont effectivement rendu possible une solution telle que celle que Messel et ses commanditaires s'efforçaient d'obtenir. Il s'agit donc d'analyser les critères qui ont déterminé la conception formelle, architecturale et muséale du Musée de Pergame.

Lorsqu'il est question, dans ce sens, de conception, nous n'entendons pas un programme bien défini, et clairement formulé que l'architecte aurait pu suivre. Une telle base de travail n'a pas existé. Des indications ont certes été données sur les besoins en surfaces. Mais pour la description de l'édifice idéologique, qui devait aussi donner sa forme à la dernière construction de l'île des Musées, il faut relire les sources et les interpréter dans leur contexte historique.

Déjà lors de l'aménagement du Kaiser Friedrich-Museum, il était apparu que les collections d'art des rois de Prusse nécessiteraient encore à l'avenir beaucoup de place. Trois grandes catégories d'objets, surtout, demandaient à être placées d'une nouvelle manière. L'installation de l'autel de Pergame, dans ce qu'on appelait le bâtiment provisoire, restait insatisfaisant. La distance à laquelle pouvait se placer le spectateur était trop courte et le bâtiment vétuste. En outre, beaucoup d'objets provenant de fouilles ou d'acquisitions faites à Priène, à Didyme, à Milet ainsi qu'en d'autres lieux, étaient venus grossir les collections et il fallait aussi leur trouver une place. L'ambition qu'avait Theodor Wiegand d'exposer, dans le périmètre des musées, des architectures monumentales, telles que la porte du marché de Milet, rendait indispensable la construction d'un tout nouvel édifice en remplacement du bâtiment provisoire qui, de toute façon, manquait de solidité.

L'encombrement des trouvailles babyloniennes n'était pas non plus de moindre importance. En particulier, l'arrivée de la voie processionnelle, qui fut transportée de Mésopotamie à Berlin, exigeait de prévoir un grand édifice supplémentaire.

Enfin, avec l'installation de tous nouveaux départements, comme celui de l'art islamique, Bode se vit imposer, dans le Kaiser Friedrich-Museum, des limites trop étroites pour le déploiement du département des peintures et sculptures allemandes, du Moyen Âge au baroque. Dans le musée récemment construit, la façade de M'chatta occupait beaucoup de place, prévue à l'origine pour d'autres objets. C'est pourquoi, il fallait s'efforcer de créer une structure absolument nouvelle [11].

Bode précisa dans son mémoire que plusieurs départements restaient « entreposés pour la moitié ou plus » de leurs constituants, ce qui créait une situation difficilement tolérable [12]. Avec un tel argument, le directeur général pouvait escompter que l'on y remédiât. Car d'un côté, l'intérêt du public s'était considérablement accru depuis l'ouverture du Kaiser Friedrich-Museum, et d'un autre, cela n'avait pas non plus de sens de faire venir les œuvres d'art de pays lointains à des prix exorbitants, si elles ne pouvaient pas être exhibées fièrement à la vue du grand public.

Dans son mémoire, Bode resta aussi attaché au principe selon lequel les nouveaux bâtiments devaient être érigés sur l'île des Musées. Bien qu'il pût être déduit de ses paroles qu'il aurait trouvé approprié, à cause du manque de place, de transférer certains départements à proximité du Musée des arts décoratifs, il se sentait lié, en 1906, par la décision prise dans les années 1880 de réunir toutes les « œuvres de grand art » dans l'île des Musées [13].

Le mémoire ne contenait pas encore d'idée précise sur l'apparence possible des bâtiments ou leur situation. Bode apporta toutefois quelques remarques, qui devaient constituer pour l'architecte des prescriptions obligatoires. Il chercha à loger les collections mésopotamiennes « en contiguïté avec le département égyptien qui leur est apparenté », c'est-à-dire dans un lien avec le Neues Museum. Pour l'Antiquité grecque et romaine, dont les objets autres que l'autel de Pergame étaient disposés dans l'Altes Museum, Bode imagina tout d'abord une construction ajoutée au bâtiment provisoire existant. Comme elle devait abriter les morceaux d'architecture, il fallait prévoir de très grandes dimensions, surtout en hauteur. La présentation la plus circonstanciée que Bode rédigea porta sur la nécessité de construire un Musée allemand (*Deutsches Museum*). L'enjeu pour lui allait plus loin que la simple résolution d'un problème de place. Il ne s'agissait pas seulement de trouver une présentation adéquate pour les collections allemandes, du Moyen Âge à la Renaissance. Bode cherchait aussi à ériger sous forme de pendant au Kaiser Friedrich-Museum, destiné principalement à l'art italien, un bâtiment au service de la représentation officielle, qui contiendrait l'art allemand. Ce bâtiment devait donc aussi se situer à proximité immédiate de l'autre construction tout juste achevée et lui être relié par un passage au-dessus de la ligne de chemin de fer.

Ces idées très générales sur le nouveau projet de construction pouvaient donner quelques repères à l'architecte. La lecture du mémoire et d'autres déclarations de Bode, permet aussi de tirer des conclusions qui dépassent le cadre de ces dispositions générales sur l'affectation des collections. En sa qualité de directeur général, Bode aurait parfaitement pu proposer la délocalisation de l'un des domaines culturels et l'aurait probablement aussi obtenue. Mais il a sans doute pensé mieux pouvoir atteindre ses objectifs avec l'argument d'une concentration des arts majeurs sur l'île des Musées.

En réalité, la proposition de loger les trois départements entre le Neues Museum et le Kaiser Friedrich-

Museum, sur le seul terrain encore constructible, était judicieuse aussi au niveau du contenu. Les trois cultures, celle de la Mésopotamie, celle de l'Antiquité grecque et romaine, et celle de l'art allemand, entraient de cette façon les unes avec les autres dans un rapport porteur de sens, au sein d'un complexe architectural considéré comme le couronnement de l'île des Musées.

Trois grandes civilisations, entre lesquelles s'établit un dialogue, purent être présentées au visiteur. Le berceau de l'humanité, au pays des deux fleuves, représentait le début de la civilisation. Il était resté enseveli pendant des siècles avant d'avoir été redécouvert par des archéologues de l'Empire allemand et d'être remonté de nouveau à la conscience de l'humanité. L'autel de Pergame, l'œuvre la plus importante de l'île des Musées, représentait l'Antiquité grecque, le berceau de la culture occidentale et aussi de la culture allemande [23]. Troisième volet du musée, l'art allemand depuis le Moyen Âge illustrait les sommets spirituels et artistiques de la culture allemande, fondements du présent proprement dit, l'Empire allemand.

Ce n'est pas seulement le hasard d'un manque de place qui réunit ensemble la triade des trois musées. Ils auraient aussi pu trouver un lieu ailleurs et d'une autre manière. Le fait de confronter les cultures de cette façon et de permettre, voire de recommander au visiteur un cheminement de l'une à l'autre, relevait plutôt d'une conception idéologique. Il s'agissait de montrer que les productions de haut rang des civilisations du passé et du présent étaient d'égal niveau. L'Empire allemand cherchait à faire prendre conscience de sa propre vocation missionnaire par une interprétation de l'évolution de la civilisation occidentale, remontant jusqu'à ses sources lointaines et s'exprimant à travers un complexe muséal, érigé en un site central de la capitale du Reich. Comme le Kaiser Friedrich-Museum, le Musée de Pergame était chargé de transmettre un message. L'art allemand était placé à la hauteur des cultures mésopotamienne et grecque.

Pour les contemporains de sensibilité conservatrice ou nationaliste, ce dispositif muséal pouvait même illustrer la conscience d'une certaine mission, fondée sur le sentiment d'une supériorité de la culture propre sur celle d'autres nations européennes. Il ne semble pas que Bode lui-même ait raisonné en ces termes. Mais il était lui aussi convaincu de la nécessité d'une revalorisation de l'art allemand. Il considérait comme l'une de ses tâches de rendre le peuple conscient du rôle de l'art allemand, aussi bien par des recherches et des publications que par la réunion de collections et l'exposition d'œuvres d'art.

Bode décrit dans différents passages qu'après le consentement donné à la construction de nouveaux bâtiments et la nomination de Messel, celui-ci aurait désespérément recherché une solution viable sur ce terrain. Puis, l'architecte aurait enfin eu l'idée géniale d'un édifice à trois ailes, avec une cour d'honneur en son milieu, qui permettait de réunir les trois cultures en un même complexe. Le directeur général était un grand admirateur du talent architectural de Messel. Il prit toutefois une part déterminante dans la conception de ce groupe muséal, dont la construction devait découler d'une manière réellement contraignante des recommandations de son mémoire.

Les arguments de Bode, dans ses rapports de service, se caractérisent généralement par un ton extrêmement objectif. Pourtant, lorsqu'il en venait à parler du Deutsches Museum, l'enthousiasme qui s'emparait de lui lui inspirait des remarques pathétiques. Ainsi écrivit-il dans son mémoire : « Au-delà de la nécessité de trouver de la place pour tous ces besoins, un nouveau musée consacré à l'art allemand ancien m'apparaît aussi un devoir pour des raisons nationales »[14]. Il développa plus tard cette pensée dans ses moindres détails. Comme il le soulignait, il n'existait pas, dans toute l'Allemagne, de musée d'art allemand, et il évoquait les commandes spécifiques passées à Nuremberg, à Munich et à Trèves pour des collections tenues de correspondre à des objectifs très délimités et moins ambitieux. Or précisément pour Berlin, la capitale du Reich, il trouvait en revanche urgent de fonder un tel musée qui concernerait l'Allemagne tout entière. À son avis, on ne pouvait pas décemment dédier de grandes constructions à des cultures étrangères disparues tout en négligeant la sienne propre.

Cette conviction lui attira une certaine approbation mais aussi la critique de la part des milieux de l'extrême droite. On lui reprochait d'ériger, sur l'île des Musées, des temples à l'art « sémitique ». Et l'on voulait que l'Antiquité fût éliminée des musées. « L'île des Musées ainsi purifiée » devait être transformée, « sur un site sacré dédié à l'art et à la culture allemands des temps les plus anciens », en un « musée de plein air »[15]. Ces représentations des milieux conservateurs extrêmes et nationalistes attestent le fait que les nouvelles constructions des musées royaux étaient considérées par les contemporains dans le cadre décrit plus haut d'une ambition de propagande politique.

Bode assortissait aussi l'installation du Deutsches Museum d'objectifs scientifiques et pédagogiques. Il évoqua les acquisitions des décennies passées, susceptibles de constituer un fond de départ pour une telle collection. La suite du projet devait « mettre en évidence les différents stades de développement, stimuler le plaisir et la compréhension en la matière, et cela d'une tout autre manière que cela n'avait été possible jusque-là. Elle [devait], par là, renforcer en même temps l'étude de l'histoire de l'art allemand, et aider à la publication de ses monuments, très médiocrement prise en compte jusque-là, alors qu'une telle publication doit être menée de pair avec la création du musée »[16].

À l'époque de la rédaction du mémoire, Bode avait déjà une idée précise de la manière d'installer le Deutsches Museum. Il ne devait pas seulement servir à la présentation de chefs-d'œuvre choisis mais aussi offrir un résumé de l'histoire de la culture allemande, depuis l'art primitif des premières tribus allemandes jusqu'au baroque. Pour rendre possible cet aperçu historique, il ne voulait pas se contenter d'exposer des originaux mais aussi introduire des moulages dans l'enseignement de l'art allemand. C'était la seule manière, selon lui, de recueillir une impression vraie de la richesse et de l'autonomie de l'art allemand, « de la manière allemande dans l'art ».

Un tel musée, enfin, pouvait aussi, selon l'avis de Bode, laisser espérer que le modèle de l'art ancien allemand donnerait aussi des ailes à l'art contemporain et y imprimerait sa marque. Son aversion pour les efforts de ses contemporains en matière d'art moderne s'exprime clairement dans cette attente : « Il [le Deutsches Museum] contribuera simultanément, par la connaissance du caractère spécifique allemand, à une purification et à un encouragement de notre art moderne, aidera à le stimuler et à l'ennoblir » [17]. Avec un tel argument, même s'il ne correspondait pas à ses propres convictions, il ne pouvait qu'obtenir l'approbation de Guillaume II [18].

Bode parla du devoir pour l'empereur, pour le gouvernement et pour Berlin, capitale du Reich, d'encourager la création du Deutsches Museum [19]. Il fit ainsi vibrer, dans son mémoire, la corde sensible en faveur d'une approbation de cette entreprise coûteuse, et il fut entendu et applaudi. À une époque où la politique du gouvernement s'efforçait elle aussi d'organiser la diffusion de la culture allemande à l'étranger, ses revendications ne pouvaient que rencontrer un terrain fertile. L'argument, surtout, que le musée permettrait de prendre connaissance des réalisations exceptionnelles de la culture allemande, correspondait aux convictions des conservateurs et des nationalistes et dut apparaître important aux promoteurs de la politique culturelle à l'étranger.

Bode ne cessait de répéter le mot *devoir* dans ses rapports sur le Deutsches Museum[20]. Il contribua lui-même par là à ne pas faire de la construction du musée une affaire commandée par des nécessités techniques extérieures. Ce projet qui lui tenait à cœur était, pour lui, une affaire qui concernait la nation entière.

La désignation de Musée de Pergame, pour le complexe muséal, est passée dans l'usage depuis un certain temps. L'autel, installé dans la partie centrale de l'édifice, détermina cette appellation par son importance artistique de premier ordre[21]. Mais il n'est pas du tout sûr que Bode n'ait pas voulu donner à l'ensemble de la construction le nom de Deutsches Museum, à la manière, notamment, du British Museum, fierté de la nation britannique, qui recouvrait des domaines de collection semblables. Aux yeux de Guillaume II, le « Musée allemand » pouvait, du moins par l'importance de ses collections, paraître d'égale valeur que le « Musée britannique », et devait peut-être même faire la preuve à la face du monde entier de sa supériorité par rapport au modèle britannique.

Aussi l'empereur donna-t-il relativement facilement son accord pour les plans, bien qu'il trouvât l'architecte Messel trop moderne[22]. Le Parlement aussi accorda la somme de 11 millions de marks nécessaire à la construction. Les travaux commencèrent très vite. Lorsqu'on s'aperçut toutefois que les salles en sous-sol s'affaissaient, il fallut prévoir une phase d'études. En creusant et en forant le terrain à bâtir, on découvrit son mauvais état. Le grand trou creusé par la rivière ralentit et compliqua considérablement les travaux[23].

Mais les difficultés techniques ne furent pas les seules à empêcher l'avancement rapide de la construction. Les divergences d'opinions, qui s'élevaient aussi à propos de la répartition des collections et de leur disposition, n'étaient pas sans conséquence sur la conception architecturale. Dans ses premiers projets, Messel n'avait trouvé de solution définitive que pour l'installation de l'autel de Pergame. Il ne devait plus, comme dans le bâtiment provisoire, être dressé dans son entier, mais seulement pour une moitié, environ. C'est pourquoi les reliefs de la partie postérieure durent être disposés aux murs. Il est étonnant que les spécialistes aient approuvé cette disposition, qui fut effectivement réalisée, bien qu'elle ne fût pas adaptée au bâtiment et qu'elle ne respectât pas non plus l'ordre du récit sur le relief.

Les conflits se déclenchèrent surtout avec les modifications que Hoffmann fit apporter au bâtiment extérieur, en partie à cause de l'ambition de Wiegand de réaliser un musée de l'architecture. Sans rien demander à la direction générale, Wiegand avait expédié à Berlin la porte du marché de Milet et exigeait que l'espace nécessaire fût mis à disposition pour cet objet ainsi que pour d'autres tout aussi monumentaux. Non seulement les coûts, mais aussi toute la façon de répartir les collections dans le bâtiment à trois ailes, durent être rediscutés. Après que Wiegand eut réussi à empêcher que la porte du marché de Milet ne fût exposée en plein air, – ce pour quoi il avait su s'assurer l'aide de l'empereur quand cela devenait important –, un conflit d'intérêts éclata entre l'archéologue et la direction générale. Bode n'abandonna pas son point de vue, selon lequel ces dimensions monumentales n'étaient que « folie des grandeurs d'archéologue, constructions de luxe et gaspillage ». Il rendait Wiegand responsable de ces développements qui, à ses yeux, étaient tout simplement mégalomanes [24].

L'écrit polémique de Scheffler parut au moment le plus chaud de cette controverse. Bode avait fait visiter l'île des Musées à l'écrivain et l'avait sans nul doute influencé dans son sens en lui décrivant le problème. Scheffler ne ménagea pas non plus Bode dans ses commentaires, mais exigea de lui qu'il prît clairement position sur la suite à donner aux travaux de construction. Il est néanmoins possible de montrer que certains arguments de Bode avaient été communiqués à Scheffler. « Le texte de Scheffler », écrit Bode dans le dernier volume de ses Mémoires, « était dirigé contre l'aberration des constructions de luxe en général, chez Hoffmann... Lors de la visite des bâtiments, je vis qu'il jugeait très justement le charlatanisme de Hoffmann et son absence vraiment inconvenante de prise en compte de la destination des constructions, et je lui exprimai par conséquent ouvertement mon propre point de vue sur ce sabotage des plans de Messel et sur ce total manque d'égard vis-à-vis des œuvres d'art qui devaient être exposées dans les salles »[25].

Ce que Bode en dit dans ses Mémoires correspond littéralement dans le choix des mots et leur contenu aux déclarations de Scheffler. Lui aussi critiqua très vivement les dimensions et la folie des grandeurs de son collègue Wiegand et de l'architecte Hoffmann. Hoffmann aurait parlé « avec un réel enthousiasme des formidables constructions de prestige, qui allaient devenir un digne pendant de l'Acropole d'Athènes »[26]. Face à cela, Scheffler exprima d'un ton critique qu'il fallait mettre fin à pareilles dépenses, compte tenu des vrais problèmes de l'époque, et procurer le plus rapidement possible un abri aux œuvres d'art. Les façades pouvaient très bien être réalisées en briques, pour former en quelque sorte un « monument à la catastrophe de notre époque ». Mais remarque-t-il amèrement, conscient qu'une telle proposition est sans espoir, « il règne encore et toujours l'esprit wilhelmien du fini extérieur, la mentalité de façade »[27].

Bode vit comment, à cause de l'influence de Wiegand à la cour, ses conceptions sur les bâtiments à construire étaient négligées. Et d'un autre côté, l'ambition de l'architecte Hoffmann faisait elle aussi obstacle à ses projets, plutôt pragmatiques, d'extension de l'île des Musées[28].

Les années 1920 se caractérisèrent à leur tour, du moins en ce qui concerne les projets de construction, par une confusion quasi inextricable d'intrigues. Non seulement les directeurs de musées et les architectes se rendaient la vie difficile, mais la bureaucratie ministérielle et les députés, qui avaient, en définitive, à décider de l'affectation des crédits, ne contribuèrent pas, de leur côté, à clarifier la situation ou du moins à définir des règles raisonnables[29].

II

Bode avait salué avec enthousiasme le projet de Messel. En 1910, un an après la mort de l'architecte, il en publia les plans qu'il qualifiait de géniaux. Il n'y a là rien d'étonnant. Bode et Messel ont dû travailler en étroite collaboration. Le projet de Messel répond directement à la conception de Bode.

Le bâtiment monumental à trois ailes, mais aussi les projets d'aménagement intérieur, correspondaient aux représentations qu'il s'en faisait. Après l'acceptation du projet et le début des travaux, Bode s'employa à ce que le Deutsches Museum fût terminé en premier. Les problèmes techniques posés par l'état du sous-sol ralentirent les travaux, tout comme les difficultés financières qui prévalurent à la fin de la Première Guerre mondiale mais surtout ensuite, durant les années économiquement catastrophiques de l'après-guerre. Toutefois, les plans de Bode pour le Deutsches Museum étaient dès le départ d'une telle précision qu'il put déjà, lors des planifications de 1907, donner à l'architecte des indications détaillées sur l'aménagement intérieur[30].

Conformément à l'intention de donner, notamment à l'aide de moulages, une présentation chronologique de l'art allemand, depuis les premières tribus germaniques jusqu'au baroque, il chercha à évoquer les différentes époques, y compris dans la décoration intérieure. Aussi voulut-il héberger les sculptures romanes et gothiques sous une voûte, dans l'esprit de ces époques. Un dessin de Messel, de 1907, qui donne un aperçu de la grande salle gothique projetée, témoigne de la manière dont Bode et Messel entendaient reconstituer l'ambiance d'une époque dans des « salles de style ». Les sculptures devaient être réunies avec les armures, les meubles et les drapeaux dans une pièce du musée, conçue de manière à recréer l'atmosphère d'une époque, sans être pour autant une *period room* [47].

Bode et Messel continuèrent par conséquent à appliquer le principe selon lequel il fallait pour les œuvres d'art un cadre stylistique conforme à l'époque de leur création. Dans cet esprit, Messel avait déjà, certainement avec les conseils de Bode, aménagé les villas de James et d'Eduard Simon à Berlin [31]. Et Bode avait également obéi à ce principe dans la conception du Kaiser Friedrich-Museum. Dès le départ, il avait projeté d'insérer dans le décor du Deutsches Museum des éléments architecturaux originaux, tels que cheminées, balustrades et fenêtres, qu'il collectionnait déjà depuis des dizaines d'années.

Ces préparatifs en vue d'un Musée allemand à Berlin se heurtèrent cependant à de vives résistances. Des collègues de Bavière, en particulier, craignirent que les œuvres de leur Land fussent achetées à bas prix au profit de la capitale Berlin. Le ton devint houleux lorsque Bode voulut acquérir à Wurzbourg les restes d'un chemin de croix, « pour mieux donner aux espaces intérieurs le caractère du style » [32]. Les politiciens se mêlèrent de l'affaire et le *Lusamgärtlein*, dans lequel Walther von der Vogelweide

47. **Alfred Messel**, projet pour la grande salle gothique du Deutsches Museum, 1907.

avait été inhumé, resta à Wurzbourg. Bode sut trouver des objets de remplacement dans la région de Halberstadt. La querelle montre que le point de vue de Bode était loin de susciter un accord unanime, car les Länder tenaient à leur autonomie culturelle et cherchaient à empêcher tout rachat qui aurait signifié un départ des œuvres de leur région. La résistance à toute mesure centrale, depuis la capitale, est restée vivace jusqu'à aujourd'hui.

Après la mort de Messel, Bode pouvait espérer que le successeur qu'il soutenait, Ludwig Hoffmann, poursuivrait lui aussi le projet selon les conceptions qu'il défendait. Dans la construction du Märkisches Museum, inauguré à Berlin en 1908, Hoffmann avait appliqué les principes décrits plus haut dans la forme extérieure comme dans l'espace intérieur [33]. Cet édifice se composait de différentes unités de style, qui devaient faire écho aux diverses collections à l'intérieur, et étaient réunies en un complexe visible de loin. Malgré cette multiplicité des styles, l'architecte avait réussi à créer un tout homogène qui ne donnait pas l'impression de s'être aggloméré par hasard [48-49].

À l'intérieur, Hoffmann avait créé une grande salle médiévale, qui n'était pas très différente du projet de Messel, bien que Bode et Messel visassent une précision beaucoup plus grande du détail historique [34]. Pendant la phase de planification, l'architecte chercha, à travers ses voyages dans la marche du Brandebourg et ses visites aux musées de Munich, de Nuremberg et d'ailleurs, des inspirations pour son idée de *musée d'ambiance* [35].

Après le début de la Première Guerre mondiale, les travaux de construction du Musée de Pergame se déroulèrent tout d'abord sans prendre de retard. En 1915, cependant, des oppositions importantes apparurent entre Bode et Hoffmann, notamment du fait que Hoffmann modifia la conception de l'intérieur et qu'il installa au rez-de-chaussée de monumentales salles de pas perdus [36]. Il semble même, d'après le rapport de Bode et les textes des archives des Musées nationaux, qu'il ait procédé de cette manière sans avoir mis au courant les directeurs de musée, et en tout cas pas Bode [37].

Les controverses véhémentes, dont une étude du dossier de construction devrait encore permettre de reconstituer dans le détail les tenants et les aboutissants, furent l'expression d'un changement de conception dans les plans du musée. Ce ne fut probablement pas un souci

48. **Ludwig Hoffmann**, Märkisches Museum, 1896-1908, façade sur la Wallstraße.

d'économie qui détermina ce changement dans l'attitude de l'architecte, quoique cet aspect ait éventuellement aussi joué un rôle, mais plutôt une nouvelle conception de la présentation des œuvres d'art.

Il est improbable que cette décision soit née, chez Hoffmann, de sa seule réflexion. Toujours est-il qu'elle

49. **Ludwig Hoffmann**, Märkisches Museum, grande salle médiévale.

s'exprima en opposition à Bode et que celui-ci se défendit aussitôt avec véhémence. Il parvint aussi à mettre un terme aux transgressions de Hoffmann et à faire engager l'architecte German Bestelmeyer, qui revint à une conception des espaces dans l'esprit prévu à l'origine. Bestelmeyer sut « donner aux différentes pièces d'heureuses proportions et un bon éclairage et les adapter, à travers une décoration intérieure aussi sobre que possible, aux œuvres qui leur étaient destinées »[38]. Ces travaux ne purent, cependant, se poursuivre que pendant une courte période, car déjà en 1916, ils furent interrompus en raison de la guerre.

Quand la guerre fut terminée, le Musée de Pergame se dressait, inachevé, dans son gros œuvre [50-51]. Le Deutsches Museum avait été poussé le plus loin possible dans sa construction, et même recouvert d'un toit, quoique sommairement. Les autres ailes n'avaient été montées que jusqu'à mi-hauteur. Des critiques toujours plus fortes s'élevèrent toutefois contre l'aménagement intérieur, en particulier des salles romanes et gothiques. « L'époque des salles de style serait dépassée ; sur ce point, même les plans de Messel ne pourraient donc plus être valables. Les temps auraient changé », rapporte Bode au sujet de cette controverse[39].

Scheffler non plus, ne pouvait plus, malgré sa tournée avec Bode, sympathiser avec ce principe d'exposition dans un contexte historique. Le critique misait tout sur la qualité de l'œuvre individuelle, qui devait être exposée de manière à ce que cette qualité fût pleinement mise en valeur. « Un environnement historiquement “correct” », expliquait-il, « ne peut que nuire à de belles œuvres. Et une présentation évocatrice ne les rehausse pas non plus ». Il pensait aussi qu'il n'était pas vrai que « les œuvres d'art anciennes étaient forcément plus belles dans leur lieu d'origine et qu'il fallait d'une manière ou d'une autre le simuler. Une neutralité totale », voilà ce qui était le mieux[40].

Fin 1920, Bode quitta ses fonctions de directeur général. Il resta toutefois encore directeur de la galerie de peinture et surtout, président de la commission de la construction des musées. Il put, par conséquent, continuer à exercer une influence non négligeable sur la suite des opérations. Malgré une situation financière difficile,

50

51

50. Musée de Pergame, inachevé,
vu de la Nationalgalerie, 1916.

51. Musée de Pergame, dans son gros œuvre, 1922.

on persévéra dans la construction d'un complexe muséal monumental et en l'espace d'environ cinq ans, l'édifice aux trois ailes fut érigé jusqu'à hauteur du toit, puis également recouvert d'une toiture.

L'aménagement intérieur, toutefois, déclencha de nouveau une forte querelle. Bode tenait absolument à continuer dans l'idée des salles de style, comme Bestelmeyer avait commencé à le faire, alors que Hoffmann voulait de nouveau imposer sa facture simplifiée et sobre qu'il avait déjà cherché à réaliser en 1915. Cette fois, il y parvint, bien que Bode tentât, par un don personnel, d'obtenir la poursuite des aménagements d'après ses propres vues [41]. Mais ce geste de mécénat ne servit à rien. Par une résolution du Parlement de Prusse, en 1925, il fut décidé de procéder selon les plans de Hoffmann [42]. Fort de cette décision, Hoffmann fit alors abattre les salles du Deutsches Museum qui avaient déjà été commencées : la salle des migrations des peuples ainsi que les salles romane et gothique. Il les remplaça par des salles de déambulation plus grandes, « dans une mise en œuvre grandiose qui faisait écho, à l'intérieur, au déploiement généreux de la partie extérieure », des salles neutres, froides, badigeonnées de blanc, qui étouffaient le caractère d'ambiance des salles de style conçues par Bode [43]. Les nouvelles salles permettaient, cependant, une meilleure concentration sur l'œuvre isolée. Le visiteur n'était plus replacé dans une époque antérieure mais devait pouvoir se consacrer à l'étude de l'œuvre singulière [44]. Selon cette conception, ni copies ni moulages n'étaient placés à proximité des originaux, mais ceux-ci devaient être exposés dans les salles spécifiques qui leur étaient attribuées [45] [52].

Ce changement de conception dans la présentation des œuvres d'art, tel qu'il s'opéra dans les années 1920 malgré la résistance acharnée de Bode et de ses partisans, ne constituait pas seulement un procédé plus pratique, en

52. Kaiser Friedrich-Museum,
salle 22 au rez-de-chaussée, 1933.

apparence, et sans doute aussi plus économique. Il était bien plutôt, à cette époque de grands changements, l'expression d'une nouvelle conception néo-réaliste de l'art. Après la guerre mondiale et la chute de l'Empire allemand, la présentation de l'art allemand dans un sens nationaliste n'était plus un objectif que beaucoup de voix étaient prêtes à défendre. Il s'agissait donc moins de faire l'étalage des fleurons de la culture et de l'art allemands depuis leurs débuts pour montrer leur rang par rapport à des cultures plus anciennes. Au contraire, la catastrophe de la guerre donna surtout naissance à une profonde méfiance envers les institutions en tant que telles, et après la révolution et les premiers pas peu assurés dans la société démocratique, la quête d'une nouvelle identité, notamment culturelle, devint une nécessité prioritaire.

Cette rupture s'exprima le plus clairement dans l'art moderne. Par leur langage des formes et leurs contenus d'images, l'expressionnisme et le dadaïsme étaient les modes de rébellion les plus directs contre les valeurs traditionnelles. Le transfert des tableaux contemporains de la Nationalgalerie dans le palais du prince héritier (Kronprinzenpalais) était conditionné par un manque de place. Mais il était aussi un symbole qui pouvait se lire comme le signe d'un détachement et d'une éruption de la modernité hors de l'enceinte sacro-sainte de l'Empire allemand [46].

Les grandes salles romanes et gothiques, que Bode et Messel avaient prévues au Musée de Pergame, semblaient représenter les valeurs anciennes d'une manière qui ne seyait plus à l'époque présente, marquée par un grand scepticisme à l'égard de l'Empire allemand. On chercha des formes plus objectives d'aménagement de l'espace et l'on s'efforça de se concentrer sur les œuvres elles-mêmes qui, en définitive, n'avaient pas perdu l'essentiel de leur message. Toute forme de présentation visant à manifester des objectifs autres qu'artistiques, notamment nationaux ou politiques, était rejetée [47]. Le lien entre les trois domaines culturels représentés au Musée de Pergame et les connexions entre l'Altes et le Neues Museum ainsi qu'avec le Kaiser Friedrich-Museum devaient dès lors s'effectuer dans le sens d'une pédagogie de l'histoire. Wilhelm Waetzoldt écrivit en 1930, à l'occasion du centenaire des musées et de l'inauguration du Musée de Pergame : « Il a été tenté, dans une répartition spatiale des objets, qui les relie ou les sépare, de rendre tangibles certaines connaissances d'ordre historique ou artistique, en un mot, de spiritualiser la topographie du musée » [48]. Au lieu d'une idéalisation de l'histoire, la « génération des fils, qui ont participé à la guerre mondiale en tant qu'hommes », présenta une topographie muséale néo-réaliste. Waetzoldt souligna ce conflit des générations, qui caractérisa l'histoire de la construction du Musée de Pergame : « De cette opposition découlent certains conflits intérieurs et extérieurs ! Que de choses ont donc changé au cours des trente dernières années ! Les conditions politiques, économiques, sociales, mais aussi les idéaux architecturaux et les méthodes muséales »[49].

III

La dernière construction de l'île des Musées n'est pas non plus seulement une enceinte destinée à abriter de grandes œuvres d'art. Le Musée de Pergame symbolise les efforts des dernières années de l'Empire allemand pour conserver et rendre accessibles, dans un écrin largement ouvert aux regards, les richesses inouïes rassemblées en quelques décennies. Fonction et forme de la construction sont étroitement liées. Son rôle était la conservation et la présentation d'œuvres d'art d'origines les plus diverses. La mise en commun d'objets perpétuant le souvenir des cultures allemandes, grecques et babyloniennes n'était qu'en apparence due au hasard. Elle était plutôt l'expression d'un programme idéologique, en concordance avec les ambitions politiques et culturelles de l'Empire allemand, en particulier dans sa phase tardive.

Il aurait été tout à fait possible de réunir d'autres collections en un musée. Les trois domaines sélectionnés n'avaient pas seulement pour caractéristique d'avoir été négligés ou excédentaires dans les projets antérieurs. Ils s'étaient, en outre, enrichis dans de telles proportions, au cours des dernières années de l'Empire allemand, en raison de la politique de développement pratiquée, qu'il était devenu urgent de leur trouver un emplacement adapté et représentatif. Mais le fait que l'Empire allemand découvrit, étudia et acquit pour sa propre culture ces œuvres uniques de par leur format démesuré et leur qualité exceptionnelle au regard de l'histoire de l'art et de l'histoire en général, était, quant à lui, l'expression d'une volonté politique.

Plusieurs facteurs avaient joué un rôle dans cette démarche. Premièrement, on ne regarda pas à la dépense, car l'on voulait créer à Berlin, dans la jeune capitale du Reich, un pendant aux musées de Londres et de Paris. Cette construction finale, monumentale, de l'île des Musées qu'est le Musée de Pergame n'est pas sans impressionner, tant elle est expression du pouvoir et témoignage d'une ambition culturelle et politique. Deuxièmement, cet aménagement des collections, justement, rend compte de prétentions culturelles apparemment démesurées, mais aussi d'une fièvre nationaliste. Dans un système de valeurs qui attribue à l'Empire actuel le rôle d'une civilisation hors du commun, comme s'il était pour ainsi dire le successeur légitime des précédentes, l'art allemand devient, dans la triade des grandes cultures, un partenaire de même rang. Sous ce rapport, on comprend à présent pourquoi Bode et d'autres considéraient l'édification du Deutsches Museum comme une tâche nationale.

Il n'est pas possible de vraiment déterminer si les différentes façons de concevoir l'aménagement intérieur, qui opposèrent Bode et Hoffmann au début de la guerre mondiale, ne correspondaient pas aussi à des conceptions différentes de la manière de réaliser cette tâche. Si Hoffmann visait à simplifier l'aménagement, il cherchait visiblement aussi à monumentaliser l'architecture intérieure pour donner au Deutsches Museum les mêmes proportions qu'aux grandes salles du Musée de Pergame et des collections du Proche-Orient. L'égalité de valeur de ces époques culturelles aurait été ainsi encore plus clairement mise en évidence. Bode, en revanche, semble avoir compris cette tâche nationale au sens d'un homme de musée et d'un historien de l'art pragmatique. Il resta attaché au mode de présentation qui avait fait ses preuves dans le cas des collections privées de Berlin, et qui avait été mis en œuvre dans le Kaiser Friedrich-Museum. Ainsi, il resta convaincu que les salles de style étaient les seules à pouvoir constituer un cadre adéquat aussi bien pour les objets que pour la transmission, à son époque propre, de la connaissance d'autres cultures.

L'architecture aussi, telle qu'elle était dessinée par Alfred Messel, pouvait venir appuyer cette conception idéologique. Le bâtiment à trois ailes correspondait à l'idée de l'architecte de dresser une partie seulement de l'autel de Pergame au milieu de l'édifice. L'érection de l'autel sous cette forme était peut-être même une conséquence de l'idée de forum. Avec cette œuvre maîtresse de l'île des Musées, un langage des formes néo-classique s'imposait incontestablement si l'on voulait évoquer déjà de l'extérieur le contenu de l'édifice. Ce que Messel reconnaissait là était un principe non seulement de l'architecture muséale mais de l'architecture en général. Toutefois, le néo-classicisme de Messel n'a rien à voir avec la prédominance de la culture grecque, qui devait donner à l'ensemble tout son rayonnement. En revanche, l'élément important et déterminant pour Messel et ses contemporains résidait dans les emprunts au classicisme prussien. Ce n'est pas un hasard s'ils citaient fréquemment la porte de Brandebourg comme source d'inspiration pour le style. Le forum des musées de Messel devait apparaître comme un ouvrage de l'architecture prussienne et non comme purement inspiré par l'Antiquité. Il abritait aussi bien la culture des Grecs que celle de leurs prédécesseurs et successeurs. Depuis l'époque de Goethe, la bourgeoisie allemande soucieuse de la préservation de la culture classique nourrissait et chérissait l'idée que les Allemands étaient les authentiques successeurs des Grecs.

Cependant, le Musée de Pergame ne put être achevé sous la forme conçue à l'origine. Peu après la mort de Messel, différents groupes d'intérêt entrèrent en jeu, avec l'intention de donner, à la structure et au contenu du musée, des formes encore plus monumentales. À l'idée de Wiegand, perçue comme mégalomane, d'un musée de l'architecture, Hoffmann répondit par un accroissement de la hauteur du bâtiment. La hauteur d'étage prévue par Messel, en référence à celle du bâtiment voisin, le Kaiser Friedrich-Museum, fut par conséquent abandonnée. La vision de Hoffmann d'une acropole moderne exigeait que le Musée de Pergame surplombât tous les autres.

Après la chute de l'Empire allemand, les nouveaux gouvernements démocratiques furent confrontés à une construction dont l'achèvement était lié aux plus grandes difficultés financières et à de gros problèmes de conception. D'un côté, l'édifice représentait les efforts de l'Empire allemand pour rendre visibles à l'extérieur, par les moyens de l'art, sa propre force politique. Or cette ambition n'avait plus lieu d'être, dans la mesure où elle avait conduit à la disparition et à la destruction des trésors de l'art les plus remarquables. D'un autre côté, il fallait respecter le droit des œuvres à être dignement disposées et accessibles.

La querelle des musées de Berlin, dans les années 1920, est l'expression d'une recherche tâtonnante de nouveaux concepts, dans une société à présent orientée vers la démocratie. On se sentait tenu de poursuivre les travaux de construction par un sentiment de responsabilité à l'égard des vestiges collectionnés. Mais tous les participants au projet ne s'identifiaient plus aux prétentions impériales. L'histoire de la construction et de l'aménagement du Musée de Pergame à l'époque de Weimar reflète la contradiction intérieure née de la nécessité de poursuivre le projet, alors que celui-ci, de par sa conception, était étroitement lié à une attitude qui avait conduit à l'effondrement total de l'État et de la société.

Lorsque le musée ouvrit ses portes, en 1930, le bâtiment n'était pas achevé, et ne correspondait pas non plus, dans son aménagement intérieur, aux projets initiaux. Surtout, l'idée, chère à Bode, des salles de style avait été abandonnée. Pour beaucoup de contemporains, elle correspondait trop à l'habitude, développée sous l'Empire allemand, d'une surcharge, dans les pièces d'habitation, de bricoles et de bric-à-brac. Des murs badigeonnés de blanc, des proportions claires et une architecture intérieure sobre et fonctionnelle devaient éviter de recréer une ambiance et permettre, à la place, la concentration sur les œuvres et le plaisir artistique. Cette présentation résultait évidemment elle aussi d'un principe idéologique qui, pour sa part, peut être retracé dans ses fondements historiques.

Le Musée de Pergame se dresse encore aujourd'hui devant nous sous une forme inachevée. Mis en projet à une époque où la volonté de pouvoir impérial atteignit un point paroxystique, il témoigne, dans l'histoire des musées allemands, de l'orgueil démesuré d'une pensée principalement axée sur la représentation officielle de l'État. L'échec de ce projet titanesque, par lequel l'Empire allemand voulut couronner son acropole, fut la conséquence de la politique de l'époque.

Après l'inauguration du musée en 1930, Behne se fit encore entendre une fois avec une critique véhémente : « Le musée le plus cher du monde, le musée aux plus grandes salles du monde, en même temps, le musée le plus jeune du monde… est en tout et pour tout un musée qui ne représente en aucun endroit et en aucun point un quelconque progrès dans le monde muséal. L'érection grandeur nature des architectures de Babylone et d'Asie Mineure sont pour moi le signe d'un égarement »[50]. Toutes les analyses n'étaient pas aussi acerbes, mais beaucoup étaient critiques et ressentaient la construction comme « un enfant posthume, presque effrayant, de l'esprit wilhelmien »[51].

L'édifice qui se dresse à notre rencontre avec ses collections imposantes, bien que diminuées par la Seconde Guerre mondiale, est l'un des musées les plus grandioses, et une curiosité en lui-même. Outre qu'il a pour fonction d'abriter des œuvres d'art, il symbolise aussi la très grande qualité des travaux scientifiques accomplis par les hauts fonctionnaires du musée et l'encouragement dont ces travaux ont bénéficié dans le cadre d'intérêts et d'objectifs politiques précis. Dans cette mesure, le dernier grand ouvrage de l'île des Musées n'est pas seulement un musée mais aussi un monument de l'histoire allemande.

Notes

1. Voir K. Scheffler, *Berliner Museumskrieg*, Berlin, 1921.

2. Outre la nécessité de rénover le bâtiment provisoire dans lequel fut dressé l'autel de Pergame, ce fut surtout le volume des collections orientales acquises à la faveur d'importantes fouilles qui rendit nécessaires des constructions nouvelles. Voir à ce sujet les explications de Bode dans le « Denkschrift betreffend Erweiterungen und Neubauten bei den königlichen Museen in Berlin », février 1907, reproduit dans Bode, *Mein Leben*, Berlin, 1930, vol. II, p. 239-248.

3. Bode, « Alfred Messels Pläne für die Neubauten der königlichen Museen », *Jahrbuch der Königlich Preußischen Kunstsammlungen*, N° 31, 1910, p. 60. Et dans *Deutsche Museen, Entstehung und Kulturgeschichtliche Bedeutung unserer öffentlichen Kunstsammlungen*, Iéna, 1913, p. 255, V. Scherer parle des « nouvelles installations géniales de Messel ». Au sujet du musée de Darmstadt, construit antérieurement, voir surtout G. Bott, « Das Großherzogliche Museum zu Darmstadt, erbaut 1897-1902 von Alfred Messel » dans W. Grohn et W. Stubbe, éd., *Museum und Kunst*, s. l., 1969, p. 1-24.

4. Le modèle de la porte de Brandebourg n'est toutefois reconnaissable que dans les dessins de Messel, car la galerie de communication entre l'aile nord et l'aile sud ne fut jamais construite. Voir aussi « Die geplanten Neubauten der Museumsinsel zu Berlin », dans : *Deutsche Bauzeitung*, année XLIV, n° 29 et 30, 1910, p. 205-209, 217-218, 221 ; au sujet de la porte de Brandebourg : p. 218 et Bode, « Alfred Messels Pläne... », *op. cit.*, p. 61 : « La porte de Brandebourg de Langhans semble avoir été le modèle de Messel non seulement par le rapport de la construction médiane aux deux petites constructions latérales mais aussi par les dimensions des colonnes des différentes parties de son édifice et par la construction au-dessus de la porte. Bien sûr, c'est seulement dans son apparence la plus extérieure – et justement dans la manière dont il

adapta celle-ci à la destination entièrement différente de ses constructions, et dont il la modifia en conséquence – que se manifeste la spécificité et la grandeur de l'artiste et qu'il paraît tout à fait moderne malgré son style néo-classique. » Ludwig Hoffmann lui aussi confirme dans ses mémoires qu'il avait parlé avec Messel du modèle de la porte de Brandebourg. W. Schäche, éd., L. Hoffmann, *Lebenserinnerungen eines Architekten*, Berlin, 1983, p. 263.

5. A. Behne, « Schlachtfeld und Museumsinsel », *Die Weltbühne*, 21e année, II, p. 180.

6. *Ibid.*, p. 181.

7. Scheffler a écrit à diverses reprises sur Messel. Voir entre autres W. C. Behrendt, *Alfred Messel*, avec, en introduction, une réflexion de Karl Scheffler, Berlin, 1911.

8. W. Schäche, « Alfred Messels Pergamon-Museum, Anmerkungen zu seiner architektur – und kunstgeschichtlichen Bewertung », *Werkbundarchiv*, 4, 1979, p. 252-266.

9. *Ibid.*, p. 262.

10. *Ibid.*, p. 262. Schäche n'est pas seul à juger de cette manière. Il a pu s'appuyer sur les reproches qu'Adolf Behne formula à l'encontre de la construction. Ce dernier polémiqua violemment contre ces constructions à partir de 1925. Voir A. Behne, « Schlachtfeld und Museumsinsel », *op. cit.*, p. 180-182. Encore après l'inauguration en 1930, Behne écrivit deux autres articles critiques. On y lit notamment : « La dernière partie de l'île des Musées est un échec, parce que le besoin irrépressible de monumentaliser au maximum sa propre construction a étouffé ici tout sentiment d'une construction sociale. » Cité par Schäche d'après A. Behne, « Die Museumsinsel – eine Tragödie Berliner Städtebaues », *Das Neue Frankfurt*, 4e année, 1930, p. 211-213 (ici p. 211) ; Behne se montra aussi critique à l'égard de Bode. Mais ce n'est pas tout à fait à juste titre qu'il imputa, à lui exclusivement, la déplorable histoire du Musée de Pergame : « Il est terrible qu'à travers les constructions de Messel inspirées par lui, l'impérialisme de Bode ait déterminé pour un temps assez long le destin de nos collections d'art. Une seule chose peut y remédier : se détourner résolument de l'esprit bodéen. » *Ibid.*, p. 213. Et du même auteur, « Das auf dem Pergamonaltar geopferte Deutsche Museum », *Die Weltbühne*, 26e année, 1930, p. 583-585.

11. Les pièces de la collection d'art et de culture égyptienne ne purent plus elles non plus être abritées dans le Neues Museum. Il fut par consé-

quent envisagé de construire une extension le long du Kupfergraben, mais celle-ci ne put être réalisée dans un premier temps à cause du mauvais état des sous-sols.

12. Bode, « Denkschrift », *Mein Leben*, *op. cit.*, vol. II, p. 239-248.

13. Bode revient toujours sur ce point dans ses écrits. Déjà auparavant, il avait jugé bon de transférer des collections à l'extérieur de l'île des Musées. Il déclare résolument : « Surtout, on oublie, dans une disposition aussi scolaire et militaire des œuvres d'art, que dans les métropoles internationales, dont Berlin fait malheureusement encore davantage partie maintenant depuis la guerre, l'accumulation de toutes les collections d'art en un endroit, comme à Paris, est vraiment devenu une plaie, alors qu'une répartition sur la ville comme à Londres est beaucoup plus juste – un argument qui, aujourd'hui aussi, est à nouveau de la plus grande actualité. » Bode, *Mein Leben*, vol. I, p. 428.

14. Bode, « Denkschrift », *Mein Leben*, *op. cit.*, vol. II, p. 239.

15. Bode, *Mein Leben*, vol. I, p. 344-345. Bode, qui fut qualifié d'antisémite parce qu'il critiquait l'art moderne, les efforts de Cassirer et la Sécession, note ironiquement qu'il est à présent considéré comme « à la fois congénère des Juifs et antisémite ».

16. Bode, « Denkschrift », *Mein Leben*, *op. cit.*, vol. II, p. 243. À cette tâche devait aussi servir le Deutscher Verein für Kunstwissenschaften fondé par Bode et soutenu par Althoff. Voir à ce sujet Wilhelm Bode, *Mein Leben*, vol. I, p. 338-341.

17. Bode, « Denkschrift », *Mein Leben*, *op. cit.*, vol. II, p. 244.

18. Il est difficile de dire si Bode invoquait de tels arguments par opportunisme, même s'il agissait pour la promotion des musées. Dans les années 1906-1907, il ne pouvait avoir à l'esprit que l'impressionnisme lorsqu'il parlait de peinture moderne. Or en tant qu'ami de Liebermann, qui a peint plusieurs fois son portrait, il ne rejetait pas totalement l'art impressionniste.

19. La *Deutsche Bauzeitung*, *op. cit.*, p. 218, parla de « l'extraordinaire enrichissement de l'image architecturale de la capitale du Reich » et des « premiers développements en matière de construction dans cette dernière, au XXe siècle, comme d'un digne prélude aux travaux pour un Grand Berlin architectural ».

20. « Dans le Kaiser Friedrich-Museum, il n'était pas fait une place suffisante à l'art allemand. Or il est du devoir de la capitale de l'Empire

allemand de lui donner une extension considérable, ce qui nécessite la construction d'un édifice spécifique. » Bode, « Alfred Messels Pläne... », *op. cit.*, p. 58.

21. Bode parlait le plus souvent des constructions de Messel ou des nouvelles constructions des musées royaux. Voir aussi Schäche, *op. cit.*, p. 265.

22. Voir à ce sujet Bode, *Mein Leben*, vol. I, p. 329.

23. Voir à ce sujet Petras, *Die Bauten der Berliner Museumsinsel*, p. 142-148.

24. Bode, *Mein Leben*, vol. I, p. 429. Bode écrit : « En tant qu'archéologue, Wiegand était déjà d'entrée de jeu de l'avis que le salut résidait uniquement dans l'art antique et que toutes les autres collections de nos musées n'étaient en quelque sorte qu'une annexe de la collection d'antiquités. Cette conception allait de pair avec la conviction inébranlable de son infaillibilité, qui n'avait fait que croître durant sa longue expérience de directeur des fouilles de Constantinople et qui avait trouvé un appui en la personne de l'empereur, lequel avait une prédilection pour l'Antiquité et s'enthousiasmait pour toutes les fouilles. » Voir aussi à ce sujet Scheffler, *op. cit.*, p. 75-76 : « Cependant, nous en arrivons ici au point où il s'avère que nous en avons trop fait, en tant que collectionneurs, que nous faisons une trop grande place à l'archéologie et que c'est finalement vouloir trop bien faire que de dépenser des sommes considérables en Allemagne pour des musées prestigieux consacrés aux différentes architectures. Si l'époque de l'Empire allemand avait duré encore cinquante ans de plus, si la guerre était intervenue plus tard et que les fouilles avaient continué, il aurait sans doute fallu à la fin abriter toute une cité grecque dans un musée. »

25. Bode, *Mein Leben*, vol. I, p. 436.

26. *Ibid.*, p. 436.

27. Scheffler, *op. cit.*, p. 74.

28. L'une des décisions les plus déterminantes de Hoffmann consista à élever le soubassement de quelques mètres. L'égalité de hauteur avec le Kaiser Friedrich-Museum, que Messel avait recherchée intentionnellement, fut ainsi perdue. La description que donne Scheffler de l'autoritarisme de Hoffmann et de son comportement devant la commission de la construction se recoupe avec ce qu'en dit Bode dans ses Mémoires. Scheffler n'a pu recueillir ces informations que lors de sa tournée dans

l'île des Musées avec Bode. Voir Scheffler, *op. cit.*, p. 66-69 et Bode, *Mein Leben*, vol. I, p. 437. Dans le jugement de Scheffler sur Bode, il y avait à la fois de l'approbation et de la critique. Voir « Erinnerungen an Wilhelm von Bode » dans K. Scheffler, *Eine Auswahl seiner Essays aus Kunst und Leben 1905-1950*, Wiesbaden, 1952.

29. Il est, par exemple, caractéristique de la situation que le secrétaire d'État Becker se soit employé à intégrer l'art islamique dans l'île des Musées, parce qu'il s'intéressait lui-même aux langues islamiques. Il boycotta dans une grande mesure les projets de Bode à Dahlem.

30. Le deuxième don d'envergure de James Simon, qui, en 1909, promit à Bode de léguer ses sculptures, ses tableaux et ses pièces d'art décoratif allemands, nécessita un nouveau remaniement. Ce deuxième don fut définitivement remis en 1918. Voir Girardet, *James Simon*, p. 85-86.

31. Voir les illustrations dans *Alfred Messel*, 5. Sonderheft der Berliner Architekturwelt, Berlin, 1905, ill. 37-49 ; et Behrendt, *Alfred Messel*, *op. cit.*, illustrations sur les pages 56, 58-65, 68-69 ; ainsi que *Die Sammlung Dr. Eduard Simon, Berlin*, avec une introduction de M. J. Friedländer, 2 vol., Berlin, 1929.

32. Bode, *Mein Leben*, vol. I, p. 349.

33. Voir à ce sujet H. J. Reichardt et W. Schäche, éd., *Ludwig Hoffmann in Berlin, Die Wiederentdeckung eines Architekten*, catalogue d'exposition du Landesarchiv Berlin, 5, 1986-1987, p. 74-77.

34. Explorer cette conception historique du musée et le système de pensée sur lequel elle se fonde serait une tâche importante pour la recherche. Voir à ce sujet les explications sur l'installation du Kaiser Friedrich-Museum.

35. Reichhardt et Schäche, *op. cit.*, p. 77. Le Bayerisches Nationalmuseum de Seidl fut, parmi d'autres constructions, une source d'inspiration importante pour Hoffmann. Voir aussi Hoffmann, *Lebenserinnerungen eines Architekten*, *op. cit.*, p. 263.

36. « Les façades, qui seules importaient à Hoffmann, s'élevèrent rapidement à partir de l'étage inférieur ; mais soudain, je découvris que sur l'aile nord, le long de la voie ferrée, l'on ne prêtait pas attention, du coup, à la lumière nécessaire, ni à ce qu'il y eût de la place pour exposer les grandes sculptures. Il me fallut arrêter les travaux de construction. Lors d'une réunion sur la construction, à la mi-novembre de l'année 1915, je cherchai, à partir de l'édifice lui-même, à apporter la preuve

du gaspillage d'espace et d'argent, et à montrer en même temps qu'il était impossible d'y loger nos œuvres d'art allemandes, et encore moins de les montrer sous un bon éclairage. » Bode, *Mein Leben*, vol I, p. 395.

37. « J'avais trouvé évident que cet arrangement de l'intérieur ne pût se faire qu'en étroite collaboration avec les directeurs. Mais Hoffman ne voulait absolument rien en savoir. Car nous avions beau rejeter ses plans et demander à être consultés, il confiait de plus en plus, de sa propre initiative, la réalisation des plans à cette agence d'architecture coûteuse, après s'en être à peine entretenu avec nous. » Bode, *Mein Leben*, vol. I, p. 381. Voir, face à cela, les déclarations de Hoffmann, *Lebenserinnerungen eines Architekten*, *op. cit.*, p. 264-265 : « Ce ne fut pas un travail facile. Deux directeurs de cabinets ministériels, un conseiller ministériel, un réviseur, et en plus Monsieur von Bode. Tous critiquaient, discutaient et contrôlaient ce qui devait se produire ou qui se produisait en lien avec la construction… Ils pouvaient s'informer de tout… Ici, dans la construction des musées, c'était parfois à n'y pas tenir. »

38. Bode, *Mein Leben*, vol. I, p. 396. Bode avait fait la connaissance de Bestelmeyer alors qu'il était membre de la commission d'expertise pour le hall d'entrée et les annexes du Germanisches Nationalmuseum à Nuremberg. Sur l'œuvre de Bestelmeyer, voir F. Stahl, *German Bestelmeyer*, Berlin-Leipzig-Vienne, 1928 ; et H. Thiersch, *German Bestelmeyer*, Munich, 1961. Une étude approfondie sur son travail pour l'île des Musées fait encore défaut.

39. Bode, *Mein Leben*, vol. I, p. 455.

40. Scheffler, *op. cit.*, p. 81.

41. Pendant que l'on continuait à construire de la manière la plus luxueuse l'aile sud, et notamment sa partie médiane, seuls quelques essais furent faits sur les fenêtres de l'aile nord ; de toute évidence, parce qu'avec la chute considérable de notre mark, l'administration de la construction prévoit d'arrêter définitivement l'ensemble de la construction et veut aussi empêcher par là le réaménagement intérieur de l'aile nord à mes frais. » Bode, *Mein Leben*, vol. I, p. 441.

42. *Deutsche Bauzeitung*, 1925, p. 716 ; Petras, *Die Bauten der Berliner Museumsinsel*, p. 157.

43. Hoffmann, *Lebenserinnerungen eines Architekten*, *op. cit.*, p. 264.

44. « Comme je l'avais réalisé au Märkisches Museum, je voulus aussi ici que les salles ne fussent pas en elles-mêmes des bijoux d'architecture

mais qu'elles servissent seulement à créer une ambiance de fond appropriée aux pièces de collection, de sorte que l'on reconnût qu'en tous les emplacements, il avait été pensé avec soin à leur futur contenu. » *Ibid.*, p. 264. Dans le Märkisches Museum, Hoffmann avait encore pensé à un lien plus fort entre l'aménagement de l'espace et les objets à exposer : « Il m'apparut bientôt que la construction devait, dans toutes ses salles, se conformer étroitement, dans leur ambiance, aux objets correspondants, que cela devait devenir un musée d'ambiance. Celui qui le visiterait par la suite devait se sentir comme dans le Berlin d'autrefois. » *Ibid.* ; et Hoffmann, « Geschmacksinseln in Berlin, Aus den Lebenserinnerungen des Berliner Stadtbaurats », *Jahrbuch für Brandenburgische Landesgeschichte*, vol. 11, K. Pomplun, éd., Berlin, 1960, p. 22.

45. Bode aussi avait, il est vrai, prévu une enfilade de pièces pour les moulages de plâtre.

46. D'ailleurs, Scheffler critiqua très vivement la politique d'acquisition de la Nationalgalerie, dont il récusait les achats d'œuvres expressionnistes. Scheffler, *op. cit.*, p. 105-121. Face à cette critique, la réponse de L. Justi, *Habemus papam ! Bemerkung zu Schefflers Bannbulle « Berliner Museumskrieg »*, Berlin, 1921.

47. Cette disposition fut saluée par W. Riezler, dans l'article qu'il publia après l'ouverture : « Die Tragödie der Berliner Museen », *Die Form*, 5, 1930, p. 599-601 : « On a renoncé à des effets de salles, comme la malheureuse "Basilique" de Bode au Kaiser Friedrich-Museum, où tout effet artistique a été tué par ses autels dans le style de la Renaissance italienne, et l'on a mis en valeur chaque œuvre séparément, en tant que telle. C'est pourquoi ces pièces sont un véritable bienfait… »

48. W. Waetzoldt, « Die Staatlichen Museen zu Berlin 1830-1930 », *Jahrbuch der Preußischen Kunstsammlungen*, 51, 1930, p. 202.

49. *Ibid.*, p. 204.

50. A. Behne, « Das auf dem Pergamonaltar… », *op. cit.*, p. 584. Riezler aussi remet en question ces reconstructions, d'ailleurs controversées, des édifices babyloniens, Riezler, *op. cit.*, p. 600 : « Et est-ce que la valeur artistique de ces architectures vaut vraiment les sommes énormes que nécessitèrent ces reconstructions ? »

51. Riezler, *ibid.*, p. 599.

53. **Eugène Delacroix**, *La Liberté guidant le peuple*, 1830, huile sur toile, 259 × 325 cm, Paris, Musée du Louvre.

6

Révolution et rébellion. Représentations de la révolution de 1848 chez Menzel et Rethel

I

La peinture allemande ne présente pas d'œuvre qui évoque la révolution avec autant de force d'expression allégorique et artistique que *La Liberté guidant le peuple* de Delacroix [53]. Même si le peintre lui-même n'était que très modérément acquis aux tendances révolutionnaires, il réussit tout de même, en associant des barricades réalistes et une figure allégorique de la Liberté, à créer un symbole de la Révolution, qui resta valable au-delà des années 1830.

On cherchera en vain, dans l'art allemand, des tableaux où les révolutions de 1830 et de 1848 trouvent une expression artistique aussi dense. En 1848 furent néanmoins réalisées deux œuvres d'art exceptionnelles qui, par leurs différences et leurs contradictions intérieures, semblent incarner l'échec de la révolution en Allemagne. Ce n'est pas le triomphe de la révolution, ou du moins l'enthousiasme pour la juste cause, qui trouve

---

Pour les notes de ce chapitre, voir p. 253 sq.

54. **Adolph Menzel**, *L'Exposition des victimes de la révolution de mars*, 1848, huile sur toile, 45 × 63 cm, inachevé, Hambourg, Kunsthalle.

ici son expression artistique, mais la condamnation de la rébellion. La contribution de l'art est de refléter de manière caractéristique la situation politique. La révolution de 1848 ne fut reconnue qu'à contrecœur, comme un moyen politique, par la bourgeoisie des pays germaniques. Des réformes, oui, mais le renversement des valeurs, non.

Les deux œuvres dont il doit être question ici sont d'une part *L'Exposition des victimes de la révolution de mars* de Menzel [54] et d'autre part, la série de gravures sur bois de Rethel, *Une autre danse macabre* [60-65]. Mais avant de pouvoir traiter de ces sommets de la production artistique en prise sur l'événement politique, il convient de rappeler quelques antécédents historiques.

Après la révolution de 1830, l'art allemand, qui – contrairement à celui de la France – florissait dans une multiplicité de centres artistiques, développa une école de peinture qui se caractérisait par son engagement politique particulier. Düsseldorf, qui était, depuis les années 1820, la principale académie des arts et attirait des étudiants allemands mais aussi étrangers, développa, à partir de 1830, de nouvelles tendances. La tradition idéaliste, romantico-nazaréenne, marquée par l'influence de Cornelius et de Schadow, continua certes à prévaloir à l'Académie. En parallèle, et d'une certaine façon en opposition, une conception réaliste de l'art se fit jour cependant, sous l'impulsion d'un groupe de jeunes peintres qui formèrent une sorte de Sécession avant la lettre, au sein d'une association d'artistes surnommée la *Malkasten* (boîte à peinture). Les représentants de cette orientation, dont Karl-Friedrich Lessing fut le professeur et le modèle, se tournèrent vers de tout nouveaux thèmes. Dans leurs œuvres, qu'ils peignaient sans y être incités par des commandes, ils cherchaient à prendre position sur les problèmes sociaux et politiques de l'époque. Le médecin, poète, écrivain et critique d'art, Wolfgang Müller von Königswinter, ami et accompagnateur des jeunes peintres engagés de Düsseldorf, résuma les objectifs de cette nouvelle conception de l'art dans un article de la *Düsseldorfer Zeitung* de 1847 : « Notre histoire de l'art est aussi politique... peindre des objets historiques, bibliques ou romantiques, est finalement beaucoup plus facile que de présenter les événements de l'histoire immédiate »[1]. Müller von Königswinter ne trouvait légitime de recourir à des thèmes de l'histoire passée que s'ils pouvaient être rapportés au présent, comme dans *Le Sermon des Hussites* de Lessing [55]. L'événement historique devait renfermer une leçon. Comme dans l'œuvre de Lessing, dans laquelle une grande partie de la bourgeoisie voyait une agression contre la monarchie et l'orthodoxie de l'Église, lesquelles réprimaient la liberté et le droit à l'autodétermination, le tableau d'histoire pouvait et devait agir dans

55. **Carl Friedrich Lessing**, *Le Sermon des Hussites*, 1836, huile sur toile, 230 × 290 cm, Düsseldorf, Kunstmuseum (prêt permanent des Staatliche Museen Preußischer Kulturbesitz, Berlin, Nationalgalerie).

un sens politique. Pour Müller von Königswinter, il appartenait aux éléments esthétiques d'une œuvre d'art de mettre en évidence son contenu : « C'est une grande erreur de penser que les moyens font l'œuvre d'art ; non, c'est son contenu qui la détermine. Je préfère un visage chaud et vivant, campé avec fraîcheur sur la toile, à cent bécasses et lièvres morts, fussent-ils peints de main de maître »[2].

Cette attention portée aux événements présents, cet engagement politique et cette conscience nationale et démocratique changèrent la théorie et la pratique artistiques. La peinture d'histoire, traditionnellement placée au sommet de la hiérarchie des genres, dut céder sa place au tableau de genre. Le genre connut une revalorisation, du fait qu'il était sorti du champ anecdotique des faits quotidiens pour être élevé au niveau de l'actualité politique. Citons encore une fois Müller von Königswinter : « Tel tableau d'histoire m'est une peinture de genre mesquine, tandis que telle autre peinture de genre m'apparaît historique, car elle montre des événements grandioses et des caractères puissants » [3].

Ce renversement de la hiérarchie des genres n'était pas un phénomène propre à l'Allemagne [4]. En revanche, le rôle très important de critique sociale qu'assura la peinture de l'école de Düsseldorf, ne trouvait guère de parallèle en France. Courbet le revendiqua plus tard en paroles mais ne le mit en pratique dans ses œuvres que de manière limitée [5]. La raison d'une telle différence ne réside sans doute pas dans le fait que les tensions sociales auraient été moins dramatiques. Mais la production artistique française resta plutôt une activité essentiellement esthétique. Que le contenu dût primer sur la forme, comme dans la version picturale allemande du réalisme, n'était pas une exigence à Paris.

Or le fait, justement, que les peintres de Düsseldorf voulussent mettre en évidence et dénoncer certains problèmes sociaux, faisait apparaître leur art comme un commentaire de l'actualité politique. Cela ne leur valut qu'une célébrité passagère. Le message du tableau primant sa valeur artistique, ces peintres et leurs œuvres tombèrent bientôt dans l'oubli. *Les Tisserands silésiens* de Carl Wilhelm Hübner, peint en 1844, est un exemple d'un tel tableau qui fut vivement discuté au moment de sa réalisation mais n'est guère plus susceptible, aujourd'hui, de nous toucher dans sa dimension artistique [56]. Une fois achevé, ce tableau frappa tellement qu'il fut envoyé en tournée à Cologne, à Berlin, à Francfort et en d'autres lieux encore. Il décrit de riches négociants en train de refuser les pièces de drap qui leur sont proposées, plongeant ainsi les tisserands silésiens dans la

56. **Carl Wilhelm Hübner**, *Les Tisserands silésiens*, 1844, huile sur toile, 77,5 × 104,5 cm, Düsseldorf, Kunstmuseum.

plus grande détresse. Ce tableau a si profondément impressionné les contemporains de l'époque – ce qui nous paraît difficilement imaginable aujourd'hui – que, surtout après son exposition à Berlin, la population aurait, par compassion, commandé de la toile silésienne en grandes quantités [6].

Un autre exemple d'engagement et de critique sociale de l'école de peinture de Düsseldorf à l'époque de la révolution de 1848 est *La Redevance sur le grain moulu et les animaux abattus* de Wilhelm Kleinenbroich, peint en 1847 [7] [57]. Le tableau décrit au premier plan comment l'on contraint des paysans à verser des taxes tandis que les propriétaires terriens, à l'arrière-plan, partent pour la chasse. À l'époque de la création du tableau, toutefois, cette forme un peu naïve et sentimentale de la dénonciation sociale ne manqua pas son effet. Beaucoup d'artistes de l'Académie de Düsseldorf se préoccupèrent spécifiquement des injustices sociales. Ils étaient d'ailleurs politiquement organisés, appartenaient à des associations socialistes et entretenaient des contacts avec les théoriciens sociaux-démocrates et communistes. C'est pourquoi il n'est pas étonnant que la Révolution parisienne de février 1848 ait été saluée avec enthousiasme dans les milieux artistiques de Düsseldorf. Lorsque la milice bourgeoise se constitua en mars 1848, il y eut 11 peintres parmi les 66 officiers. D'autres peintres s'enrôlèrent dans les troupes. En aucun autre lieu d'Allemagne, la participation des artistes n'avait été aussi importante. Mais nulle part ailleurs non plus, le terrain n'avait été préparé de la sorte à une participation politique, par l'intérêt que les artistes portaient à la vie quotidienne.

57. **Wilhelm Kleinenbroich**,
La Redevance sur le grain moulu et les animaux abattus, 1847,
huile sur toile, 150 × 173,5 cm, Cologne, Kölnisches Stadtsmuseum.

On pourrait penser que l'engagement social des artistes de l'École de peinture de Düsseldorf et leur participation passionnée à la révolution de 1848 se seraient aussi traduits par des œuvres monumentales. Or cela n'a été le cas ni à Düsseldorf, ni en d'autres lieux d'Allemagne. Hormis un certain nombre de gravures et d'illustrations graphiques, présentant un caractère purement documentaire et réalisées la plupart du temps pour des journaux et des revues, il ne reste que les deux chefs-d'œuvre de Menzel et de Rethel.

II

Commençons par Menzel. Les chercheurs en histoire de l'art ont interprété de manière très différente *L'Exposition des victimes de la révolution de mars* de Menzel [54]. Deux positions se font face. La plus ancienne souligne les difficultés artistiques formelles auxquelles Menzel avait dû se confronter. En raison de son impuissance bien connue, décelable aussi dans d'autres compositions de grand format, à ordonner de manière satisfaisante des observations de détail selon des rapports de perspective convaincants, il aurait été contraint de renoncer à terminer ce tableau. Sa formation académique inexistante, ou du moins très lacunaire, qui le priva de la technique et de l'expérience nécessaires à une planification et à une exécution méthodiques du tableau, l'aurait conduit à cet échec. Il est vrai que, malgré un grand nombre de croquis réalisés sur le lieu même de l'événement, le peintre renonça ici, comme dans d'autres dessins, à dessiner une esquisse de l'ensemble. Elle aurait déterminé les proportions des objets et des figures les uns par rapport aux autres. Mais Menzel peignait à l'huile comme s'il dessinait. Seuls quelques rares repères étaient disposés sur la toile. Il eut du mal, de ce fait, à placer les groupes au premier plan en respectant les bonnes distances. Bref, il était lui-même insatisfait de son œuvre et y renonça[8]. Pour autant que nous le sachions, il ne la donna à voir à personne depuis 1848. Alfred Lichtwark fut le premier à la découvrir en 1902 dans l'atelier de l'artiste et il l'acheta pour la Kunsthalle de Hambourg.

Cette interprétation, fondée sur des considérations esthétiques, a été diversement réfutée ces dernières années et le tableau fut beaucoup plus interprété du point de vue de l'événement représenté. La recherche, menée de plus en plus avec l'aide d'historiens, se préoccupa surtout de savoir quel moment de la révolution le peintre avait représenté et si l'événement avait été décrit conformément à la réalité. Or, du fait que l'on fit apparaître un lien explicatif direct entre la représentation et l'événement historique, une autre question surgit, celle de la participation propre de Menzel aux événements historiques qui se déroulaient au premier plan. Menzel prit-il lui-même une part active aux insurrections, comme ses collègues de Düsseldorf ? Voulut-il peut-être – comme ces derniers – transmettre un message politique[9] ? À ces questions, nous ne pouvons malheureusement apporter que des réponses très insatisfaisantes. Nous tenterons, toutefois, de dresser, dans ce qui suit, un état de la recherche, et au moins d'indiquer une direction qui débouchera peut-être sur de nouvelles connaissances.

Considérons tout d'abord le tableau lui-même. Il représente un fait qui survint après les événements révolutionnaires tragiques de mars 1848. Le 22 du même mois, les 183 cercueils des victimes tuées au cours des combats des jours précédents furent solennellement exposés sur un catafalque, au Gendarmenmarkt, à Berlin. De là, ils furent portés en une longue procession à travers la ville, et passèrent devant le château – circonstance humiliante pour le roi, obligé d'apparaître tête nue sur le balcon, en hommage aux morts.

Menzel n'avait pas du tout été présent à Berlin pendant les combats sur les barricades et n'était revenu que le dimanche 22 mars. Ce jour-là, il avait fait des allées et retours entre le château et le Gendarmenmarkt et, fasciné, avait dessiné le spectacle qui s'offrait à ses yeux. Dans une longue lettre écrite le 23 mars à son ami Carl Heinrich Arnold, le peintre raconta en détail ce qu'il avait vécu :

« Ce fut un jour triste et solennel, de vivre une pareille chose à Berlin, que l'on n'aurait pas soupçonnée. Le matin, les cercueils furent exposés sur un grand catafalque en haut de l'escalier extérieur de la Nouvelle Église du Gendarmenmarkt, du côté de la Taubenstraße. Pour ce qui est du déroulement de ces obsèques imposantes, reportez-vous aux journaux de Berlin. Je peux seulement vous dire que les lents cortèges de tous les métiers et de toutes les corporations avec leurs chœurs (en partie des marches funèbres et en partie des chants religieux), leurs drapeaux, leurs insignes et les cercueils, portés par les camarades – sans compter l'attitude unanimement grave et silencieuse des masses populaires – étaient terriblement impressionnants. J'ai observé le cortège funèbre successivement depuis plusieurs endroits, et longtemps aussi, notamment, en face du château. Sur le balcon se tenaient un adjudant avec un drapeau noir, rouge, jaune et encore deux à trois messieurs en noir qu'on ne pouvait pas reconnaître. Chaque fois qu'un nouveau cortège de cercueils arrivait, le roi apparaissait tête nue et se tenait là jusqu'à ce que les cercueils fussent passés. Sa tête luisait de loin comme une tache blanche. C'était sans doute le jour le plus terrible de sa vie. – Les cortèges, d'ailleurs, étaient sans fin. Je fis un grand tour par les rues adjacentes, retournai à la place du château, et toujours de nouveaux drapeaux, de nouveaux cercueils, une nouvelle musique remontaient de l'axe du château »[10].

Il ne ressort pas de ce récit que Menzel se fût décidé à peindre un tableau. Rien n'est dit non plus du choix du sujet, ni même que le peintre a, de toute évidence, dû se

58. **J. Kirchhoff**, *Exposition des cercueils des victimes de mars devant la Nouvelle Église au Gendarmenmarkt*,
bois gravé, *Illustrierte Zeitung*, 1848.

tenir un certain temps sur les marches de l'église française pour assister, de là, aux événements qu'il décrit dans sa peinture. Mais déjà avec cet énoncé, le spectateur est pris d'un doute. D'une part, la vue sur la place est très certainement prise depuis l'église française, mais le moment représenté n'est absolument pas clair. Selon différents avis, Menzel aurait décrit les préparatifs, au petit matin du 22 mars. Cette hypothèse prend pour argument le fait qu'un cercueil est porté, au premier plan, en direction de la cathédrale allemande, manifestement pour l'ajouter à ceux qui s'y trouvent déjà, à l'arrière-plan. Le fait que la place n'est pas encore envahie par une marée humaine parle aussi en faveur d'une heure matinale. Les articles et les illustrations parus dans les journaux de l'époque [58] montraient que la foule se pressait sur la place en brandissant de nombreux drapeaux noir, rouge, or.

Ces conclusions sont logiques mais laissent cependant encore subsister une ambiguïté. Si Menzel avait voulu retenir le moment des préparatifs, tôt le matin, on voit mal pourquoi une telle cohue se pressait déjà si dangereusement à droite, sur les deux plateformes, en avancée du théâtre, alors qu'il y avait encore des espaces libres et une excellente vue en bas sur la place. La seule explication possible est que Menzel avait encore voulu combler ce vide mais qu'il interrompit son travail. Cet argument pourrait à son tour être contré par le fait que Menzel commençait ses tableaux par l'arrière-plan. Mais il n'est évidemment pas totalement exclu qu'il ait voulu ajouter d'autres figures, plus petites, à l'arrière-plan.

À l'encontre de la thèse selon laquelle Menzel aurait décrit les préparatifs des funérailles, il peut aussi être indiqué que les ombres portent de droite à gauche, et ceci de manière importante, au premier plan comme aussi sur les toits de la cathédrale allemande, ce qui correspond davantage à l'après-midi. En outre, l'exposition des cercueils, en arrière-plan, semble déjà complète et achevée. Recouverts de draps noirs, ils ne sont nullement au stade des préparatifs. Les porteurs, au premier plan, seraient par conséquent fort en retard. D'aucun autre côté l'on n'apporte encore des cercueils.

De tout cela, il s'ensuit, que – comme d'ailleurs dans beaucoup d'autres tableaux – Menzel prend prétexte d'un événement mais ne décrit pas un moment particulier. Sa composition est un collage de différents fragments perçus. Il avait vu la place bondée de monde, se décida pour le moment émouvant de l'exposition des morts sur le catafalque, mais fut tout autant touché par l'arrivée du cortège, quand « l'attitude unanimement grave et silencieuse des masses populaires était terriblement impressionnante ». C'est justement cette atmosphère qu'il chercha à dépeindre au premier plan. Il n'avait pas à cœur de reproduire fidèlement un moment précis mais de rendre ce qui pouvait caractériser sa perception et ce qu'il avait ressenti. Sa compassion allait au caractère fatidique de l'événement, qui avait plongé tout le monde dans le désarroi et l'affliction. Cette interprétation de la situation se situe toutefois au-delà de toute prise de position politique. Sa description n'est pas une façon de prendre parti pour l'une ou l'autre cause.

D'autres paroles de Menzel indiquent qu'il était sensible aux revendications politiques mais qu'il rejetait toute révolution – surtout par la violence. Dans une lettre du 15 septembre 1848 à Arnold, il écrit rétrospectivement : « Vous souvenez-vous encore de nos conversations de l'époque. Ni l'un ni l'autre, nous n'estimions alors si proche l'éruption et si lointaine la raison ! On a, une fois de plus, fait un trop grand crédit à l'humanité ; à l'indignation (justifiée) à l'égard du haut s'est seulement ajoutée à présent l'indignation à l'égard du bas. C'est sauter d'un banc d'école à un autre, rien de plus »[11].

Ce passage montre clairement combien le peintre recule devant tout ce qui est rébellion et révolution. Son attitude plutôt neutre est attestée par un passage dans une autre lettre à Arnold :

« Au sujet des événements de ces derniers jours, reportez-vous aux journaux d'ici, qui en parlent en long et en large : on a donc fait pour une fois l'expérience de voir jusqu'où cela peut mener lorsqu'une partie de la population est livrée à la cupidité brutale de l'autre. Aux excès du début, commandés par une extrême nécessité, se sont ensuite associées toute une série de basses indignités, ce en quoi la plèbe de Berlin ne s'est pas montrée moins productive qu'ailleurs »[12].

Menzel ne peignit ni le courage et la lutte acharnée des combattants pour la liberté, sur les barricades, ni la victoire de la réaction. Son réalisme résida dans sa capacité à saisir l'émotion générale – et non un moment historique

59. **Ernest Meissonier**, *La Barricade*, 1848,
29 × 22 cm, Paris, Musée du Louvre.

précis. C'est pourquoi la participation de Menzel à l'événement et sa transcription dans l'art ne prennent pas la forme d'un commentaire politique de l'actualité. Le tableau exprime plutôt la découverte et l'expérience de la tragédie que représentent des conflits humains apparemment insolubles.

Sur ce plan, il n'est pas très éloigné de l'attitude de son ami français, Meissonier. La précision choquante avec laquelle sont rendus, dans son tableau sur la révolution *La Barricade* non pas des révolutionnaires morts mais des cadavres mutilés, élève au-delà de toute désignation de coupable, l'événement historique au rang d'un drame humain [13] [59].

III

Le deuxième chef-d'œuvre de l'art allemand, achevé sous l'impulsion de la révolution de 1848, n'était pas non plus un tableau d'histoire de grand format, mais plutôt un travail occasionnel. Alfred Rethel réalisa en 1848-1849 sa série de gravures sur bois *Auch ein Totentanz* (Une autre danse macabre) [60-65], sous l'effet imprimé en lui par la vue de plusieurs mois de combats sanglants sur les barricades de Dresde. Les scènes dont il fut le témoin oculaire furent certainement l'un des motifs qui le poussèrent à la réalisation de cette série.

Il s'agit de six gravures sur bois, réunies en un tract. Cette forme spécifique du tract détermine en elle-même déjà la fonction et l'objectif de l'œuvre. De par sa conception, la danse macabre de Rethel se veut une prise de position politique à propos d'un conflit acharné de politique intérieure. Chaque image est accompagnée d'un poème de Robert Reinick, écrit d'après l'illustration. Ces poèmes explicitent le message de la gravure et dissipent tout doute éventuel sur la manière dont il convient d'interpréter chaque composition. Les chercheurs sont unanimes aujourd'hui sur la manière dont le peintre avait conçu le cycle et considèrent qu'il a véritablement été à l'origine de ces gravures. Rethel réalisa donc une œuvre

60

60-65. **Alfred Rethel**, *Une autre danse macabre*, 1848-1849, cycle de bois gravés :

60. « La Mort surgit de la tombe ».

dans laquelle il faut voir en premier lieu l'expression d'une réaction politique à l'actualité. En deuxième lieu seulement, on peut y voir une œuvre d'art [14].

Un tract, dans la mesure où son objectif est de transmettre un message facile à saisir, se caractérise généralement par l'impact direct qu'il est susceptible de créer. Cela est vrai aussi de la *Danse macabre* de Rethel. Dans cette séquence d'images, cependant, le spectateur contemporain doit décrypter beaucoup de motifs qui se rapportent aux événements de l'époque et dont le sens lui échappe à cause de l'éloignement dans le temps. Ce décryptage est la seule manière pour lui de comprendre le message politique et artistique de Rethel.

Considérons par conséquent ces six gravures dans l'ordre que l'artiste a voulu leur donner. Les deux premières peuvent être considérées comme une introduction à l'action proprement dite. La première gravure [60]

61. « La Mort chevauche vers la ville ».

décrit la résurrection de la Mort, sous la forme d'un squelette, le « héros » de l'histoire*. Il est accueilli par un groupe de Vices féminins qui vont l'équiper pour son expédition sur la terre. La Ruse lui donne l'épée, le Mensonge, la balance ; ces deux attributs ont été dérobés à la Justice, ligotée en arrière-plan. À gauche se tient la Vanité, sorte de Prudence corrompue, tenant un miroir et drapée dans un vêtement ocellé. Elle tend à la Mort le chapeau orné d'une plume (rouge) et d'une cocarde. Les contemporains de Rethel pouvaient reconnaître au premier coup d'œil, dans ce couvre-chef, le chapeau dit de Hecker. Friedrich Hecker était l'un de ces révolutionnaires radicaux, meneur d'insurrections, en Allemagne du Sud-Ouest. Ses opinions radicales inquiétaient de plus en plus la bourgeoisie libérale. En recevant le chapeau de Hecker, la Mort est identifiée à la révolution. Ses autres

* En allemand, le mot « mort » (*Tod*) est masculin, par conséquent l'allégorie de la Mort est un personnage masculin. (N.d.É.)

62. « La Mort devant la taverne ».

activités sont évoquées par les personnages à l'arrière-plan, la Férocité avec sa faux et la Démence qui conduit un cheval emballé. Les vers sous la gravure explicitent la scène dans son contexte : « Liberté, Égalité, Fraternité. Ô toi, vieux temps, va de l'avant ! Va de l'avant !... Ô, peuples, voici l'homme – Qui peut vous rendre libres et égaux. »

La deuxième gravure du cycle [61] montre la Mort parée de ses attributs, en route pour la ville. Les hommes s'enfuient en la voyant s'approcher à cheval, la faux sur l'épaule et à la bouche un cigare, signe de liberté, car, jusqu'en 1848, il était interdit de fumer en public. Le faucheur de mort se dirige vers la ville, où se dresse, à l'arrière-plan, une église gothique. Mais on voit aussi quelques cheminées d'usines fumantes, évoquant l'industrialisation et la classe ouvrière, qui participe à la lutte révolutionnaire. Dans les vers qui accompagnent cette gravure, la Mort est qualifiée d'amie du peuple et veut, dans la ville, engranger une riche moisson.

63. « La Mort remet l'épée au peuple ».

En ville, comme l'indique la gravure suivante [62], la Mort se montre séductrice et démagogue. La couronne et la pipe (la noblesse et le peuple) sont égales en poids. C'est ce qu'il démontre à la foule, à gauche, mais il ne tient pas la balance par son anneau. Le peuple semble composé d'artisans et d'ouvriers. Rethel veut visiblement séparer le bourgeois de la populace. Là se manifeste la distance qui le sépare de l'événement, tout comme chez Menzel. Seule la femme au premier plan à droite – un rosaire indiquant sa piété pend à son côté – a percé à jour le séducteur et conduit un enfant à bonne distance.

Dans la quatrième gravure [63], la révolution a éclaté. La Mort tend à la foule en émoi l'épée sur laquelle sont inscrits les mots *Justice du peuple.* Des bras se lèvent pour la saisir. Un compagnon de la Mort, déguisé en forgeron, tient le drapeau de la République et montre du doigt les soldats qui s'approchent à l'arrière-plan. Le combat est imminent. Dans les vers correspondant à cette gravure, il est dit notamment : « La Mort crie : Ô peuple ! Cette épée

64. « La Mort sur la barricade ».

est tienne ! Qui d'autre peut rendre justice ? Toi seul ! Dieu parle à travers toi ! et toi seul ! – Du sang ! Du sang ! s'écrient dix mille gosiers. »

Sur la barricade de la cinquième gravure [64], la Mort se démasque et en rabattant son manteau, montre son squelette. D'un geste victorieux, elle plante, comme l'indique le texte, le drapeau rouge. Touchés par le feu des canons, les révolutionnaires tombent du haut de la barricade dans les profondeurs. « Leur sang jaillit, rouge comme le drapeau. La Mort les avait menés ! » dit le texte de Reinick.

La dernière gravure [65] montre la Mort victorieuse et triomphante, montée sur son cheval qui enjambe les morts. À l'arrière-plan figurent les destructions causées par la révolution. « Ceux qui l'ont suivie, gisent pâles – Tous frères, libres et égaux » commente Reinick.

Ce n'est pas le lieu, ici, de se pencher sur les sources auxquelles Rethel a puisé pour ce cycle. L'artiste, on le sait, s'est laissé inspirer par les gravures de Holbein et

65. « La Mort en vainqueur ».

d'autres artistes des XVe et XVIe siècles. Il est plus important, pour le sujet qui nous intéresse ici, de souligner que l'une des plus grandes réalisations artistiques sur la révolution de 1848 illustre son échec. L'on retiendra, pourtant, que Rethel – qui était étudiant à l'Académie de Düsseldorf et connaissait bien les tendances démocratiques – n'avait nullement l'intention d'apporter de l'eau au moulin de la réaction. Mais chez lui, comme chez Menzel à Berlin, son appartenance à la bourgeoisie détermine sa position politique. D'ailleurs, comme Menzel, Rethel condamne la violence et la rébellion incontrôlable, qui constituait une menace pour une position politique laborieusement acquise et les possessions de la bourgeoisie. Comme Menzel, il voyait un danger dans les classes inférieures de la population. Autant les bourgeois, dans leurs efforts pour accéder à la reconnaissance sociale et politique, préconisaient des réformes, autant ils craignaient l'anarchie, surtout celle des ouvriers, quand ceux-ci cherchaient dans les révolutions le bouleversement de l'ordre établi [15].

Il semble caractéristique de la révolution de 1848 que les réalisations artistiques les plus remarquables à son sujet illustrent son échec ou plus encore, mettent en garde contre la révolution. Cela s'explique surtout du fait que les artistes appartenaient à la bourgeoisie aisée et cultivée. Ils étaient encore et toujours dépendants de la noblesse, des grands propriétaires terriens et de plus en plus aussi des propriétaires d'usines, qui formaient le cercle des commanditaires et des collectionneurs. Portés par des convictions démocratiques mais professionnellement dépendants, les artistes craignaient le chaos et le renversement de l'ordre établi. Aussi, *L'Exposition des victimes de la révolution de mars* de Menzel à Berlin et la *Danse macabre* de Rethel, qui fut diffusée dans tous les pays germaniques, illustrent à la manière d'une parabole la contradiction qui frustra la révolution de 1848 de son bénéfice. Quand, à Berlin, l'armée veillait à maintenir l'ordre, la plupart des bourgeois ainsi que les artistes ne s'y opposèrent pour ainsi dire pas. Pendant qu'en France, la révolution fut au moins temporairement victorieuse, les bourgeois, en Allemagne, descendaient dans la rue pour des réformes. Mais ils eurent peur d'un renversement de l'ordre social établi et de la violence des insurgés radicaux. Les œuvres de Menzel et de Rethel illustrent clairement, dans le domaine des arts plastiques, cette réalité sociale et politique.

IV

Les deux grandes œuvres d'art dont il vient d'être question se rapportaient directement aux événements dramatiques de la révolution de 1848. Pour finir, complétons ce qui vient d'être dit par une troisième œuvre, qui fut réalisée dans le sillage de la révolution. Il s'agit de la figure, plus grande que nature, de *Germania* par Philipp Veit[16] [66]. Cette œuvre fut peinte en 1848 pour l'église Saint-

66. **Philipp Veit**, *Germania*, 1848, huile sur papier marouflée sur toile, 482 × 320 cm, Nuremberg, Germanisches Nationalmuseum.

Paul de Francfort, où elle se dressait, au-dessus de la tribune, sous les yeux des députés. Elle prenait donc la place qu'occupe aujourd'hui l'aigle de la République fédérale au parlement de Bonn.

Le peintre Philipp Veit n'était pas non plus un révolutionnaire. Il faisait partie des Nazaréens expressément catholiques, et dirigeait, à l'époque de la révolution de 1848, la Staedelschule à Francfort. Ce que l'on connaît de l'attitude politique de Veit, à partir surtout de caricatures et de déclarations écrites ou orales, ne nous le montre pas sous un jour libéral[17]. Au contraire, il critiquait les revendications démocratiques et en particulier, toutes les attaques contre l'Église catholique. Pas forcément antiprussien – son commanditaire le plus important était

67. **Thomas Couture**, *Le Départ des volontaires*, 1848,
huile sur toile, 500 × 900 cm,
Beauvais, Musée départemental de l'Oise.

Frédéric Guillaume IV – il espérait sans doute une solution pangermaniste. Sa *Germania* n'est en tout cas pas une référence à la révolution, mais à l'unification politique souhaitée des États allemands en une nation. Ainsi, les chaînes déposées à ses pieds ne symbolisent pas un affranchissement des formes étatiques autoritaires et monarchiques, mais expriment plutôt l'espoir que les chaînes du particularisme étroit des petits États soient brisées afin de permettre la fondation d'une nation allemande.

La comparaison du tableau de Veit avec les œuvres qui, en France, symbolisent les révolutions de 1830 et de 1848, fait très clairement apparaître leurs différences profondes. *La Liberté guidant le peuple* de Delacroix [53] et *Le Départ des volontaires* de Couture [67] plaçaient la *Liberté* au centre du tableau [18]. L'Allemand Philipp Veit glorifia, à travers sa *Germania*, l'unité nationale tant espérée, qu'il n'était pas donné aux Allemands de réussir à établir avant longtemps. À la *Liberté* qui s'élance vers l'avant en incitant à la révolution, s'oppose une Germania sculpturale, au moyen de laquelle le peintre essaie d'invoquer la cohésion ferme et solide de tous les Allemands [19].

Notes

1. Catalogue d'exposition *Kunst der bürgerlichen Revolution von 1830 bis 1848-1849,* Neue Gesellschaft für bildende Künste, Berlin, 1972, p. 125.

2. *Ibid.*, p. 125.

3. *Ibid.*, p. 125.

4. Voir Th. W. Gaehtgens et U. Fleckner, éd., *Historienmalerei. Geschichte der klassischen Bildgattungen in Quellentexten und Kommentaren*, Berlin, 1996.

5. Voir K. Herding et K. Schmidt, *Les Voyages secrets de Monsieur Courbet. Unbekannte Reiseskizzen aus Baden, Spa und Biarritz*, Baden-Baden, 1984 ; Herding, éd., *Realismus als Widerspruch. Die Wirklichkeit in Courbets Malerei*, Francfort-sur-le-Main, 1978 ; W. Hofmann avec Herding, éd., *Courbet und Deutschland*, Cologne, 1978.

6. *Kunst der bürgerlichen Revolution*, *op. cit.*, p. 126 ; et le catalogue d'exposition *1848. Aufbruch zur Freiheit*, L. Gall, éd., Berlin, 1998.

7. Voir J. Grossmann, *Künstler, Hof und Bürgertum. Leben und Arbeit von Malern in Preußen 1786-1850*, Berlin, 1994.

8. Voir G. Busch, « Menzels Grenzen », dans *Adolph Menzel, Realist-Historist-Maler des Hofes*, Catalogue d'exposition, Schweinfurt, 1981.

9. Catalogue d'exposition *Kunst der bürgerlichen Revolution*, *op. cit.,* p. 146 sq. ; S. von Falkenhausen, « Historie und Politik – Beliebigkeit und Sinngebung : Menzel und der Historismus », dans L. Grisebach, éd., *Adolph Menzel, Zeichnungen, Druckgraphik und illustrierte Bücher*, catalogue de la

collection de la Nationalgalerie, du Kupferstichkabinett et de la Kunstbibliothek, SMPK Berlin, 1984, p. 31 ; du même auteur « Zeitzeuge der Leere – Zum Scheitern nationaler Bildformeln bei Menzel », dans le catalogue d'exposition *Adolph Menzel 1815-1905. Das Labyrinth der Wirklichkeit*, C. Keisch et M. U. Riemann-Reyher, éd., Cologne, 1996, p. 493-502 ; P. Paret, *Kunst als Geschichte, Kultur und Politik von Menzel bis Fontane*, Munich, 1990, p. 117 sq. ; et J. Hermand, *Adolph Menzel*, Reinbeck-Hambourg, 1986, p. 49 sq. Une présentation détaillée du tableau de Menzel se trouve dans F. Forster-Hahn, « Die Aufbahrung der Märzgefallenen », Christian Beutler, P.-K. Schuster et M. Warnke, éd., *Kunst um 1800 und die Folgen. Werner Hofmann zu Ehren*, Munich, 1988, p. 221-232.

10. H. Wolff, éd., *Adolph von Menzels Briefe*, Berlin, 1914, p. 129 sq.

11. *Ibid.*, p. 136.

12. Cité d'après C. B. With, « Adolph von Menzel and the German Revolution of 1848 », dans *Zeitschrift für Kunstgeschichte*, 42, 1979, p. 197 sq.

13. P. Guilloux, *Meissonier, trois siècles d'histoire*, Paris, 1980, ill. 44 ; voir aussi le catalogue d'exposition *Ernest Meissonier. Rétrospective,* Lyon, 1993 ; et M. J. Gotlieb, *The Plight of Emulation. Ernest Meissonier and French Salon Painting,* Princeton, 1996.

14. T. Heuss, *Alfred Rethel. Auch ein Totentanz* (Werkmonographie zur bildenden Kunst. Reclams Universalbibliothek, N° 21), Stuttgart, 1957 ; Paret, *op. cit.*, p. 125 sq. ; Karin Groll, *Alfred Rethel : Auch ein Totentanz aus dem Jahre 1848*, version éditée du mémoire de maîtrise, Fribourg, 1985 (Messkirch), Armin Gmeiner, 1989 ; *1848. Aufbruch zur Freiheit*, *op. cit.*, p. 358.

15. Baudelaire, qui découvrit quelques années plus tard les gravures de Rethel dans une exposition, qualifia, dans son essai sur *L'Art philosophique*, l'œuvre du dessinateur de *poème réactionnaire* et la commenta en ces termes, en se distanciant lui aussi de la révolution : « Ce que je trouve de vraiment original dans ce poème, c'est qu'il se produisit dans un instant où presque toute l'humanité européenne s'était engouée avec bonne foi des sottises de la révolution. » Ch. Baudelaire, *Curiosités esthétiques. L'Art romantique et autres œuvres critiques*, Paris, 1962, p. 506 sq. ; voir aussi Grossmann, *op. cit.*, p. 245.

16. Au sujet de *Germania* de Veit et de l'interprétation iconographique de cette figure, voir l'article récent de L. Gall, « Die Germania als Sym-

bol nationaler Identität im 19. und 20. Jahrhundert », *Nachrichten der Akademie der Wissenschaften in Göttingen, I. Philologisch-Historische Klasse*, année 1993, N° 2, surtout p. 10-11.

17. N. Sur, *Philipp Veit (1793-1877), Leben und Werk eines Nazareners, Monographie und Werkverzeichnis*, Weinheim, 1991, p. 125 ; *1848. Aufbruch zur Freiheit*, *op. cit.*, p. 199-201.

18. À propos des différentes versions du départ des volontaires de Couture, voir A. Boime, *Thomas Couture and the Eclectic Vision*, New Haven-Londres, 1980 et le catalogue d'exposition, *Enrollment of the Volunteers : Thomas Couture and the painting of History*, Springfield, 1980.

19. Au sujet du concours pour la représentation de la République en France, voir M.-C. Chaudonneret, *La Figure de la République. Le concours de 1848*, Paris, 1987 ; *id.*, « La Révolution de 1848 et les arts en France », dans I. Mieck, H. Möller et J. Voss, éd., *Paris et Berlin dans la Révolution de 1848*, Sigmaringen, 1995, p. 299-320 ; *1848. Aufbruch zur Freiheit*, *op. cit.*, p. 95 ; et T. J. Clark, *The Absolute Bourgeois. Artists and Politics in France 1848-1851*, Londres, 1973, p. 63-64.

7
Anton von Werner et la peinture française

Anton von Werner était, sous l'Empire allemand, le peintre de cour le plus important de son époque. En tant qu'artiste et organisateur de l'activité artistique, il se tenait tout entier au service de la représentation politique et des tâches que la société de cour wilhelmienne lui confiait dans cet esprit. Conseiller personnel de Frédéric III et de Guillaume II, il joua un rôle prépondérant et déterminant dans toutes les questions touchant à la politique culturelle de l'Empire allemand.

Les peintures d'histoire de Werner sont des documents picturaux sur des événements importants ayant marqué la politique de l'empire wilhelmien. Elles dépeignent des événements cérémoniels que le gouvernement revêtait d'une si haute signification historique qu'ils devaient être présentés aux contemporains et aux générations futures dans un esprit de dignité, sur le ton persuasif de la propagande.

On se demandera quel rapport peut exister entre l'art français et, précisément, la peinture d'Anton von Werner. Cet artiste allemand n'était-il pas justement, à travers son

---

Pour les notes de ce chapitre, voir p. 289 sq.

style de peinture, l'ardent partisan du patriotisme, voire du nationalisme et de l'impérialisme grandissants, qui firent pendant longtemps de la France et de l'Empire allemand de farouches ennemis ? N'incombait-il pas justement à son art d'illustrer la tentative de se présenter comme authentiquement allemand, indépendamment de toute influence française ?

Quels que fussent les modèles d'identité nationale que les auteurs contemporains et futurs tentèrent de déceler dans les arts, la *Confraternité des artistes* du XIXe siècle constituait une communauté internationale. Anton von Werner admira lui aussi les œuvres de ses collègues français et se laissa instruire par ces peintres. Si les oppositions politiques ne cessaient de compliquer les relations entre les personnes, elles n'empêchaient pas l'échange d'idées artistiques.

Le rapport d'Anton von Werner à la France et à l'art français est beaucoup plus complexe qu'il n'y paraît au premier abord, et doit être traité à différents niveaux. D'une part, la question se pose de savoir s'il peut être trouvé, au-delà des préventions politiques et nationalistes de l'époque, des points communs entre sa conception de l'art et celle de ses collègues français. Ce problème, poussé jusqu'au bout, résulte de l'idée qu'un artiste serait d'abord et avant tout un artiste et en deuxième ligne seulement membre d'un groupe, d'une communauté politique ou d'une nation. D'autre part, une étude du rapport d'Anton von Werner à l'art français doit aussi se pencher sur la question de savoir en quoi sa conception de la peinture, et en particulier de la peinture d'histoire, se distingue de celle du pays voisin. À ce deuxième niveau se rattache la recherche de ce qui peut éventuellement être représentatif d'un art national. Devant ce problème difficile, il convient de mettre un peu en sourdine son propre scepticisme sur la question de savoir s'il existe effectivement un tel art. En tant qu'historien, il est plus important de déterminer si, à une époque donnée, on croyait en l'existence, ou même en la réalisation d'un art national.

Qu'il soit opportun de rapporter les questions énoncées plus haut à l'œuvre d'Anton von Werner ne peut faire l'ombre d'un doute. Les éléments de sa biographie parlent d'eux-mêmes. Le peintre entretenait des relations très étroites avec des artistes français. Il s'est lui-même rendu à plusieurs reprises en France, et surtout à Paris. Lorsqu'il organisait des expositions, il s'efforçait d'y faire participer ses collègues français, et nous sommes en droit de supposer que, toute sa vie durant, il s'est toujours tenu au courant, à travers les rapports publiés dans les revues allemandes, de la vie et de l'activité artistiques en France.

ARTISTE INDÉPENDANT À PARIS

Dès le début de sa carrière, Anton von Werner se trouva confronté à la France et à l'art français. Il appartenait à une génération de peintres qui ne se considéraient plus comme tenus par la tradition d'un art allemand tourné vers l'Italie. La conception des Nazaréens était dépassée depuis longtemps. De nouveaux centres, prônant un mode de représentation tout d'abord romantique puis réaliste, s'étaient formés à Düsseldorf, à Karlsruhe et à Munich. Les académies de ces villes attiraient les jeunes peintres. Après que Schadow eut pris sa retraite et que Schirmer et Lessing eurent quitté Düsseldorf pour Karlsruhe, la force d'attraction de Düsseldorf déclina considérablement vers le milieu du siècle. En 1861, Werner décida, après un bref séjour à Berlin, de poursuivre ses études auprès d'Adolph Schroedter, à Karlsruhe.

Là, il devint clair pour Werner qu'il voulait devenir peintre d'histoire. Il avait fait ses débuts dans le dessin et l'illustration et continua aussi à effectuer ce type de travaux, surtout pour les poèmes épiques de son ami Joseph Victor von Scheffel. Mais de plus en plus, son intérêt se concentra sur des événements historiques. Son désir d'accéder au plus haut rang de la hiérarchie des genres le renforçait dans cette orientation. Il était directement encouragé dans ce sens par l'un des plus grands et célèbres peintres d'histoire de l'époque, Carl Friedrich Lessing.

Werner ne semble pas avoir bénéficié, à Karlsruhe, d'une formation intensive en peinture, nécessaire pourtant à la réalisation de peintures d'histoire de plus grande envergure. Toujours est-il qu'il chercha encore à compléter son expérience dans ce domaine, sans vouloir directement s'intégrer à un atelier ou à un lieu de formation. En raison de ses succès dans la peinture décorative et dans l'illustration, mais aussi en raison de son âge, il ne pouvait plus être considéré comme un étudiant. C'est alors, qu'en 1867, la possibilité lui fut offerte de se rendre pour quelque temps à Paris.

Ce ne fut pas sa première visite dans la capitale française. Il y avait déjà fait un bref séjour en 1865. Nous ne savons malheureusement que très peu de choses de ce voyage. Toutefois, un récit incomplet de ses souvenirs de jeunesse, en cours de publication, indique qu'il ne réussit pas à se familiariser avec la peinture de paysage de Rousseau, de Daubigny et de Corot, qui intéressait particulièrement les contemporains de l'époque[1]. Il apprécia, en revanche, *La Barque de Dante* de Delacroix [68], qui avait toutefois été peinte une génération auparavant, et surtout *Napoléon III et son état-major général à Solferino*, peint en 1863 par Meissonier [69]. En mentionnant Meissonier, Werner citait un peintre qu'il devait admirer tout au long de sa carrière[2]. Nous aurons encore à revenir sur sa confrontation avec l'œuvre de Meissonier.

68

69

68. **Eugène Delacroix**,
Dante et Virgile aux Enfers, dit *La Barque de Dante*, 1822,
189 × 241,5 cm,
Paris, Musée du Louvre.

69. **Ernest Meissonier**,
Napoléon III et son état-major général à Solferino, 1863,
huile sur bois, 43,5 × 76 cm,
Paris, Musée du Louvre.

70. **Anton von Werner**, *Conradin de Hohenstaufen et Frédéric de Bade entendant la sentence de mort*, 1866, huile sur toile, 286 × 237 cm, Karlsruhe, Staatliche Kunsthalle.

Sa première visite à Paris l'a sans aucun doute renforcé dans sa décision d'y séjourner plus longtemps. Dans ses souvenirs de jeunesse, la source la plus importante sur ce second séjour qui devait durer de mars 1867 à juillet 1868, Werner a indiqué les raisons de ce changement de lieu, de Karlsruhe à Paris. Le motif extérieur fut d'avoir été chargé par le grand-duché de Bade de s'occuper de la section artistique correspondante à l'Exposition universelle. Ce fut l'occasion pour lui-même d'y montrer son tableau de 1866, qui représente *Conradin de Hohenstaufen et Frédéric de Bade entendant la sentence de mort* [70]. Il sut allier cette mission fort à propos à son véritable objectif, qui était de voir et d'apprendre. Ainsi écrivit-il dans ses souvenirs de jeunesse : « Or je croyais et espérais apprendre à Paris ce pour quoi je n'avais toujours pas encore trouvé la bonne occasion – peindre, au sens véritable – et j'avais justement choisi Paris pour cette raison, comme station intermédiaire avant un séjour plus long auquel j'étais bien obligé. Depuis les années quarante et cinquante, les artistes allemands se rendaient principalement à Paris pour apprendre la technique, ce qui, dans un motif, relève de la fabrication, au sens pictural, que ce soit dans l'atelier de Delaroche, de Couture, de Léon Cogniet ou au moins pour peindre des nus chez Bonnat ou chez Gleyre. Telle était aussi à peu près mon intention, mais les choses se passèrent tout autrement. Surtout, l'Exposition universelle offrit tellement à apprendre et tellement d'idées que cela suffit déjà en soi pour toute une année d'étude, et que tout le reste dut passer au second plan [3] ».

Dans les ateliers français, on pouvait surtout apprendre des techniques de peinture, ce pourquoi il n'existait en Allemagne que peu d'ateliers qualifiés [4]. Les noms cités par Werner étaient ceux des plus grands peintres d'histoire de l'époque. Enseignants à l'Académie des Beaux-Arts, ils dispensaient leurs cours à une foule internationale d'étudiants. Le cursus, strictement réglementé, permettait une formation pratique approfondie depuis le dessin d'après des sculptures antiques, la nature ou des nus, jusqu'à des esquisses de scènes historiques et à leur réalisation en grand format. Parallèlement à cette formation pratique, les étudiants recevaient aussi des cours d'histoire, de perspective, de géographie et d'autres matières scientifiques et littéraires, qui faisaient partie du canon de la formation artistique.

Anton von Werner ne se soumit toutefois pas à cette discipline scolaire rigoureuse. Soit qu'il se sentît déjà formé, soit qu'il en fût empêché par les obstacles qui rendaient difficile l'accès à l'Académie, il resta à Paris dans un statut d'artiste indépendant et se laissa guider par l'activité artistique qui s'y déroulait.

ÉTUDES DANS LES MUSÉES ET LES EXPOSITIONS

L'année 1867 marqua une sorte de tournant dans l'histoire de la peinture européenne. C'est à Paris, justement, que ce tournant fut très clairement perçu et commenté de manière circonstanciée. Anton von Werner put participer à ce processus, dont il fut un témoin oculaire. Il s'agit, dans ce qui suit, de déterminer dans quelle mesure la nouvelle orientation qui se dessinait allait le marquer dans son développement futur.

La mort de deux grandes figures de la peinture, Ingres et Cornelius, jeta une ombre sur le début de l'année 1867. Le monde des arts vit dans ces deux décès la fin, pour ainsi dire, d'une époque et l'apparition d'une nouvelle conception de l'art, qui se fit jour dans toute l'Europe. Avec ces deux grands peintres, ce furent, semble-t-il, les derniers grands représentants de la peinture d'histoire traditionnelle qui étaient portés au tombeau. Les artistes de l'époque cherchèrent à correspondre à un nouveau public. La nouvelle génération de peintres se tourna vers le genre et la peinture de paysage. La preuve extérieure de ce fait, regretté par les critiques conservateurs – mais il n'était plus possible de faire marche arrière – et salué par les progressistes, résidait dans la constatation que sur les

1581 tableaux exposés au Salon de 1867, mille environ appartenaient au genre[5]. Le critique Castagnary, ouvert à la nouvelle peinture de genre et de paysage, donna ce bref commentaire : « la religion est morte, l'histoire est morte, la mythologie est morte[6] ».

Outre qu'il a pu visiter les musées et leurs collections, Anton von Werner a eu la chance de pouvoir assister à trois grands événements artistiques dans la capitale française : la vaste rétrospective de l'œuvre d'Ingres, organisée à la mémoire du peintre dès le mois d'avril, le Salon de l'année et l'exposition d'art concomitante à l'Exposition universelle[7]. Il put ainsi étudier l'évolution de l'art d'Ingres, se faire une image des développements les plus modernes de l'art français et se donner un aperçu de la production artistique européenne des dix dernières années environ, à l'occasion de cette Exposition universelle pour laquelle il avait lui-même été chargé d'une mission par les États allemands du Sud-Ouest. On comprend, à présent, qu'il ait écrit dans ses souvenirs de jeunesse que son séjour allait se passer tout autrement. Il ne trouva sans doute guère le temps de poursuivre une formation intensive dans un atelier. En revanche, il chercha manifestement à employer l'offre des musées et des expositions comme une matière d'étude. Outre les expositions d'art moderne citées, il étudia au Louvre les œuvres de Véronèse, de Titien et de Rubens.

Les souvenirs de jeunesse contiennent une série d'indications sur la manière dont Werner accueillit en lui les multiples stimulations qu'il reçut à Paris. Pour commencer, son commentaire sur la mort de Cornelius est très instructif. Les revues comparèrent cet artiste à Ingres, dans une tentative de définir des caractéristiques nationales pour chacun de ces représentants d'une culture différente. Ils virent, dans la conception picturale idéaliste, mais néanmoins sensuelle, d'Ingres, l'opposé de celle de

71. **Ernest Meissonier**, *1814, La Campagne de France*, 1860-1864, 51,5 × 76,5 cm, Paris, Musée d'Orsay.

Cornelius, qui était philosophique, et orientée vers le dessin[8]. Anton von Werner considéra lui aussi que les deux artistes étaient aux antipodes l'un de l'autre « parce que tout le savoir-peindre, au sens purement technique, qu'Ingres maîtrisait pleinement et avec virtuosité, faisait non seulement complètement défaut à Cornelius, mais lui apparaissait aussi comme une pure abomination à l'égard du véritable art, tel qu'il l'entendait »[9].

Évidemment, il traita aussi en détail la section de peinture de l'Exposition universelle[10]. Alors qu'il dit des sections allemandes qu'elles auraient pu être plus représentatives et qu'elles ne mettaient pas en évidence les différents artistes, Werner se montra une fois de plus très impressionné par le tableau de Meissonier, dans la section française : « Parmi tous les tableaux de l'exposition, *1814, La Campagne de France* de Meissonier, dans la grande collection de ses œuvres exposées ici, m'a fait la plus grande et plus durable impression »[11] [71].

Le modèle de Meissonier est perceptible dans plusieurs tableaux de Werner. À Paris, l'artiste allemand peignit deux tableaux de genre, représentant des fragments de costumes datant de la guerre de Trente Ans, sans doute inspirés de scènes paysannes similaires de Meissonier[12]. Mais ce ne fut que plus tard, lors de la réalisation d'une peinture d'histoire, que Werner allait se mesurer très directement à une œuvre de l'artiste français.

ANTON VON WERNER ET DELACROIX

Lors de son séjour à Paris, Anton von Werner peignit une composition de grand format. Bien qu'il n'eût pas du tout eu l'intention, au départ, de se consacrer à la tâche longue et fastidieuse d'une peinture à l'huile, il semble avoir été encouragé dans cette entreprise par Léon Cogniet. Werner choisit un événement tiré de l'histoire médiévale allemande, *Henri IV capturé par Annon de Cologne* [72].

Nous ne savons pas comment Werner a eu l'idée de ce thème peu commun. Dans ses souvenirs de jeunesse, il indique seulement qu'il avait cherché pendant un certain temps une matière qui le fascinerait, et qu'il s'était enfin décidé pour le thème précité, dont l'objet était, comme dans son tableau de Hohenstaufen, le conflit entre l'Église et l'État. L'actualité du thème résidait dans la correspondance entre la lutte de pouvoir qui se déroulait au Moyen Âge et celle, contemporaine, qui opposait la volonté de domination prussienne à la résistance catholique rhénane. Ce thème reposait donc sur une conception historiciste des faits et permettait de prendre position sur certains problèmes présents par l'évocation d'un événement passé. Lessing avait déjà, par ses œuvres, fourni quelques modèles pour cette thématique.

72. **Anton von Werner**, *Henri IV capturé par Annon de Cologne*, 1868, huile sur toile, 1,94 × 2,50 m, Düsseldorf, Stadtmuseum.

Le tableau représente le rapt de Henri, perpétré en 1062 par l'archevêque de Cologne au moment où, en franchissant le Rhin, le jeune roi essaie de s'échapper d'un bond du bateau. Mais il est entravé dans son projet par quelques hommes qui le hissent de nouveau dans la barque. L'embarcation et son équipage prennent presque tout l'espace de cette composition de grand format. Le bateau glisse en diagonale, de gauche à droite, devant le spectateur au premier plan, de sorte que celui-ci a directement l'événement sous les yeux, dans une vue de biais, par le côté. L'atmosphère crépusculaire, nocturne, confère à ce tableau une impression lugubre et conspiratrice, appropriée au sujet.

Les traversées dramatiques de fleuve ou de mer relèvent, dans l'histoire de la peinture, et surtout dans celle du XIXe siècle, d'une tradition très forte. Il serait étonnant que Werner n'eût pas déjà connu celles qui, dès leur création, étaient les plus célèbres : *Watson et le requin* de Copley, *Le Radeau de la Méduse* de Géricault, *Washington franchissant le Delaware* de Leutze et surtout *La Barque de Dante* de Delacroix. De ce dernier tableau, nous savons qu'il l'a tout particulièrement apprécié et il est vraisemblable aussi que cette composition l'a inspiré de manière décisive. La tentative des damnés, dans *La Barque de Dante*, de grimper dans l'embarcation n'est pas sans ressembler au motif du tableau de Werner.

Malgré ce parallèle, les différences sont plus grandes que les ressemblances. Le tableau de Werner se distingue surtout de celui de Delacroix par sa composition en diagonale. Cet aspect est fondamental et dénote une tout autre conception de l'art. L'élément décisif, en effet, est que Delacroix fait glisser la barque devant le spectateur, à la manière d'une apparition. Le spectateur vit alors l'événement comme un processus symbolique. Il a sous les yeux le point culminant d'un long récit : l'effroi devant l'horreur.

Le tableau décrit le moment où Dante reconnaît une personne de sa connaissance parmi les damnés. Delacroix confronte ainsi le spectateur avec ce terrible instant qui, au plan dramatique et moral, constitue le point culminant de l'action. Dans cette mesure, l'œuvre est une peinture d'histoire classique, conforme aux règles de la tradition académique.

Anton von Werner structura son œuvre d'une tout autre façon. Par la composition en diagonale, le spectateur est plus résolument placé dans le rôle du témoin oculaire d'un événement réel. La barque glisse devant lui, par hasard, semble-t-il. Le spectateur paraît assis dans une embarcation qui se déplace parallèlement à la première, en la précédant, et dans laquelle il se serait retourné. Si l'on s'imagine que la scène était filmée, l'opérateur occuperait exactement la position du spectateur.

Anton von Werner avait à cœur d'impliquer le spectateur dans l'événement. Ce n'était pas le récit allégorique de Delacroix, ni sa mise en garde devant l'horreur à laquelle doivent s'attendre les visiteurs des enfers, qui l'intéressait ici, mais la tentative de reproduire la scène telle qu'elle avait pu se produire. Tous les autres éléments stylistiques obéissent eux aussi à cette intention artistique. Tout est mis en œuvre pour être historiquement correct. Cela est vrai des costumes des personnages, de leurs physionomies apparemment reproduites avec la fidélité d'une photographie, des armoiries peintes à l'avant du bateau, de la lueur crépusculaire et du rendu précis des vaguelettes. Le spectateur ne peut évidemment pas savoir s'il en était ainsi, mais il doit être convaincu qu'il a pu en être ainsi.

DU ROMANTISME AU RÉALISME

Le contraste entre Delacroix et Werner est celui d'une génération. Pour l'aîné, la peinture d'histoire consistait, dans le seul choix déjà de l'événement, à décrire une tâche morale. L'événement lui-même n'est que prétexte à stimuler, chez le spectateur, une réflexion plus profonde. Chez Werner, l'événement est mis en scène avec autant de précision que possible. Le spectateur ne doit pas seulement prendre parti mais aussi être véritablement présent. Tandis que Delacroix interprète l'épopée de Dante, Werner cherche à s'abstenir de toute interprétation et à décrire les faits avec une apparente objectivité.

L'histoire de l'art a tenté de décrire cette différence de conception entre les deux générations par les concepts de romantisme et de réalisme, qui datent tous deux de ces époques. Mais ces noms en eux-mêmes ne disent pas encore grand-chose. Plus importante est l'interprétation du phénomène. Anton von Werner s'est plongé, à Paris, dans un climat artistique qui ne manqua pas d'imprimer en lui certaines traces. Malgré son admiration pour Delacroix, il se sentait lié à sa propre génération. Il pouvait certes encore admirer l'idéal artistique du romantisme mais sans plus lui correspondre.

On peut effectivement supposer avec quelque certitude que malgré son enthousiasme pour les Maîtres anciens, qu'il rapporte avec exaltation dans ses souvenirs de jeunesse, il perçut d'un œil vigilant l'évolution du romantisme au réalisme. Ses œuvres suscitaient d'ailleurs la controverse et étaient intensément discutées, dans les revues, par les artistes et les critiques[13]. Non qu'il faille supposer que le peintre ait brusquement pris une nouvelle orientation dès son arrivée à Paris. En effet, son *Conradin de Hohenstaufen et Frédéric de Bade entendant la sentence de mort* avait préparé cette évolution [70]. Mais il ne faut pas non plus oublier que Werner était déjà allé à Paris en 1865. Ces nouveaux développements ne lui avaient sûrement pas échappé à l'époque. D'ailleurs, ils avaient commencé à se manifester entre-temps dans toute l'Europe, et ne restèrent pas limités à la capitale française.

Il est important, également, de se rendre compte que le contraste entre les générations apparut dans les pays germaniques d'une manière semblable à celle de la France. Peut-être, parce qu'il régnait, dans ce centre européen des arts qu'était la ville de Paris, une activité artistique plus importante et plus intense, la France était plus innovante et exerçait une plus grande influence sur les pays voisins. Mais fondamentalement, ce changement de conception du romantisme au réalisme se produisit aussi en Allemagne.

Comme il le dit lui-même, Anton von Werner a été profondément marqué par la peinture de Carl Friedrich Lessing, à Karlsruhe. On peut peut-être même affirmer que l'exemple de Lessing l'a conduit à la peinture d'histoire [14]. Mais justement le tableau le plus célèbre de Lessing, *Le Sermon des Hussites* [55] est une preuve du fait que Werner a cherché, dans sa conception de l'art, à dépasser la représentation idéalisante de Lessing. Chez Lessing aussi, comme chez Delacroix, l'action est orientée frontalement, en direction du spectateur. L'artiste adopta une forme de composition qui était courante aussi dans l'iconographie chrétienne, pour conférer à son œuvre un caractère sacré. Cette volonté d'expression est en contradiction avec la tentative de Werner d'insuffler à l'action une force de conviction en représentant la prétendue réalité d'une manière aussi proche que possible du spectateur. Aussi différent que puisse paraître son style de peinture, Lessing est plus proche de la conception artistique de Delacroix qu'Anton von Werner. Malgré les enseignements et les impulsions que ce dernier reçut à Karlsruhe, sa peinture montre qu'il commençait à s'affranchir de tous les éléments romantiques.

ANTON VON WERNER ET MEISSONIER

Le pas qu'Anton von Werner franchit à Paris ne s'explique pas autrement que par l'impression que fit sur lui la conception de l'art de Meissonier. Avec les explications que nous venons de donner, son enthousiasme pour les œuvres de cet artiste devient compréhensible. Déjà en 1865, Werner avait admiré les tableaux de l'artiste français, surtout celui de *Napoléon III et son état-major général à Solferino* [69]. Comme nous l'avons déjà évoqué, celui de *1814, La Campagne de France* [71] lui apparut alors, deux ans plus tard, comme la plus importante des œuvres présentées à l'Exposition universelle.

Bien que les thèmes soient totalement différents, il existe néanmoins dans la mise en scène et dans l'exécution des tableaux de Meissonier et de Werner, quelques ressemblances qui permettent de dire que le peintre allemand suivit, à certains égards, l'exemple du Français. La composition en diagonale avait déjà été habilement introduite par Meissonier, de sorte que le spectateur, se tenant comme en bordure du chemin, peut assister au passage de l'Empereur et de sa suite. La perspective, choisie avec beaucoup de subtilité par l'artiste, correspond exactement à la vue en contre-plongée qu'aurait par rapport à un cavalier un spectateur se tenant debout en cet endroit, ce qui évite toute élévation idéalisatrice d'un héros et établit une distance qui semble naturelle.

À cette prétendue fidélité à la nature correspond aussi le rendu des moindres détails, depuis les uniformes jusqu'à la représentation de la musculature des chevaux et du sol glaiseux, froid et humide, que piétine, par une grise journée d'hiver, la colonne battant en retraite. Lorsque l'on se demande pourquoi ce tableau a fait sur Anton von Werner l'impression la plus forte et la plus durable, l'explication peut uniquement résider dans le fait que cette reconstruction, précise en apparence, des circonstances,

73. **Anton von Werner**, *Moltke et son état-major devant Paris*, 1873, huile sur toile, 190 × 316 cm, Kiel, Kunsthalle zu Kiel.

correspondait à ses idées artistiques. Dans sa représentation de la traversée du Rhin et du rapt du jeune Henri IV, Werner procéda de la même manière.

Toutefois, l'exemple de Meissonier ne s'est pleinement manifesté dans une composition importante que quelques années plus tard, quand Anton von Werner travailla sur des images de la guerre franco-allemande et d'importants événements de l'histoire de la Prusse et de l'Empire allemand. Dans son œuvre *Moltke et son état-major devant Paris* [73], achevée en 1873, il travailla directement à partir du tableau de Meissonier, *Napoléon III et son état-major général à Solferino*, qu'il avait déjà admiré à Paris en 1865.

Des recherches ont montré que la composition de ce tableau avait été préparée par des esquisses qui ont manifestement dû être réalisées pendant la guerre franco-allemande de 1870-1871, alors que Werner séjournait avec l'état-major général à Versailles [15]. Pour la réalisation définitive du tableau, il s'est alors sans doute penché intensément sur la composition de Meissonier. Son tableau donne vraiment l'impression qu'il a tenté d'imiter un modèle, tout en essayant de le renouveler, voire de l'améliorer.

Les similitudes et les différences entre les deux compositions sont très nettes. Werner n'a repris que la disposition générale de la composition. En effet, les éléments du tableau ont été réajustés dans leurs moindres détails, de sorte que l'effet produit est tout différent. À cela s'ajoutent l'élévation du premier plan, son remplissage à l'aide de motifs de genre militaire et le fait que Moltke soit placé plus près du spectateur.

Déterminant est le fait que Werner soit encore plus concret dans sa représentation que Meissonier. Certes, son tableau n'a pas été conçu sans une mise en scène bien réglée ni sans allusions symboliques. Ce n'est pas par hasard que le bras tendu du général von Podbielski, que Moltke semble d'ailleurs totalement ignorer, se trouve juste au-dessus de la coupole des Invalides, à peine visible dans le lointain, comme l'a relevé fort justement Dominik Bartmann [16]. Cependant, il est clair que Werner s'abstient intentionnellement de tout moyen de mise en scène qui ôterait à la composition une crédibilité spontanée à l'égard des faits retenus. Werner chercha à éviter la disposition calculée du tableau de Meissonier, où Napoléon est mis en évidence au milieu et au plan médian du tableau. Tous les regards, les éclairages, les perspectives des ombres ainsi que le paysage sont orientés sur l'Empereur. Il est le pivot, le point charnière de la composition. Le spectateur, loin de lui, n'est pas toléré dans une plus grande proximité.

Les moyens stratégiques employés par Anton von Werner dans son tableau sont autres. Les ressemblances ne sont que superficielles. Il transforme totalement son modèle. Des éléments accessoires sont mis en avant, la distance au chef de l'armée, qui a été déplacé vers la gauche, sur la colline, est abolie. Une multiplicité de perpectives conduisent à l'intérieur du paysage. De cette manière, le spectateur devient témoin oculaire. Chez Meissonier, un seuil infranchissable est placé entre le spectateur et l'image, ou en d'autres termes, l'événement est image, le spectateur se trouve dans un musée. Or chez Werner, c'est ce seuil justement, qui est aboli ou du moins, évité dans une grande mesure. Le peintre compte sur un autre effet. Il fait participer le spectateur à la scène.

À cette différence de conception correspond aussi une autre façon de peindre. La touche de Meissonier est en même temps précise, modelante et empâtée. D'un trait de pinceau extrêmement fin, il représente les choses qui doivent être reconnaissables jusqu'au détail le plus infime et le plus accessoire [17]. Werner, en revanche, peint les objets avec régularité. Il n'y a pas de différences dans la valeur attribuée aux objets, au profit de la seule représentation des faits.

Lorsqu'Anton von Werner séjourna de nouveau en France, en 1871, cette fois à Versailles, à l'occasion de la proclamation de l'Empire allemand, ce fut pour lui une nouvelle rencontre avec la peinture française. Ce n'est qu'après son arrivée à Versailles qu'il apprit que le grand-duc de Bade l'avait fait appeler pour qu'il participe à l'événement. Il est vraisemblable que le grand-duc, comme beaucoup de visiteurs avant lui, ait été impressionné par l'environnement du château de Versailles et les Galeries historiques que Louis-Philippe y avait fait aménager [18]. La promenade à travers l'histoire de France évoquée dans une succession de grands tableaux d'histoire l'aura sans doute incité à vouloir représenter l'événement à venir sous la forme d'un tableau officiel, et Anton von Werner fut choisi pour cette tâche.

Des études approfondies sur la genèse et la conception de cette œuvre ont été réalisées en d'autres endroits [19]. Par rapport à notre sujet, toutefois, nous voudrions mentionner encore une fois le fait que Werner a pu, pour la composition de son œuvre, se pencher sur toute une série de chefs-d'œuvre de la peinture d'histoire française, exposées au château de Versailles, dans les Galeries historiques. Il se laissa aussi inspirer par les tableaux de David, *Le Sacre* et *La Distribution des aigles*, sans prendre pour modèle leur composition sévère, hiérarchique, tout orientée sur le personnage de Napoléon.

L'immense tableau d'Eugène Devéria, *Le roi Louis-Philippe Ier prête serment, en présence des Chambres, de maintenir la Charte de 1830* [74], qui réunit un grand nombre de participants à la cérémonie, figés dans une attitude plus ou moins immobile, semble l'avoir impressionné d'une manière beaucoup plus déterminante [20]. Cette œuvre dépeint donc le serment prêté par Louis-Philippe devant les Chambres, en 1830, un événement, qui se caractérise

74. **Eugène Devéria**, *Le roi Louis-Philippe Ier prête serment, en présence des Chambres, de maintenir la Charte de 1830*, 1836, huile sur toile, 550 × 940 cm, Versailles, Musée national du château de Versailles.

en fait, tout comme la proclamation de l'Empire allemand, par vraiment très peu d'action. C'est à partir de semblables données que Werner eut donc lui aussi à créer son tableau.

Dans sa première version, aujourd'hui perdue, de *La Proclamation de l'Empire allemand* [75], Werner suivit le modèle de Devéria. Les avantages, que nous connaissons déjà, de la composition en diagonale, lui permirent de communiquer à la scène le degré de réalisme qu'il voulait atteindre. Comme déjà Devéria, il se trouva confronté à la tâche difficile d'avoir à placer un grand nombre de portraits dans son tableau. Il n'hésita pas à présenter certains en profil perdu et d'ajouter au premier plan des figures anonymes, vues de dos, afin de satisfaire aussi dans cette œuvre au principe de faire du spectateur un témoin oculaire et de l'inclure dans la composition.

75. **Anton von Werner**, *La Proclamation de l'Empire allemand*, 1877, 434 × 732 cm, détruit pendant la Seconde Guerre mondiale.

Ce principe de base se retrouve d'un bout à l'autre dans l'œuvre d'Anton von Werner. Nous ne pouvons pas, cependant, nous satisfaire de cette constatation. Elle devrait, bien plutôt, nous permettre d'interpréter encore plus finement son art, dans son rapport justement avec les modèles français.

HISTOIRE PASSÉE ET VÉCUE

Il existait aussi au XIXe siècle, au-delà des frontières nationales, des points communs en matière de conception artistique. Anton von Werner n'a jamais désavoué sa vénération pour l'art de Meissonier. Même s'il n'a pas été son maître, Meissonier a néanmoins exercé, par l'exemple de ses œuvres, une influence décisive sur le développement artistique de Werner. Le cheminement de ce dernier, depuis une peinture d'histoire romantique, narrative et anecdotique, dans l'imitation de Lessing, a été encouragé, par son séjour à Paris et son travail sur les œuvres de Meissonier, dans le sens d'un réalisme plus prononcé.

Par les commandes qui lui étaient faites de peindre les événements remarquables de la politique prussienne et impériale, cette conception de l'art connut encore un autre développement. Ce n'étaient plus des événements de l'histoire passée mais de l'histoire contemporaine qu'il avait à représenter. Le rôle fictif du témoin oculaire, dont il avait déjà fait un principe stylistique dans des thèmes représentés antérieurement, évolua vers celui, plus exigeant, de chroniqueur des faits historiques.

Il est important de se rendre compte que ses œuvres représentent l'ultime phase de développement de la peinture d'histoire. Avec ses tableaux, ce genre atteignit un stade qui ne permettait plus d'autre développement, ni au niveau du contenu, ni à celui de la forme. Après lui, la peinture d'histoire perdit son sens. D'autres médias, tels que la photographie et le cinéma, se chargèrent de cette fonction.

Pour expliquer cette évolution, il est nécessaire d'en revenir encore une fois aux débuts de Werner. Ses deux tableaux, *Conradin de Hohenstaufen et Frédéric de Bade, entendant la sentence de mort* [70] ainsi que *Henri IV capturé par Annon de Cologne* [72] s'éloignaient déjà des règles traditionnelles de la peinture d'histoire. Le choix des thèmes, par exemple, ne correspond plus à l'exigence de centrer l'œuvre sur un événement remarquable, constituant un exemple moral pour la postérité. La magnanimité d'Alexandre ou le serment des Horaces étaient de tels actes qui pouvaient illustrer, à titre de modèles, un comportement vertueux, et faire l'objet de peintures d'histoire. Or les deux scènes peintes par Werner sont plutôt des illustrations d'événements historiques, qui ne présentent pas de valeur d'exemple pour l'époque de leur conception. Le seul mouvement intérieur qu'ils sont en mesure de susciter chez le spectateur est un sentiment de vivre eux aussi l'événement.

Cela ne veut pas dire que les scènes décrites étaient choisies au hasard. Au contraire, elles contiennent, comme cela a déjà été mentionné plus haut, des allusions à la situation politique contemporaine. Mais c'est justement ce lien direct à l'histoire présente qui leur retire toute prétention à diffuser un message universel. En tant qu'historiens, il nous incombe aujourd'hui de décrypter laborieusement à quel sujet brûlant de l'époque ces tableaux sont une réponse. Il ne contiennent pas de message qui soit compréhensible par tous, sans une connaissance de la situation.

À ce fait correspond la conception formelle, qui elle non plus n'obéit plus aux règles classiques. Parmi les principes fondamentaux de la peinture d'histoire traditionnelle, il fallait que le message moral pût se déduire de manière pertinente de la composition, même pour le spectateur qui ne connaissait pas l'histoire représentée. C'était donc le rôle de l'artiste que de déterminer, conformément à ces règles, le moment fécond qui rendrait judicieusement compte de l'histoire[21].

Dans les tableaux de Werner, il ne peut être question de cela. Dans leur façon de représenter une situation historique donnée, ils se tournent déjà vers le genre. Les princes allemands, Conradin de Hohenstaufen et Frédéric de Bade, interrompus dans leur partie d'échecs, sont surpris par le message qui leur est lu – c'est du moins ce que suggère leur attitude. Ce dont il s'agit dans cette lecture, les tenants et les aboutissants, n'apparaît pas. Tous les détails, cependant, sont minutieusement décrits, et le spectateur est invité à participer à une scène qui lui demande, pour être déchiffrée, un moment de tension et de curiosité.

C'est ce que l'on peut observer avec le tableau d'*Henri IV capturé par Annon de Cologne*. Sans le titre, seul un initié saurait qui est tiré là des eaux. Le fait qu'il s'agisse d'un enlèvement ne peut être reconstitué qu'à partir d'une connaissance des faits et ne peut guère se déduire du tableau lui-même. Souvenons-nous encore une fois de *La Barque de Dante* de Delacroix, pour illustrer la différence de conception. Même si le spectateur du tableau ne connaît pas la situation correspondant à la scène décrite, n'a pas lu Dante, il peut saisir l'effroi et l'horreur qu'éprouvent les occupants de la barque devant les tortures endurées par les personnages engloutis dans les flots des enfers, tels que le peintre les a représentés.

DU GENRE ROMANTIQUE AU VÉRISME, DANS LA TRANSMISSION DE LA RÉALITÉ HISTORIQUE

Anton von Werner n'est pas l'inventeur de sa conception du genre historique. Elle était un phénomène de l'époque des débuts du réalisme. Immermann avait employé le terme de *genre romantique* pour décrire les tableaux de l'école de Düsseldorf qui correspondaient à cette conception[22]. Dans la critique d'art française, on trouve aussi le terme de *genre anecdotique* pour décrire ce même phénomène. Les œuvres qui en relèvent renoncent à une conception idéalisante au profit d'une représentation censée traduire l'événement d'une manière plus fidèle à l'histoire.

Les artistes de ce nouveau mode de peinture d'histoire devaient compter avec un public radicalement différent. Devant l'événement dépeint, le spectateur n'était pas plongé dans une réflexion méditative pour y percevoir un comportement vertueux, mais il s'agissait pour lui de se transporter dans la situation. On n'attendait pas de lui une contemplation de la situation représentée mais une participation à l'action. Dans les deux cas, l'histoire était traitée de manière assez approximative, avec la différence toutefois qu'elle était volontairement interprétée dans la peinture d'histoire traditionnelle et prétendument reconstituée dans le *genre romantique*.

Anton von Werner s'inséra tout naturellement dans le débat sur ce changement de conception dans la peinture d'histoire. Il était mené aussi bien en France, où Delaroche était le principal défenseur de cette orientation, que dans les centres culturels de Düsseldorf et de Karlsruhe. Puis il connut une nouvelle vague d'intérêt lorsque, dans les années 1840, les peintres d'histoire belges Bièfve, Gallait, Leys et Pauwels firent voyager leurs tableaux de grand format à travers les différents pays allemands[23]. Leurs œuvres étaient considérées comme exemplaires dans la mesure où elles semblaient exprimer un réalisme d'une qualité nouvelle.

C'est avec cette conception de l'art, qui caractérise aussi ses illustrations, que Werner se rendit à Paris[24]. Werner n'aura pas manqué, alors qu'il étudiait de près les œuvres dans les musées, les expositions et les ateliers, de prendre conscience du débat omniprésent sur la fin de la peinture d'histoire. En 1867, le *genre anecdotique* était lui aussi entré en crise. La crédibilité de la peinture d'histoire était en question. Les artistes, tout comme les historiens dans leurs livres, cherchaient, par une étude toujours plus précise des sources et des détails, à convaincre le spectateur ou le lecteur de la véracité de leur représentation.

L'art de Meissonier constituait pour ainsi dire le sommet du vérisme, dans la transmission de la réalité historique. Cet artiste était honoré de toutes les distinctions que pouvait accorder le Second Empire. Il était considéré par tous comme l'un des plus éminents peintres de son époque. Par son étude de l'art de Meissonier, Werner était entré en contact avec l'orientation la plus moderne et la plus hautement prisée de la peinture d'histoire. L'art de Meissonier devait lui indiquer la suite du chemin à suivre.

À travers les commandes qui lui étaient passées en tant que peintre de cour de l'Empire allemand, Anton von Werner développa son style propre. Celui-ci consistait à communiquer d'une toute nouvelle manière au spectateur les événements qu'il était chargé de lui présenter. Il n'était plus, au fond, ni un peintre d'histoire au sens strict du terme, ni un chroniqueur de faits historiques exceptionnels. Par sa peinture, il essayait d'abolir la distance entre l'action et le spectateur.

C'est un but qu'il sut atteindre d'une nouvelle façon. D'une part, par les moyens de la composition, en ouvrant systématiquement le premier plan en direction du spectateur et en plaçant la scène principale dans le plan médian. Car de ce fait, le spectateur est intégré dans le déroulement de l'action. D'autre part, il essayait de se rapprocher le plus possible, dans la forme et la couleur, du modèle naturel. De cette manière, la peinture devenait simplement une banale reproduction de la réalité. Tout ce qui constituait une valeur picturale en soi était, selon lui, à rejeter. Ce n'est que par là que l'on comprend pourquoi l'aide, notamment de la photographie, ne lui était que d'une utilité limitée. Il avait besoin de dessiner, de peindre à l'aquarelle, et si possible aussi à l'huile, devant l'original. L'art devenait apparemment une transposition de la réalité dans l'image.

Mais Werner rompit encore avec une autre doctrine, beaucoup plus déterminante. Car, c'est surtout dans la conception du thème que ses tableaux d'histoire ne correspondent plus aux exigences traditionnelles du genre. C'est pourquoi les peintures d'histoire de Werner sont plutôt du *genre historique.* Il ne peignait plus l'unicité et l'importance d'une scène, mais sa banalité. Si Anton von Werner avait, dans *La Proclamation de l'Empire allemand* [75], représenté un instant antérieur ou postérieur, la composition n'en aurait pratiquement pas été affectée. Telle qu'il l'a peinte, cette scène aurait aussi bien pu représenter une remise de décoration ou la présentation de vœux d'anniversaire. Les peintures d'histoire de Werner se distinguent par leur absence d'action. Un accent dramatique dans une composition animée aurait signifié que l'artiste prenait des libertés dans la conception de son œuvre. Interpréter un événement n'était pas son affaire. Sa fonction, telle qu'il la concevait, était d'exécuter un ordre politique et de peindre l'action dans l'esprit officiel qui lui était prescrit[25].

Le caractère de peinture de genre se vérifie aussi dans des tableaux qui, de par leur thème, ont même pour contenu le caractère unique d'un événement politique. Dans *La Rencontre de Bismarck avec Napoléon III* [76], le peintre a su, par la représentation d'un hasard apparent, communiquer le message politique d'une manière très éloquente. Une fois de plus, il a choisi la composition en diagonale qui nous est déjà familière. Le chancelier chevauche le long de la grand-route, comme pour une promenade. Il vient de dépasser le spectateur. Le fait que la petite figure dans le lointain, au milieu du chemin, représente l'empereur Napoléon III vaincu et prisonnier, est à peine reconnaissable. Par le caractère apparemment banal de ces détails que sont la grandeur de Bismarck et la petitesse de Napoléon, le tableau exprime sur un mode propagandiste l'abaissement de l'adversaire politique. Cette perception est renforcée lorsque – comme dans le cas présent – la représentation, agrandie aux proportions d'un panorama ou d'un diorama, implique encore plus directement le spectateur par son format et l'illusion spatiale créée.

Or cette conception et cette pratique de l'art développées par Anton von Werner renfermaient deux contradictions. Beaucoup de ses contemporains les ont perçues et ont par conséquent su remettre en cause son art, quand ils ne sont pas allés jusqu'à le stigmatiser. La première

76. **Anton von Werner**, *La Rencontre de Bismarck avec Napoléon III*, 1884, huile sur toile, 380 × 600 cm, localisation inconnue, photographie de l'original.

contradiction résulte du fait que les tableaux de Werner prétendent seulement représenter la réalité. Or, ils sont eux aussi le reflet d'une manière de se représenter l'événement. L'artiste compose, laisse de côté, ajoute. Ses tableaux ne sont pas des instantanés photographiques mais l'interprétation d'une action. Cela se lit clairement dans les différentes versions de *La Proclamation de l'Empire allemand*, qui contiennent chacune aussi des messages différents sur le plan politique[26].

La deuxième contradiction est de nature plus fondamentale. Elle concernait, dès le milieu du XIXe siècle, tous les artistes qui s'imaginaient que l'art pouvait produire des répliques fidèles de la réalité. De plus en plus, les artistes étaient convaincus et professaient que la peinture était une affaire personnelle et qu'elle ne pouvait être organisée ou apprise que dans une faible mesure. Anton von Werner était nécessairement en contradiction avec cette conception, qui semblait faire du désordre et du hasard, et non d'une planification ciblée, la méthode de l'art. Comme sa peinture visait le témoignage oculaire, il ne pouvait pas admettre l'expression individuelle dans l'œuvre d'art.

Déjà lors de son séjour à Paris, en 1867, il put se familiariser avec l'art de Courbet et de Manet qui, rejetés par le jury du Salon, avaient dressé leur propre pavillon juste à côté de la zone d'exposition. Werner rejetait leur peinture et devint de plus en plus le grand opposant à toutes les tendances impressionnistes. Du point de vue de l'art qu'il défendait, son attitude était logique. Manet, Monet et Liebermann ne réalisaient pas des peintures qui donnaient l'illusion d'être des répliques de la nature et dans lesquelles le spectateur pouvait se sentir transporté. Ils peignaient bien plutôt d'après leur sensibilité artistique. Leur objet était l'art, non la réalité mise en avant par Werner.

LE TABLEAU D'HISTOIRE ADAPTÉ

La plus grande circonspection s'impose avant de qualifier l'art de Werner de spécifiquement allemand. Le fait que – comme nous l'avons vu – des liens étroits avec des peintres français ont déterminé sa carrière artistique n'est pas le seul à nous inciter à la prudence. Une autre considération, en effet, s'oppose à toute classification nationale simpliste. Car le terme « allemand » désigne un espace culturel dont la diversité et l'hétérogénéité ne permettent pas une représentation clairement définissable.

Mais par son lien étroit avec la cour et la politique prussienne de l'époque de l'Empire allemand, l'art de Werner peut tout à fait être considéré comme caractéristique de la culture wilhelmienne. La peinture illusionniste et illustratrice de Werner affichait les mêmes prétentions que la politique de l'Empire allemand. Anton von Werner

77. **Anton von Werner**, *La Proclamation de l'Empire allemand*, 1885, couleurs à la cire sur toile, env. 500 × 600 cm, détruit pendant la Seconde Guerre mondiale.

détenait quasiment tous les pleins pouvoirs qui, dans le monde de l'art, pouvaient être réunis en une même personne. Et tout comme ses commanditaires, il pratiquait une politique de force. Pour cette raison, la modernité ne pouvait que s'organiser contre lui et en dehors des institutions officielles.

L'art d'Anton von Werner est conservateur. Il n'admettait pas le changement, l'expérimentation, les visions nouvelles. Il cherchait au contraire à immortaliser des événements qui lui étaient prescrits officiellement. Aux yeux de ses commanditaires, la qualité de son travail résidait dans la conformité à une norme. Son label de qualité consistait en un rendu, apparemment fidèle à la réalité, d'événements de l'Histoire, à la signification historique desquels l'artiste aussi pouvait s'identifier. Qu'une part de vérité de ces tableaux fût douteuse, est attesté par le fait qu'ils pouvaient être adaptés à la réalité du moment par la réalisation de versions nouvelles. C'était la seule façon de satisfaire les attentes des contemporains, qui voulaient constamment se voir confirmés dans leurs rôles.

Un exemple éloquent pour illustrer ce fait est celui de la seconde version de *La Proclamation de l'Empire allemand* [77], réalisée plus de dix ans après l'événement et représentant les participants vieillis de plusieurs années. De cette façon, l'histoire était pour ainsi dire actualisée et mise à jour. L'artiste entrait dans une dépendance qui faisait de lui le propagandiste de la politique gouvernementale du moment.

Anton von Werner n'a peut-être pas ressenti le caractère douteux de cette forme grotesque d'adaptation. Mais le développement de l'art moderne, qu'il rejetait, a créé des critères de qualité, qui font que sa peinture paraît aujourd'hui banale.

Même aux époques les plus conflictuelles entre la France et l'Allemagne, Werner ne s'est jamais exprimé avec arrogance ou mépris sur l'art français malgré sa conviction patriotique et nationaliste. Certes, il s'opposa, avec tous les moyens dont il disposait, à la modernité, et par là, aux artistes modernes français. Car sa conception de l'art n'admettait pas l'expérience artistique individuelle, ni sa transposition à la peinture selon des critères esthétiques. Dans cette condamnation, il tombait d'accord avec beaucoup de ses collègues français. La similitude de conception avait le pouvoir d'unir la communauté des artistes au-delà des oppositions politiques. Anton von Werner n'avait aucune raison de diffamer globalement tout l'art français. Il ne savait que trop bien ce qu'il devait aux peintres tant estimés de ce pays voisin.

Notes

1. A. von Werner, *Jugenderinnerungen (1843-1870)*, D. Bartmann, éd., avec des commentaires de K. Schrader, Berlin, 1994, p. 130.

2. *Ibid.*, p. 130 et p. 160. Au sujet de Meissonier, voir M.-O. Gréard, *Jean-Louis-Ernest Meissonier. Ses souvenirs – Ses entretiens*, Paris, 1897 ; et P. Guilloux, *Meissonier. Trois siècles d'histoire*, Paris, 1980 ; catalogue d'exposition *Ernest Meissonier. Rétrospective*, Lyon, 1993 ; M. J. Gotlieb, *The Plight of Emulation. Ernest Meissonier and French Salon Painting*, Princeton, 1996.

3. Werner, *op. cit.*, p. 159.

4. Au sujet des voyages d'artistes allemands à Paris avant Anton von Werner, voir W. Becker, *Paris und die deutsche Malerei*, Munich, 1971.

5. P. Mainardi, *Art and Politics of the Second Empire. The Universal Expositions of 1855 and 1867*, New Haven-Londres, 1987, p. 138.

6. J.-A. Castagnary, « Le Monde artistique. Salon de 1867 », *La Liberté*, 2, 4, 15, 18, 25, 28 mai et 7 juillet 1867 ; voir aussi Mainardi, *op. cit.*, p. 138.

7. Il était profondément impressionné par les œuvres d'Ingres, qu'il qualifiait de véritablement classiques. Il releva tout particulièrement le célèbre tableau de *La Source* (Paris, musée d'Orsay), « cette apothéose de la plus pure et plus chaste féminité, qui ne sera sans doute pas surpassée, et que l'on peut toujours nommer dans un même souffle avec les œuvres de la beauté antique, telles que la Vénus de Médicis ou celle de Milo ». Werner, *op. cit.*, p. 169.

8. Certains critiques, tels que Charles Clément, virent dans la mort des deux artistes, la fin de la peinture d'histoire ; voir Mainardi, *op. cit.*, p. 156.

9. Werner, *op. cit.*, p. 169.

10. «Je ne consacrai tout d'abord l'essentiel de mon intérêt et de mon temps libre qu'à l'Exposition, surtout, évidemment à l'étude des sections artistiques des différentes nations, ce qui pour moi était à la fois ce qu'il y avait de plus nouveau et de plus important.» Werner, *op. cit.*, p. 165-166.

11. *Ibid.*, p. 166.

12. Ces deux tableaux, *Célébration du trentième anniversaire* et *Entretien confidentiel* sont perdus. À en juger d'après une photographie du second, il s'agit d'œuvres très proches des scènes de genre de Meissonier.

13. L'abondante littérature sur le réalisme a très récemment été réunie par Y. M. L. et G. Weisberg, *The Realist Debate. A Bibliography of French Realist Painting, 1830-1885*, New York-Londres, 1984.

14. Pendant son séjour à Paris, il essaya, mais en vain, de convaincre Lessing de venir visiter la capitale française ; voir Werner, *op. cit.*, p. 167.

15. J. S. Kunstreich, «Historische Zusammenhänge von Kunst und Photographie. Bemerkungen vor dem Kieler Moltkebild Anton von Werner's», *Nordelbingen*, 28-29, 1960, p. 243-262 ; et D. Bartmann, *Anton von Werner. Zur Kunst und Kunstpolitik im Deutschen Kaiserreich,* Berlin, 1985.

16. Bartmann, *op. cit.*, p. 40. Voir dans cet ordre d'idées aussi la contribution de W. Kemp, «Verständlichkeit und Spannung. Über Leerstellen in der Malerei des 19. Jahrhunderts», dans *Der Betrachter ist im Bild. Kunstwissenschaft und Rezeptionsästhetik*, Cologne, 1985, p. 253-278.

17. Les critiques admiraient les œuvres de Meissonier mais en souriaient aussi : «Plus les figurines sont microscopiques, mieux Meissonier réussit», écrivit Théophile Thoré-Bürger, *Salons*, Paris, 1870, p. 353. Voir, en revanche, le jugement sévère d'Émile Zola : «Le mystère m'est donc révélé. M. Meissonier est accablé d'honneurs et d'argent, parce qu'il a un talent à la portée de tout le monde.» Zola, *Mon Salon, Manet, Écrits sur l'art*, Paris, 1970, p. 124.

18. Voir à propos de l'histoire de l'installation des Galeries historiques Th. W. Gaehtgens, *Versailles als Nationaldenkmal. Die Galerie des Batailles im Musée Historique de Louis-Philippe*, Anvers, 1984.

19. Bartmann, *op. cit.*, p. 96-122 ; et Th. W. Gaehtgens, *Anton von Werner. Die Proklamierung des Deutschen Kaiserreiches. Ein Historienbild im Wandel preußischer Politik*, Francfort-sur-le-Main, 1990.

20. Voir Th. W. Gaehtgens, *Versailles als Nationaldenkmal*, *op. cit.*, p. 300-305 ; et Bartmann, *op. cit.*, p. 106 sq.

21. Voir Th. W. Gaehtgens et U. Fleckner, éd., *Historienmalerei. Geschichte der klassischen Bildgattungen in Quellentexten und Kommentaren*, Berlin, 1996.

22. Voir le catalogue d'exposition *Die Düsseldorfer Malerschule*, Düsseldorf, Kunstmuseum – Darmstadt, Mathildenhöhe, Mayence, 1979, p. 30.

23. Voir aussi Bartmann, *op. cit.*, p. 107.

24. Au sujet des illustrations, voir dans Anton von Werner, *Geschichte in Bildern*, D. Bartmann, éd., Munich, 1993, la contribution de Jutta Dresch, p. 33 sq.

25. Voir son interprétation du tableau de Gérôme *La Mort du maréchal Ney*, dans Kemp, *op. cit.*, p. 273 : « L'histoire fournit à la peinture d'histoire non pas des thèses, mais du matériel – du matériel pour la création d'un intérêt soutenu et pour la représentation de soi. »

26. Voir Th. W. Gaehtgens, *Anton von Werner*, *op. cit.*, p. 56-75.

8
Liebermann et l'impressionnisme français

Max Liebermann est considéré comme un peintre de l'impressionnisme allemand. Cette qualification est pourtant contestée depuis les années 1900. Plusieurs raisons peuvent être données à cela. D'une part, des peintres aux talents aussi dissemblables que Manet, Degas, Monet, Pissarro, Sisley, Renoir, Cézanne et Van Gogh étaient déjà tous classés depuis cette époque dans cette même tendance stylistique, de sorte qu'un tel dénominateur commun paraissait bien trop imprécis. Si cela était déjà vrai des artistes français, le concept devenait encore plus flou lorsqu'il était étendu aux Allemands. D'autre part, la description des convictions qui soi-disant les reliaient, et leur interprétation, n'avaient rien d'homogène. Il n'était que trop patent que les styles évoluaient dans des directions très différentes, comme l'illustrent les œuvres de Manet et de Monet, par exemple. Pour finir, le débat sur l'impressionnisme fut pris, au tournant du siècle, dans le tourbillon des préjugés nationalistes, ce qui surimposait au débat sur l'art des arguments qui lui étaient étrangers. Des réserves, du côté allemand, fondées sur un nationalisme exclusif, firent apparaître l'impressionnisme français

---

Pour les notes concernant ce chapitre, voir p. 327 sq.

comme contraire à l'esprit allemand, d'autant plus que la résistance que Guillaume II opposait à l'infiltration de tendances modernes françaises en Allemagne n'était un secret pour personne. Mauvaises prémices, donc, pour rendre claire une situation qui, comme toujours en pareil cas, est restée étouffée jusqu'à ce jour sous une avalanche de littérature.

S'y retrouver dans cette jungle de concepts n'est pas chose facile, d'autant plus que l'histoire de cette confusion est devenue depuis longtemps un thème historiographique instructif. Mais peut-être nous sera-t-il possible de revenir ne serait-ce qu'au noyau des nombreuses questions qui se posent. Même si le problème n'est peut-être pas soluble, qu'il soit au moins tenté de réunir les arguments au regard desquels Liebermann peut apparaître comme un impressionniste. Une telle tâche nous ramène nécessairement à son art des années 1890.

Il semble incontesté que le peintre a modifié son style à cette époque [1]. Il se détourna d'importants sujets de vie paysanne et privilégia les paysages aux petites figures de genre, quand il ne peignait pas de purs paysages. Il développa aussi un intérêt croissant pour le portrait. Ce changement de thèmes s'accompagna en outre d'un changement dans la technique et dans les moyens stylistiques utilisés. Sa palette s'éclaircit, sa touche est plus esquissée.

En définitive, le débat sur l'impressionnisme de Liebermann a pris naissance avec la constatation de ce changement de style. Pouvait-il s'expliquer par une confrontation du peintre à l'art de certains de ses modèles français ? Cette thèse semble plausible. Elle a surtout réussi à s'imposer parce que, depuis 1892, c'est-à-dire à peu près depuis son changement de style, Liebermann avait commencé à collectionner avec passion des tableaux impressionnistes français. De plus, il se battait avec Hugo von Tschudi, qui prit la direction de la Nationalgalerie en 1896, pour la reconnaissance de cet art [2]. Aussi jetteronsnous tout d'abord, dans ce qui suit, un regard sur le changement de style de Liebermann dans les années 1890, avant de nous interroger sur les sources d'inspiration que pouvaient représenter les œuvres de certains artistes français, et sur les concordances avec leur art.

I. LE CHANGEMENT DE STYLE DE LIEBERMANN DANS LES ANNÉES 1890

Le changement de style dans l'œuvre de Liebermann durant les années 1890 est généralement décrit comme un cheminement du naturalisme à l'impressionnisme. Mais avant d'utiliser de tels concepts, il convient de décrire les phénomènes qui permettent justement un classement dans telle ou telle catégorie. Nous nous bornerons ici à évoquer quelques mots clés.

Lorsque Liebermann termina, en 1891, son *Marché aux porcs à Haarlem* [78] il s'appuya sur une esquisse qu'il avait

78. **Max Liebermann**, *Marché aux porcs à Haarlem*, 1891, huile sur toile, 111 × 151 cm, Mannheim, Städtische Kunsthalle.

79. **Max Liebermann**, *Marché aux porcs à Haarlem,* esquisse, 1884, huile sur carton contrecollé sur bois, 33,5 × 53,3 cm, Allemagne, collection particulière.

déjà peinte en 1884 [79][3]. Cette année-là, Liebermann avait une fois de plus visité le musée Frans Hals pour y étudier les chefs-d'œuvre tant appréciés par lui du maître hollandais. L'esquisse, qu'il réalisa sur le marché de Harlem, exprimait dans ses tonalités brunes, son coup de pinceau mouvementé et spontané, et sa touche empâtée l'admiration du peintre pour l'art des Hollandais. Or ce sont justement ces aspects qui sont abandonnés dans le tableau fini. Liebermann n'en a pas seulement modifié la composition mais surtout, il a réussi, par une nouvelle technique, à modifier l'atmosphère rendue. Ses camaïeux de bruns agrémentés de quelques touches de couleur sont abandonnés au profit d'une lumière qui pénètre tout. Les coups de pinceaux larges et mouillés se sont transformés en couches chromatiques épaisses. Les couleurs se recouvrent et se mélangent, créant une impression de scintillement et de vibration. Pénétration et réflexion de la lumière sont les objectifs artistiques destinés à rendre présente dans l'œuvre l'impression du marché aux porcs.

Cette pénétration de lumière se répartit presque uniformément sur toute la surface de l'image. Les taches claires de la lumière directe du soleil tombant au travers des arbres constituent l'un des niveaux de l'impulsion rythmique générée par les forts contrastes de lumière. À ces taches, l'artiste oppose les couleurs de la lumière tamisée par le feuillage des arbres. Les zones d'ombre ne sont nullement dénuées de couleur mais, au lieu d'être juxtaposées à des tons clairs de blanc, de jaune et d'ocre, les couleurs sont mélangées à des valeurs de gris. La femme aux bras chargés de paniers, vers le bord droit du tableau, est un bel exemple de la nouvelle technique de Liebermann. Elle ne se tient pas directement à la lumière du soleil mais reste dans l'ombre. Sur sa robe sombre et sur son tablier se reflètent cependant les couleurs de son environnement direct. Les tons jaunes, ocres bruns et verts de son visage et de sa robe noire sont des réflexions de lumière provenant des arbres et des couleurs à côté et derrière elle. Sur son tablier se reflète le rose blanc du cochon devant elle.

De cette technique picturale de réflexion, rien n'était encore perceptible dans son esquisse de 1884. Certes, celle-ci a manifestement été conçue à un tout autre moment de l'année et dans une atmosphère totalement différente. Les arbres ne portent pas de feuilles et le ciel paraît sombre, gris et pluvieux. Mais ces différences ne peuvent pas expliquer le changement de conception et de technique introduit. D'un coup de pinceau rapide, l'esquisse saisit les choses elles-mêmes dans leur constitution chromatique. Mais dans le tableau, les couleurs sont entrées en relation les unes avec les autres. Elles ne sont plus seulement liées aux objets représentés, comme une qualité de ceux-ci, mais elles leur sont appliquées conformément à l'impression optique produite. En certains endroits, elles se détachent même complètement de leur fond et commencent à mener une vie picturale propre, qui

80

80. **Max Liebermann**, *Brasserie de Brannenburg*, 1893, huile sur toile, 71 × 105 cm, Paris, Musée d'Orsay.

81. **Max Liebermann**, *Allée à Overveen*, 1895, huile sur toile, 88 × 72,5 cm, Essen, Gesellschaft Kruppsche Gemäldesammlung.

82. **Max Liebermann**, *Auberge à Overveen*, 1895, huile sur toile, 69 × 88 cm, Allemagne, collection particulière.

devient abstraite. Dans l'arrière-plan diffus, les contours s'estompent en une brume de couleurs toutes mélangées.

De semblables phénomènes peuvent aussi s'observer dans la première version de la *Brasserie de Brannenburg*[4] [80]. Bien que ce tableau témoigne dans son ensemble d'une plus grande homogénéité, avec ses tons fondamentaux verts et noirs, la technique utilisée vise néanmoins un effet semblable. La lumière éclatante ne filtre qu'en de rares endroits à travers l'épais feuillage des arbres, en créant un effet de scintillement dans tout le tableau. L'essentiel, toutefois, reste que les couleurs se correspondent. Le sol et l'arbre au premier plan captent le vert des

81

82

83. **Max Liebermann**, *La Vachère*, 1891-1894,
huile sur toile, 94 x 121 cm, Brême, Kunsthalle.

feuilles. Le noir des consommateurs assis sur les bancs est tamponné de reflets verts et ocres.

Dans l'*Allée à Overveen* [81] peinte en 1895 et l'*Auberge à Overveen* [82], ces observations se confirment[5]. Le procédé s'intensifie même. Les couleurs, posées par touches épaisses, sont de plus en plus mêlées les unes aux autres, de façon à produire des empâtements. Comme Courbet et Daubigny, Liebermann travaillait au couteau pour fondre les couleurs les unes aux autres. Cette technique renforçait l'impression d'un détachement des couleurs par rapport à l'objet lui-même. Le tableau conserve encore quelques traits formels figuratifs sur lesquels s'étend cependant un ensemble de surfaces multicolores, abstraites en elles-mêmes.

Le changement de conception dans l'art de Liebermann est aussi attesté par le fait qu'il s'est, dans les années

84. **Max Liebermann**, *Vachère filant sa laine*, vers 1895, pastel, 60 x 76 cm, collection particulière.

1890, consacré au pastel avec une intensité particulière. La consistance tendre du pastel, qui permet un tracé rapide ainsi que le recouvrement et le mélange des couleurs, donnait à l'artiste la possibilité de saisir directement ses impressions de la nature [6]. Comme dans la peinture à l'huile, les couleurs conservent toutefois ici aussi leurs valeurs de pigments. L'effet visé réside dans une plus grande force de rayonnement et dans une plus forte luminosité des couleurs. Le cas de *La Vachère* [83], peinte dans les années 1891-1894, est particulièrement instructif [7]. Liebermann a repeint une nouvelle version du tableau en 1895, cette fois-ci au pastel [8] [84]. Alors que la première version, à l'huile, présente déjà certaines caractéristiques de la technique décrite plus haut, avec des réflexions de couleurs, visibles par exemple sur le tablier de la femme, celles-ci sont démultipliées, dans

85. **Max Liebermann**, *Paysan assis dans les dunes*, 1896,
huile sur toile, 108,3 × 151,5 cm,
Leipzig, Museum der bildenden Künste.

le pastel, en une profusion de couleurs. Des tons rouges, bleus, jaunes, verts sont posés côte à côte à coups de traits rapides extrêmement resserrés. Ils ne décrivent plus les propriétés chromatiques des objets mais, par le jeu analytique des teintes, déterminent la luminosité du tableau.

Or, une telle profusion de couleurs se rencontre rarement dans les peintures à l'huile. Elle est généralement atténuée au profit d'un ou plusieurs tons de base. De bons exemples en sont le *Paysan assis dans les dunes* [85] ou encore les *Jeunes Garçons au bain*[9] [86]. Il faut se rapprocher de tels tableaux pour pouvoir distinguer les différentes strates de peinture dont se compose la surface de couleur compacte. Or l'impression sensorielle, qui rend compte de la matérialité des objets représentés, ne se forme justement que parce qu'ils sont traversés par la lumière de ces contrastes de couleurs.

Cette nouvelle façon de peindre développée par Liebermann devait encore être complétée par un autre élément de sa technique picturale. Sa facture, en effet, devint plus souple et plus libre. Comme s'il s'était affranchi du processus peu commode qui consiste à remplir systématiquement une structure préparée à l'avance dans l'image, il semblait donner maintenant à son pinceau un mouvement impétueux, plein d'élan, brusque même, mais assuré. Comme dans les pastels, son trait s'accélère. La spontanéité de sa peinture accroît le caractère d'instantanéité de l'impression reçue. Son approche du motif semble plus pressante, plus intense, et d'une certaine façon, plus impatiente. Comme s'il voulait vite retenir ce qui se dissipe déjà aussitôt. Dans ce geste, des endroits, en bordure, peuvent rester vides. De plus en plus, ses tableaux paraissent comme esquissés.

86. **Max Liebermann**, *Jeunes Garçons au bain*, 1896-1898,
huile sur toile, 122 × 151 cm,
Munich, Bayerische Staatsgemäldesammlungen, Neue Pinakothek.

87. **Édouard Manet**, *Dans la serre*, 1878-1879,
huile sur toile, 115 × 150 cm,
Berlin, Staatliche Museen Preußischer Kulturbesitz, Nationalgalerie.

Pour finir, cette nouvelle technique développée dans les années 1890 se traduisit aussi par un changement dans le choix des thèmes. Liebermann renonça au monumental, non seulement dans le format mais aussi dans les sujets de ses tableaux. Ses grandes figures isolées, aux statures pathétiques, sont, à présent, remplacées par des scènes mouvementées. Le genre héroïque de ses paysans et de ses artisans peints avec effort ne réapparaît plus qu'occasionnellement, comme dans son *Paysan assis dans les dunes,* déjà cité, dans la *Tisseranderie de Laren* (collection particulière) ou dans quelques rares esquisses [10]. Outre les portraits, qui prirent toujours plus de place dans sa production, ce furent surtout les scènes de plage et de jardin, les images de cavaliers ou de purs paysages, qui le captivèrent et l'inspirèrent. Ainsi, le changement de style qu'accusa sa technique picturale dans les années 1890 s'accompagnat-il aussi d'une nouvelle orientation dans le choix des thèmes. Le milieu de la paysannerie et des artisans, cher au réalisme et au naturalisme européens, semblait un thème dépassé. En même temps, Liebermann abandonna aussi, dans le contenu, les références à une communauté consciente de son statut social, qui lui était sympathique et dont il croyait trouver un modèle idéal dans la société hollandaise. Il se tourna davantage vers la vie de plage, les scènes de baignades, les images de cavaliers et les motifs paysagers. Le citadin dans la nature, les vacances à la plage de Zandvoort ou l'atmosphère grande bourgeoise dans le jardin au bord du Wannsee caractérisent ces nouveaux choix thématiques. Si tant est que des aspects de critique sociale aient joué un rôle déterminant dans ses œuvres antérieures, il n'en reste plus trace à présent.

II. LIEBERMANN ET L'IMPRESSIONNISME

Liebermann était un grand admirateur de la peinture française. Alors que durant ses années d'études à Paris de 1873 à 1878, ce furent surtout les tableaux des peintres de Barbizon, et parmi ceux-là, plus que tous les autres, ceux de Millet qui lui parurent exemplaires, il fut pris, au plus tard dans les années 1890, de fascination pour la peinture impressionniste [11] et voua une vénération particulière à l'art d'Édouard Manet. Dans son atelier en mansarde sur la Pariser Platz, il conservait une des plus importantes collections d'art contemporain français [12].

Liebermann fut l'un des premiers à œuvrer pour la reconnaissance de l'impressionnisme en Allemagne. Avant lui, seuls Carl et Felicie Bernstein avaient apporté à Berlin une grande collection de qualité, comportant des œuvres de Manet, de Monet, de Sisley, de Pissarro et de Degas, à laquelle un accueil très variable fut réservé dans les années 1880 [13]. Même encore au tournant du siècle, la plupart des artistes et surtout l'empereur, rejetaient très vivement l'impressionnisme français. Mais Hugo von Tschudi fut, du moins dans les années 1890, acquis à ce courant artistique et commença, en dépit des résistances de Guillaume II, à transformer, la Nationalgalerie dont il était le directeur, en y incorporant des tableaux français, à partir de 1896. En cette même année, Liebermann entreprit avec Tschudi un voyage à Paris, où Tschudi se décida à acquérir *Dans la serre* [87] de Manet auprès du marchand d'art Durand-Ruel. Liebermann rapporte, dans son discours prononcé en 1912 à la mémoire de Tschudi, que ce fut la première confrontation à l'œuvre de Manet pour celui qui, à l'époque, venait tout juste d'être nommé directeur du musée. Il dit aussi l'avoir averti de la difficulté qu'il aurait à imposer cet achat à Berlin [14].

C'est également dans les années 1890, à l'époque de la lutte pour la reconnaissance de la peinture française moderne à Berlin, que l'œuvre de Liebermann prit un nouveau tournant. Depuis cette période, il est considéré par tous comme l'impressionniste allemand, du fait que sa palette s'éclaircit et qu'il abandonna les grands sujets de sa phase naturaliste antérieure. On est tenté de mettre en rapport le changement de style de Liebermann avec sa passion pour les œuvres impressionnistes. Selon cette optique, Liebermann devrait alors être considéré comme un impressionniste allemand, dans la mesure où il se serait inspiré des artistes français de son époque et que ses conceptions coïncidaient d'une certaine manière avec leurs idées en matière d'art.

Mais ni le changement intervenu dans sa façon de peindre, ni l'influence qu'exerça sur lui l'impressionnisme français ne se laissent expliquer aussi simplement. Une première difficulté réside déjà dans le fait que l'impressionnisme français ne peut nullement être compris comme une orientation stylistique homogène. Entre Manet et Degas d'un côté, et Monet, Sisley, Pissarro,

Renoir et Cézanne de l'autre, il existe de grandes différences de conception [15]. Ces différences, toutefois, ne sont guère perçues par la critique d'art au tournant du siècle et il est rare qu'elles soient clairement mises en évidence. La désignation d'impressionniste était appliquée globalement à tous les artistes. On ne mesurait pas encore autant les différences fondamentales, comme elles sont davantage soulignées de nos jours entre Manet et Monet.

Mais ces différences dans la manière de peindre des impressionnistes n'auront pas échappé à Liebermann. Si l'on veut donc expliquer son changement de style dans les années 1890 par les suggestions puisées chez les impressionnistes français, il s'agit d'élucider en quoi elles consistaient précisément, par qui il se laissa impressionner et de quelle manière. Il est évidemment difficile de distinguer avec précision la manière dont Liebermann s'est confronté aux différents impressionnistes. Mais une comparaison peut tout de même être tentée entre les œuvres de Liebermann et certains tableaux français, en s'interrogeant sur les facteurs qui, dans chaque cas, ont pu l'inspirer.

Il ne peut faire de doute que Liebermann privilégiait les peintures de Manet et de Degas. Même s'il possédait quelques œuvres d'autres impressionnistes, sa parole orale et écrite témoigne déjà d'une inclination particulière pour ces deux maîtres français. Différentes raisons peuvent être données à cela. À la différence des autres peintres, Manet et Degas restèrent liés à une formation académique traditionnelle. Même s'il collectionnait aussi des œuvres de Monet, de Pissarro, de Renoir et de Cézanne, ni lui, ni d'ailleurs Hugo von Tschudi, n'en acquéraient les œuvres les plus récentes. Contrairement à une opinion très répandue, selon laquelle Liebermann se serait senti lié exclusivement à Manet et à Degas, un regard plus attentif peut permettre de se convaincre du fait que les autres impressionnistes, en particulier Monet et Renoir, ont eux aussi laissé des traces dans l'œuvre de Liebermann. La technique consistant à détacher la couleur de l'objet qu'elle caractérise et à dissocier les teintes, technique grâce à laquelle en particulier Monet, Renoir, Pissarro et Cézanne rénovèrent la peinture pour en faire un art moderne de la perception, fut aussi reconnue par Liebermann comme une voie vers la modernité. Quand Liebermann se rattachait aux impressionnistes, c'était aussi bien à Manet et à Degas qu'à des innovateurs plus radicaux. À partir des années 1890, en effet, on trouve dans ses œuvres les traces d'une inspiration puisée à leurs œuvres. Le changement de style de Liebermann, et c'est ce qu'il s'agit de démontrer, reposait sur une intense confrontation à l'impressionnisme français.

III. MANET

En 1898, Liebermann s'efforça d'acquérir le portrait que Manet avait réalisé de l'écrivain anglais George A. Moore [16] [88]. N'y parvenant pas, il copia le pastel de ce peintre français qu'il appréciait tant [17] [89]. La comparaison entre l'original et la copie fait clairement apparaître comment le peintre allemand, en transposant le pastel à la peinture à l'huile, imita la technique picturale du modelé. Il chercha, par l'application de couches épaisses de couleur et l'accentuation des reflets, à littéralement s'approprier la touche de Manet. Copier ne signifiait pas pour lui recréer à neuf un modèle avec sa vision et ses moyens artistiques propres mais faire siens les mouvements de la main de l'artiste admiré. Dans la copie s'exprimait à la fois une concordance de conception, au niveau de la pensée, et une compréhension profonde du geste, sur le plan technique.

Admirer Manet et copier Manet signifièrent pour l'art de Liebermann un assouplissement de l'écriture picturale

88 89

88. **Édouard Manet**, *Portrait de l'écrivain George Moore*, 1879
pastel sur toile, 54,5 × 45 cm,
New York, The Metropolitan Museum of Art.

89. **Max Liebermann**, *Portrait de l'écrivain George Moore*,
copie d'après Manet, 1898, 56 × 35 cm, huile sur toile,
États-Unis, collection particulière.

dans le sens de son modèle. Les premières traces de cette évolution se trouvent dans le *Portrait du peintre Umberto Veruda*[18] [90] que Liebermann peignit la même année que sa copie du *Portrait de Moore* par Manet. Le coup de pinceau vibrant et mouvementé y est semblable à celui de Manet. Il repose, au bout du compte, sur la technique de Frans Hals, que Manet et Liebermann considéraient avec le même étonnement et qu'ils copièrent pareillement. Mais à cette époque, Liebermann suivait davantage le peintre français que le Hollandais. Le portrait du confrère peintre Veruda aurait été réalisé en une seule séance. La spontanéité et l'instantanéité du rendu sont mis en

90. **Max Liebermann**, *Portrait du peintre Umberto Veruda*, 1898, huile sur toile, 78 × 67 cm, Trieste, Museo Civico Revoltella.

évidence par la posture et la densification des coups de pinceau au niveau du visage et de la main. Frans Hals, cependant, reste, malgré la virtuosité de sa technique telle qu'elle s'exprime par exemple dans *Malle Babbe* [29] ou *La Bohémienne* [91-92], beaucoup plus régulier dans l'achèvement de l'ensemble du tableau [19]. Liebermann, en revanche, suivit Manet qui, dans de grandes parties de ses tableaux, ne passe sur le fond qu'une couche à peine couvrante, pour concentrer toute l'intensité de la couleur et de la lumière sur les éléments importants que sont le visage et les mains, porteurs de l'expression.

En 1898, Liebermann réussit à acquérir l'esquisse où Manet représenta Moore dans sa chaise de jardin [20] [93]. Il put en outre acheter l'esquisse d'une *Jeune Femme assise* (collection particulière) et le *Portrait équestre de Monsieur Arnaud* [94], tous deux datant de 1876 [21]. Ces trois œuvres de Manet sont des tableaux inachevés, dont on pourrait dire aussi qu'il sont impossibles à achever. Le caractère esquissé de l'exécution et les plages vides de la toile à nu annoncent l'intention artistique de saisir l'impression sur

91. **Frans Hals**,
La Bohémienne,
vers 1628,
58 × 52 cm,
Paris,
Musée du Louvre.

92. **Max Liebermann**,
Bohémienne,
copie d'après
Frans Hals, 1873-1874,
huile sur bois,
53 × 47 cm,
Allemagne,
collection particulière.

le vif. Manet renonce à « achever » davantage son travail en atelier, ce qui aurait placé son motif sous d'autres conditions de lumière et de couleurs et lui aurait fait perdre son caractère vivant, instantané.

93. **Édouard Manet**, *Portrait de George Moore au jardin*, 1879, huile sur toile, 54,5 × 45 cm,
Upperville, Virginia, collection Mellon.

Si l'on s'efforce de décrire et d'interpréter le changement de style qui s'opère chez Liebermann dans les années 1890, il faut partir de cet aspect de sa conception artistique. Le peintre essaya en quelque sorte de se rapprocher encore un peu plus de la nature. Dans ses tableaux de ce siècle et du siècle suivant, il voulut réduire la distance entre

94. **Édouard Manet**,
Portrait équestre de Monsieur Arnaud, 1876,
huile sur toile, 218 × 136 cm,
Milan, Galleria d'Arte Moderna.

la nature et l'œuvre d'art et fut littéralement saisi d'un besoin effréné de transposer directement à la toile la réalité vécue. Comment cela se manifestait-il dans ses tableaux ?

Le changement de style se remarque à différents indices. Les tableaux réalisés avant et après le tournant du siècle se caractérisent surtout par une nouvelle façon

95. **Max Liebermann**, *Portrait d'une dame assise*, 1894,
huile sur bois, 44 × 32,8 cm,
Hanovre, Niedersächsisches Landesmuseum.

de peindre. Sa touche dynamique, qui dépose sur la toile d'épais empâtements de couleurs, donne à l'ensemble un caractère esquissé qui exprime la spontanéité. Ce caractère d'esquisse doit cependant être compris comme il

96. **Édouard Manet,**
Vase de cristal aux roses, tulipes et lilas blanc, 1880,
huile sur toile, 56 × 35 cm,
New York,
collection particulière.

convient. Il ne faut pas y voir du provisoire mais la seule possibilité de rendre par la peinture l'immédiateté de l'expérience de la nature. Liebermann a pu trouver matière à développer cette nouvelle conception artistique dans l'art de Manet.

Déjà en 1894, il avait peint le *Portrait d'une dame assise* [95] qui, par sa touche rapide, esquissée, rappelle certaines œuvres de Manet[22]. L'attitude détendue correspond à celle de la dame distinguée mais distante, du *Dans la serre* de Manet [87]. Or cette technique spontanée rappelle plutôt d'autres œuvres, comme celles citées plus haut, qui étaient en sa possession, même s'il ne put les acquérir que plus tard. De semblables œuvres, peintes à grands traits, se trouvaient toutefois dans la collection de Bernstein que Liebermann connaissait parfaitement. Ce barbouillage de couleurs étalées en couches épaisses à l'aide d'un large pinceau sans recouvrir entièrement la toile concorde avec la touche de nombreux tableaux apparemment inachevés

97. **Édouard Manet**, *La Maison à Rueil*, 1882,
huile sur toile, 71,5 × 92,3 cm,
Berlin, Staatliche Museen Preußischer Kulturbesitz, Nationalgalerie.

de Manet. Mais Liebermann n'avait nullement besoin d'une similitude de thèmes pour étudier la technique de Manet. Depuis 1892 environ, il possédait déjà le *Vase de cristal aux roses, tulipes et lilas blanc* [96] de Manet, provenant de la collection de Bernstein, qu'il avait échangé contre un portrait[23]. Cette façon, dans les fleurs de Manet, d'étaler les couleurs broyées en une grande densité de teintes pour créer des contrastes, se retrouve aussi dans le chapeau de la femme du portrait de Liebermann. Et comme dans la nature morte de Manet, Liebermann remplit le fond d'une couleur sombre, au-dessus d'un sol clair, pour faire ressortir le personnage par contraste.

Régulièrement il a été aussi fait référence à la source d'inspiration qu'a pu constituer *La Maison à Rueil* [97] de Manet pour les représentations que Liebermann a

98. **Max Liebermann**, *Maison de campagne à Hilversum*, 1901, huile sur toile, 65 × 80 cm,
Berlin, Staatliche Museen Preußischer Kulturbesitz, Nationalgalerie.

données de sa villa au bord du Wannsee ou pour son tableau *Maison de campagne à Hilversum*[24] [98]. Le tableau du peintre français se trouvait depuis 1904 à Berlin et Liebermann le connaissait certainement.

Dans un article sur Degas paru dans la revue *Pan*, Liebermann écrivit en 1896 : « C'est le mérite des impressionnistes – Manet en tête – d'avoir été les premiers à s'approcher de nouveau des choses sans prévention. Au lieu de la peinture rationnelle de l'Académie, avec sa formule des trois tons : ton local, ton de lumière et ton d'ombre, ils essayèrent de mélanger chaque ton sur la palette tel qu'ils le voyaient, et de l'apposer ainsi sur la toile. La règle de l'école voulait que la lumière fût froide et l'ombre, chaude. Les impressionnistes ne s'embarrassèrent plus de cet enseignement et peignirent la lumière et l'ombre en rouge, en violet ou en vert, là où ils la voyaient et telle qu'ils la voyaient »[25]. Avec cette description, Liebermann visait non seulement l'art de ses collègues français mais aussi le sien propre.

IV. DEGAS

L'intérêt que Liebermann trouvait à l'art de Degas était d'une tout autre nature. Lui-même possédait plusieurs dessins et pastels de danseuses de la main de l'artiste français[26]. Mais ceux-ci semblent avoir moins laissé de traces dans son œuvre que les œuvres hippiques, que Liebermann avait sinon pris pour modèle, du moins étudié pour s'en inspirer après 1900. Avec *Joueurs de polo au parc Jenisch* [99], Liebermann adopta un thème que Degas avait peint fréquemment[27]. Les études de Degas sur le champ de courses ne rendent généralement pas la course elle-même mais plutôt des situations où les cavaliers se préparent à la course, en groupes librement constitués ou individuellement. L'éventail des postures et des mouvements que l'artiste tentait de saisir était élargi du fait qu'il choisissait des situations apparemment sans action et sans tension. La spontanéité de l'impression est soulignée chez Degas par d'habiles raccourcis et surtout par la technique de l'extrait, autant de moyens stylistiques auxquels Liebermann aussi avait recours. Les cavaliers sur la plage, que Liebermann choisit souvent, depuis 1900 environ, pour thème de ses tableaux, s'appuient sur de nombreuses études et prétendent saisir l'impression immédiate[28]. Le caractère d'esquisse de la technique de Liebermann est un procédé visant à rendre une atmosphère. Dans son essai sur Degas, paru en 1896 dans la revue *Pan*, il précise que les tableaux de Degas donnent l'impression de « clichés instantanés ». « Il sait composer de telle façon que cela n'a plus l'air d'une composition », écrivit-il. « Il

99. **Max Liebermann**, *Joueurs de polo au parc Jenisch*, 1903, huile sur toile, 71 × 102 cm, Hambourg, collection particulière.

semble avoir vu tout le tableau dans la nature, épié directement la scène qu'il représente… En regardant de plus près, nous découvrons sous ce qui semble un cliché instantané, l'art le plus accompli de la composition »[29].

Par rapport aux études de mouvement de Degas, Liebermann privilégia, dans la structure de ses tableaux, un plus grand équilibre de la composition. Les jockeys professionnels des tableaux de Degas, qui tiennent bien en main leurs chevaux nerveux, trahissent une tension intérieure qui les oppose aux cavaliers distingués et détendus de Liebermann, sur la plage de Katwijck. L'artiste allemand admirait les œuvres de Degas car elles donnent une impression de naturel alors qu'elles sont en réalité le fruit d'un art des plus accomplis. Ce procédé qui consiste à puiser dans la nature pour laisser se recréer dans l'œuvre d'art l'impression d'une sensation directe de la nature, sembla, pour Liebermann, être la tâche de l'art. C'est pour cette raison qu'il était opposé aux contenus académiques qui détournent du but proprement dit de l'art.

Le peintre allemand se sentit en accord avec l'art de Degas. S'il en reprit certaines idées, il modifia pourtant ses sujets en leur donnant une expression de plus grande pondération. Les tableaux de plages de Liebermann ne rendent pas le motif et l'atmosphère comme s'il s'agissait de l'impression d'un événement fortuit. Si effective que soit l'étude de la nature dont procèdent ces œuvres, elles cherchent à rendre la forme artistique selon une harmonie que l'on peut véritablement qualifier de classique. Elles transforment l'impression laissée par la nature en une forme artistique. Liebermann renonça à l'illusion de la mystification, et préféra rendre visible la forme artistique employée. C'est la raison pour laquelle, à la différence de Degas, il laissa toujours apparent le procédé de peinture utilisé. Il voyait et admirait l'art de Degas avec, pour ainsi dire, les yeux de Manet.

V. PAYSAGES

Les années 1890 doivent être considérées dans l'œuvre de Liebermann comme une période d'expérimentation et de profond changement. Liebermann était en recherche. Il apprit avec Manet et Degas, mais conserva en même temps dans quelques œuvres, comme le *Paysan assis dans les dunes* [85] et les *Peintures murales du château Klink*[30], certains éléments de sa pesanteur naturaliste antérieure. Une datation précise des œuvres est difficile, dans la mesure où, visiblement, le peintre se voit exposé à différentes idées en même temps.

Face à cela, se trouvent des tableaux riches en expérimentations des plus modernes. Des paysages tels que *Allée à Overveen*, *Auberge à Overveen* [81-82] ou *Chemin de l'église à Laaren* (collection particulière)[31] n'ont que peu en commun avec la peinture de Manet et de Degas. En eux, le

100. **Auguste Renoir**, *Le Châtaignier*, 1881,
huile sur toile, 71 × 89 cm,
Berlin, Staatliche Museen Preußischer Kulturbesitz, Nationalgalerie.

peintre poursuit sa peinture naturaliste, non sans toutefois être exposé à une autre stimulation d'origine impressionniste. C'est aux paysages de Monet et de Renoir que Liebermann doit en effet l'ardent mélange de couleurs qui, à travers les plages d'ombre et de lumière, s'étalent sur l'intégralité de l'image. Manet est rarement, sinon jamais allé jusqu'au point de ne pas considérer la couleur comme une qualité des choses. Chez Monet et Renoir, les couleurs se détachent de l'objet représenté et servent à communiquer une impression d'ensemble. Le tableau invite le spectateur à un acte de perception et de réception esthétique.

À la différence, toutefois, du *Châtaignier* [100] de Renoir, les tableaux de Liebermann ne se composaient pas d'une somme de petits traits en forme de virgule, mais les couleurs s'y étalaient et s'y rassemblaient en une

101. **Claude Monet**, *Champ de coquelicots*, 1873,
huile sur toile, 60 × 81 cm, Berne, collection particulière.

pâte épaisse. Cette technique totalement différente, qui ne renie pas toutefois son origine, c'est-à-dire l'ancienne conception naturaliste de l'artiste, est cependant tout imprégnée d'impressionnisme français. De toute évidence, le peintre a étudié de très près la technique impressionniste de Monet et de Renoir, sans la reprendre intégralement. Chez les Bernstein, Liebermann pouvait voir le *Champ de coquelicots* [101] de Monet, une œuvre qu'il admira tellement que les collectionneurs la lui léguèrent en 1908[32].

Que de fois n'entend-on dire de Liebermann qu'il aurait moins apprécié Cézanne. Cela se peut. Mais peut-être n'est-ce pas vrai non plus, car il possédait tout de même deux œuvres de ce peintre[33]. Liebermann ne semble avoir acquis qu'après 1900 *Les Marronniers du Jas de Bouffan* [102], donc après avoir peint l'*Allée à Overveen* [81]. Mais il a néanmoins pu voir ce tableau, ou un autre de Cézanne, dès les années 1890. Sans vouloir exagérer la ressemblance, il existe en tout cas dans les deux tableaux une sévérité de structure comparable avec, en même temps, une application des valeurs par aplats. Liebermann ne suivit pas la technique des passages cézanniens, mais pourrait avoir été influencé par la façon de peindre, comme à la spatule, de cet artiste. Il apparaît clairement, cependant, qu'il ne décomposait les valeurs que jusqu'à un certain point et qu'il préservait l'unité du tableau. L'impressionnisme de Liebermann conservait un caractère de reproduction, tandis que Cézanne mettait le cap sur les nouveaux rivages d'abstraction caractéristiques du modernisme. Ici se trouvait l'extrême limite de la compréhension dont Liebermann pouvait être prêt à témoigner à l'égard de l'impressionnisme français.

102. **Paul Cézanne**, *Marronniers du Jas de Bouffan*, vers 1885-1887, huile sur toile, 65 × 81 cm,
Ottawa, The National Gallery of Canada.

VI. IMAGINATION ET RÉALITÉ DE LA PEINTURE

« Il restait totalement indifférent au principe impressionniste du respect des valeurs organiques des couleurs et des tons », écrivit Julius Meier-Graefe dans son *Entwicklungsgeschichte der modernen Kunst*[34]. Ce n'est qu'à contrecœur que nous contredisons ce remarquable connaisseur, auteur, ami et contemporain de Liebermann. Car il n'en était pas totalement ainsi, et il ne pouvait en être ainsi. Le changement de style de Liebermann, dans les années 1890, ne suivit pas un développement rectiligne. Ce fut une époque de réorientation qui le vit entreprendre en permanence de nouvelles tentatives. Il expérimenta diverses techniques. Le style qu'il emploie dans ses dessins et ses pastels paraît souvent plus moderne que ses tableaux travaillés, qui lui permettent moins aisément d'évoluer. Néanmoins, une révolution est perceptible, une révolution qui fut à juste titre décrite comme un changement de conception, et qui le mena du naturalisme à l'impressionnisme. L'impressionnisme français fut ici le catalyseur qui le fortifia aussi dans son choix. Il en tira une nouvelle conscience des moyens de représentations possibles pour transformer en art une impression de la nature. Collectionner les peintures et les œuvres graphiques françaises était une activité qu'il menait de pair avec l'encouragement qu'il apportait aux efforts de ceux qui tentaient de faire valoir en Allemagne aussi le modernisme venu de France. L'un et l'autre sont indissociablement liés. Ce n'est que dans les années 1890 qu'il reconnut l'apport révolutionnaire des impressionnistes.

Sa confrontation avec leur art, cependant, eut lieu à différents niveaux. Le premier, auquel nous accordons ici une attention toute particulière, fut le développement d'une nouvelle technique. Celui-ci était toutefois lié, chez Liebermann, à l'abandon clairement formulé d'une peinture lourde de signification et de contenu. Liebermann se détourna de plus en plus nettement de la peinture et de la formation académique qui prenaient à présent une valeur négative à ses yeux. Il n'avait rien contre un enseignement académique mais il trouvait que l'Académie était devenue « désuète »[35]. Le fait de se détourner d'un « art du contenu », qui l'occupa dans ses tableaux hollandais porteurs d'une utopie sociale, lui donna la liberté de se concentrer sur la forme artistique. C'est ainsi que Liebermann déclara, en 1905, dans un essai sur deux bois gravés de Manet, *Zwei Holzschnitte von Manet* : « Mais dans les arts plastiques, le contenu et la forme ne sont pas seulement inséparables, comme dans les autres arts, ils sont aussi identiques, au sens philosophique du terme : leur contenu est la forme »[36]. Depuis le tournant du siècle, période qui l'amena souvent aussi à saisir la plume, il rechercha de toutes ses forces une peinture pure. Il ne s'efforçait plus d'imiter la nature mais de produire un art de la représentation.

Notre interprétation ne semble pas confirmée par le fait qu'au tournant du siècle, à l'époque du changement intervenu dans son art, Liebermann travaillât justement sur le concept de l'imagination dans l'art. Mais en étudiant de plus près son écrit, *Die Phantasie in der Malerei*, une concordance apparaît toutefois. Car au fond, cet écrit théorique des années 1904-1916 est bien consacré à ce thème. On y lit en effet : « L'invention du peintre réside dans l'exécution, et cette affirmation, qui semble avoir spécialement été énoncée pour l'impressionnisme, et qui doit être attribuée au peintre anglais Blake, dans la première moitié du siècle dernier, ne vaut pas seulement pour la *Botte d'asperges* de Manet, mais également pour *La Création d'Adam* de Michel-Ange dans la Chapelle Sixtine »[37]. L'imagination est la faculté qu'a l'artiste de traduire l'impression de la nature. Il doit diriger tous ses efforts sur cette tâche. Or, c'est l'impressionnisme qui conduisit Liebermann à cette compréhension[38]. Sa conception de l'art et sa technique picturale doivent à l'impressionnisme français des impulsions déterminantes. Néanmoins, on ne peut négliger le fait que, issu de la tradition du naturalisme, il ne sut intégrer les évolutions tardives de l'impressionnisme, qui devaient conduire à la modernité.

La décennie qui précéda l'an 1900 ne fut pas seulement un tournant pour l'œuvre de Liebermann. L'incompréhension générale face à la modernité des artistes français et de ses défenseurs conduisit les artistes à former des associations telles que le Groupe XI et la Sécession, dans lesquelles Liebermann devait assurer un rôle dirigeant. La querelle sur la question de la modernité quitta de plus en plus le terrain de l'art pour entrer dans le jeu des tensions politiques entre l'Empire allemand et la France[39]. Le manque de clarté et le refoulement qui caractérise la recherche en histoire de l'art sur la manière dont Liebermann a assimilé l'impressionnisme français – alors que lui-même n'a laissé personne dans le doute sur la question – est imputable aux tensions politiques et culturelles qui marquèrent la première moitié du XXe siècle.

Notes

1. Pour un survol récapitulatif de la question : J. Kern, *Impressionismus im Wilhelminischen Deutschland, Studien zur Kunst- und Kulturgeschichte des Kaiserreiches*, Wurzbourg, 1989. Contre ce point de vue, seulement K. Boskamp, *Studien zum Frühwerk von Liebermann*, Hildesheim / Zurich / New York, 1994, p. 5 sq. Il manque cependant une étude conceptuelle plus approfondie sur l'impressionnisme. Comparer les différentes positions de Muther, Meier-Graefe, Rosenhagen, Lichtwark, Scheffler, Weisbach, Hamann et surtout les analyser et les classer au regard du champ de tension des relations franco-allemandes dans le domaine de l'art, reste un vœu de la recherche.

2. Lorsqu'après 1900, les formulations agressives à l'égard de la France se multiplièrent, Henry von Thode (*Frankfurter Zeitung*, 1905) reprocha à Liebermann son « manque de sentiment national » et son « imitation des Français ». Voir aussi T. Alt, *Die Herabwertung der deutschen Kunst durch die Parteigänger des Impressionismus*, Mannheim, 1905. Lorsque, dans une allocution, Wilhelm Bode salua en Liebermann « le peintre le plus allemand parmi les artistes vivants », il fut vivement attaqué par la presse nationaliste. Voir W. Bode, « Max Liebermann zum sechzigsten Geburtstag », *Kunst und Künstler*, 5, 1907, p. 381-392 ; Bode, *Mein Leben*, vol. 1, p. 343-345.

3. Les œuvres sont reproduits dans M. Eberle, *Max Liebermann. 1847-1935. Werkverzeichnis der Gemälde und Ölstudien*, Munich, 1995, vol. I, N° 1891 / 1 ; l'esquisse, N° 1884 / 21.

4. *Ibid.*, N° 1893 / 2.

5. *Ibid.*, N° 1895 / 2 et 1895 / 3.

6. Voir à ce sujet, le travail fondamental de S. Achenbach, « I. Max Liebermanns Zeichnungen, II. Die Druckgraphik Max Liebermanns » dans le catalogue *Max Liebermann und seine Zeit*, Berlin / Munich, 1979-1980, p. 42 sq.

7. Eberle, *op. cit.*, vol. I, N° 1891 / 5.

8. Reproduit dans le catalogue « *Nichts trügt weniger als der Schein », Max Liebermann der deutsche Impressionist*, Brême, 1995, p. 131, N° 75.

9. Eberle, *op. cit.*, vol. I, N° 1896 / 1 et 1896 / 2.

10. *Ibid.*, N° 1897 / 1.

11. Il est vraisemblable, comme le souligne Kern, qu'il connut déjà plus tôt l'art des impressionnistes, pendant son premier séjour à Paris, dans les années 1870. Leur peinture ne l'avait cependant pas captivé à l'époque, comme il le dit lui-même dans son essai sur Degas en 1896 : « ... et j'avoue que je ne voyais pas, il y a trente ans, quand je vis les premiers tableaux impressionnistes, à quoi cela rimait ». M. Liebermann, *Die Phantasie in der Malerei*, G. Busch, éd., Francfort-sur-le-Main, 1978, p. 70.

12. K.-H. et A. Janda, « Max Liebermann als Kunstsammler ; Die Entstehung seiner Sammlung und ihre zeitgenössische Wirkung », *Forschungen und Berichte, Staatliche Museen zu Berlin*, 15, 1973, p. 105-149 ; P. Krieger, « Max Liebermanns Impressionistensammlung und ihre Bedeutung für sein Werk », dans le catalogue *Max Liebermann und seine Zeit*, Berlin-Munich, 1979-1980, p. 60 sq. ; et C. Keisch, « Liebermann, Künstler und Kunstfreund. Die Sammlung », dans le catalogue d'exposition *Max Liebermann. Jahrhundertwende*, A. Wesenberg, éd., Berlin, 1997, p. 221-232.

13. Pour les collections d'art français dans l'Empire allemand, voir B. Paul, « Drei Sammlungen französicher impressionistischer Kunst im Kaiserlichen Berlin-Bernstein, Liebermann, Arnhold », *Zeitschrift des deutschen Vereins für Kunstwissenschaft*, 42, H. 3, 1988, p. 11-30.

14. Voir le catalogue d'exposition *Manet bis van Gogh, Hugo von Tschudi und der Kampf um die Moderne*, Munich-New York, 1996, p. 448 et 454-455 ; B. Paul, *Hugo von Tschudi und die moderne französische Kunst in Deutschen Kaiserreich*, Mayence, 1993, p. 86 ; et du même auteur « Der franzö-

sische Impressionismus in der Nationalgalerie. Vom Streitobjekt zum Publikumsliebling », dans Zentralinstitut für Kunstgeschichte, éd., *Berlins Museen. Geschichte und Zukunft*, Munich, 1994, p. 167-170.

15. «... Manet et surtout Degas, n'étaient pas, à y regarder de près, des "impressionnistes" au sens où Monet et Sisley l'ont manifestement été d'une manière exemplaire. » G. Busch, *Max Liebermann, Maler, Zeichner, Graphiker*, Francfort-sur-le-Main, 1986, p. 80.

16. Catalogue d'exposition *Manet*, Paris, 1983, p. 427-429, N° 176.

17. Eberle, *op. cit.*, vol. I, N° 1898 / 20.

18. *Ibid.*, N° 1898 / 19.

19. Voir B. Gaehtgens, « Holland als Vorbild », dans le catalogue d'exposition *Max Liebermann. Jahrhundertwende*, *op. cit.*, p. 83-92.

20. Janda, *op. cit.*, p. 133-34, N° 60 ; Krieger, *op. cit.*, p. 64, ill. 7.

21. Janda, *op. cit.*, p. 135-36, N° 68 et p. 133, N° 59 ; Krieger, *op. cit.*, p. 64, ill. 5 et 6.

22. Eberle, *op. cit.*, vol. I, N° 1894 / 12, qui attire également l'attention sur la correspondance avec Manet.

23. Janda, *op. cit.*, p. 135, N° 63.

24. Eberle, *op. cit.*, vol. II, N° 1901 / 1. Au sujet de Manet, voir le catalogue de l'exposition *Manet bis van Gogh, Hugo von Tschudi und der Kampf um die Moderne*, *op. cit.*, N° 21, p. 84. La comparaison avec Manet est déjà établie par Hancke, qui souligna « l'influence ennoblissante de la délicatesse picturale de Manet ». E. Hancke, *Max Liebermann, sein Leben und seine Werke*, Berlin, 1923, p. 402.

25. Liebermann, *Die Phantasie in der Malerei*, *op. cit.*, p. 70.

26. Janda, *op. cit.*, p. 127-128, N° 25-29 ; Krieger, *op. cit.*, p. 68, ill. 14 ; voir aussi Keisch, *op. cit.*, p. 224 sq.

27. Eberle, *op. cit.*, vol. II, N° 1903 / 1.

28. Par exemple Eberle, *op. cit.*, vol. II, N° 1901 / 14, 1902 / 13, 1903 / 2.

29. Liebermann, *Die Phantasie in der Malerei*, *op. cit.*, p. 72.

30. Eberle, *op. cit.*, vol. I, N° 1898 / 30-34.

31. *Ibid.*, N° 1899 / 1.

32. Janda, *op. cit.*, p. 140, N° 102. Voir à ce sujet les explications de Hans Rosenhagen : « Liebermann l'empiriste travaille de concert avec Liebermann l'artiste. Il est toujours enclin à subordonner ses découvertes aux lois supérieures de l'art, ce que beaucoup de peintres oublient malheureusement de faire, de sorte que leurs œuvres ont davantage l'air d'être les objets d'une démonstration de physique que des tableaux. Lorsqu'on eut découvert que la lumière décomposée en ses couleurs prismatiques paraissait beaucoup plus claire et plus vivante dans le tableau que le simple ton clair, Liebermann se saisit lui aussi de cette découverte mais d'une façon telle qu'il ne l'imposait à personne. Nulle trace de la manière spectaculaire des pointillistes et des néo-impressionnistes. » Rosenhagen, *Liebermann*, Bielefeld-Leipzig, 1900, p. 163 sq.

33. Janda, *op. cit.*, p. 123-24, N° 4 et 5 ; Krieger, *op. cit.*, p. 69, ill. 17 et 18.

34. J. Meier-Graefe, *Entwicklungsgeschichte der modernen Kunst*, vol. 1, Munich, 1966, p. 365.

35. « En soi, le terme d'"académique" n'a rien d'injurieux. Mais peu à peu – et on voit clairement à qui en revient la faute – aucun artiste, qui se respecte un tant soit peu, ne veut plus être qualifié d'académique ; bien qu'au fond, tous le soient, ou devraient l'être. À présent, "académique" prend le sens de "désuet". » Liebermann, *Die Phantasie in der Malerei*, *op. cit.*, p. 71. Voir aussi Achenbach, *op. cit.*, p. 47, note 25.

36. Liebermann, *Die Phantasie in der Malerei*, *op. cit.*, p. 86.

37. *Ibid.*, p. 59.

38. Il faut donner raison à Peter Krieger : « Il ne fait aucun doute que l'extension rapide de la collection, où dominaient Manet et Degas malgré leur représentation marginale, aida Liebermann à progresser plus

rapidement vers une palette éclaircie et une structure de tableau qui mettait l'accent sur l'instantané. Il avait, à présent, quotidiennement sous les yeux d'une part la touche spontanée et le coup de pinceau fluide de Manet, et d'autre part les abrégés graphiques et les cadrages audacieux de Degas». Krieger, *op. cit.*, p. 69. Krieger néglige, à notre avis, la confrontation de Liebermann avec Monet et Cézanne.

39. Voir à ce sujet P. Paret, *Die Berliner Secession, Moderne Kunst und ihre Feinde im Kaiserlichen Deutschland*, Berlin, 1983.

9

Delaunay à Berlin

I

L'histoire de l'art moderne en Allemagne a pour leitmotiv une constante confrontation avec les innovations françaises en matière d'art. Alors que, dans le pays voisin, la vie artistique se déployait quasi exclusivement à Paris pour s'offrir aux artistes et aux spécialistes du monde entier, les courants stylistiques qui se développaient ainsi connaissaient, dans les centres artistiques allemands, et surtout à Berlin et à Munich, un retentissement très variable. Depuis la création de la Sécession, dans la dernière décennie du XIXe siècle, Berlin était devenu, en Allemagne, un pôle central du débat artistique. Le conflit entre l'orientation artistique officielle, encouragée par l'État, et une peinture marquée par l'impressionnisme français, était au cœur de ce débat. Anton von Werner, directeur de l'Académie, et Max Liebermann, président de la Sécession, apparaissaient comme les principaux acteurs d'une controverse menée la plupart du temps sur un ton des plus passionnels. Comme Peter Paret l'expose de manière très convaincante dans son étude fondamen-

Pour les notes de ce chapitre, voir p. 388 sq.

tale, l'estime que les artistes, les auteurs d'écrits sur l'art et les collectionneurs allemands pouvaient porter à l'art français, constituait l'un des principaux thèmes du combat pour la modernité sous l'Empire allemand avant la Première Guerre mondiale [1]. La conséquence de ces oppositions inconciliables fut la parution, en 1911, d'un écrit polémique de Carl Vinnen, intitulé *Ein Protest deutscher Künstler* (Des artistes allemands protestent), qui fustigeait l'attitude francophile des contemporains ouverts à l'art moderne [2]. Avec ce pamphlet, le conflit qui, depuis quelques décennies déjà, n'était pas exempt d'arguments politiques et de sous-entendus nationalistes, se durcit sur chacun de ses fronts. Une brochure intitulée *Im Kampf um die Kunst* (En lutte pour l'art), écrite par des artistes, des directeurs de musées, des historiens d'art, des collectionneurs et des marchands d'art, contenait la position adverse [3]. Ses auteurs professaient l'échange international des idées et s'opposaient à toute autolimitation de caractère national dans les arts. Il ressort des nombreux articles qui composent cette brochure que l'art français était reconnu dans son rôle de pionnier de la modernité mais qu'il appartenait à l'art allemand d'apporter, à travers une production autonome, sa propre contribution à l'avant-garde, face à l'art du pays voisin. Hormis quelques témoignages d'approbation, le pamphlet de Vinnen récolta plutôt des railleries et le reproche de faire preuve d'un nationalisme borné. La peinture moderne d'origine française continua à se propager et connut même un net encouragement, au cours de la deuxième décennie de notre siècle, avec l'arrivée, en la personne de Herwarth Walden, d'un nouveau protagoniste sur la scène de la vie artistique. Dans la galerie « Der Sturm » qu'il fonda en 1912, il exposa encore la même année à Berlin des œuvres de Robert Delaunay. Grâce à l'ouverture d'esprit de Walden et à son goût de la découverte, il fut possible – dans le même temps où Cassirer,

Gurlitt et d'autres exposaient des impressionnistes, des néo-impressionnistes et des Fauves – de faire connaître à Berlin, dans une jeune galerie, une nouvelle génération de modernes français [4].

Si l'on veut comprendre l'impact de l'œuvre de Delaunay en Allemagne et plus particulièrement à Berlin, il est nécessaire de l'évaluer dans le cadre décrit ci-dessus [5]. L'art de ce peintre comprend un chapitre des relations artistiques entre la France et l'Allemagne à un moment où – dans les années qui précédèrent la guerre – celles-ci faisaient déjà l'objet de dissensions véhémentes. Exposer les œuvres de Delaunay signifiait prendre le parti des possibilités modernes d'expression contre celui des préjugés nationalistes.

Décrire l'impact de l'art de Delaunay à Berlin est une entreprise problématique. Une histoire de l'art qui, sur ce thème, ne chercherait que les influences formelles, se heurterait très vite à ses limites. Néanmoins, le chapitre « Delaunay et Berlin » est intéressant, dans la mesure où il peut être possible de montrer que l'artiste français a été une source d'inspiration au plan formel aussi bien que théorique. À Berlin, son art a trouvé un terrain fertile, quoique d'une manière singulière. C'est pourquoi Delaunay doit être considéré comme l'un des artistes qui ont communiqué des impulsions décisives à l'avant-garde allemande, dans le développement qu'elle connut à Berlin.

Si l'on recherche des traces de l'influence de Delaunay à Berlin, le cadre qui nous est donné tout naturellement est celui de la présentation de ses œuvres dans la capitale de l'Empire allemand. Deux points forts peuvent se distinguer dans cette démarche. Le défi que constituaient ses tableaux et ses dessins dans les années qui ont précédé la Première Guerre mondiale est fondamentalement différent de la confrontation des artistes berlinois avec son œuvre, dans les années 20. L'idée centrale qui émane de son œuvre, juste avant et pendant la Première Guerre mondiale, tourne presque exclusivement autour du thème de la grande ville. Hormis quelques déclarations politiques de l'association d'artistes du « Novembergruppe », dont certains membres s'étaient de nouveau intéressés à l'art de Delaunay après la guerre, c'est surtout pour la résolution de questions théoriques ou de problèmes de technique picturale que l'artiste pouvait à présent servir de modèle. Il faut évidemment se garder de distinctions trop systématiques. Néanmoins, un changement, auquel correspondent deux phases de la réception de l'art de Delaunay, apparaît dans l'histoire de l'art moderne allemand. Il est manifeste, en effet, que les tableaux de Delaunay introduisirent, d'une part, une toute nouvelle façon de concevoir la représentation du thème de la grande ville et qu'ils aidèrent, d'autre part, à ouvrir la voie vers de nouvelles possibilités d'abstraction dans l'art moderne.

II

Le thème de la grande ville connut à Berlin, après 1910, une nouvelle expression, alors qu'une jeune génération de peintres modernes se tournait vers ce sujet dans leurs tableaux. En déménageant de Dresde à Berlin, les artistes du groupe « Die Brücke », qui rejetaient toute activité artistique empreinte d'académisme, furent frappés par l'effervescence de la métropole et ses oppositions sociales lourdes de tensions. *La Rue* ou *La Friedrichstraße, Berlin* [103] d'E. L. Kirchner, sont des exemples éloquents de la réaction insolite, très vive et dramatique des artistes expressionnistes à leur nouvel environnement. L'expressionnisme métropolitain et berlinois de Kirchner comporte tout à la fois de la fascination et du refus. Dans ses tableaux à personnages, s'exprime l'élégance des dames

103. **Ernst Ludwig Kirchner**, *La Rue, Berlin*, 1913,
huile sur toile, 120,6 × 91,1 cm,
New York, The Museum of Modern Art.

et des cocottes, en même temps que s'affiche aussi leur pâleur et leur anonymat. L'agressivité des couleurs criardes et la nervosité d'une touche véhémente traduisent la fébrilité et la brutalité que le peintre a ressenties dans l'atmosphère de la métropole [6].

La bousculade des masses, la répétition de figures réduites à quelques traits et les hachures destinées à évoquer le mouvement sont, dans la forme et le contenu, des éléments qui, chez Kirchner, s'apparentent à ceux du futurisme italien. Dès 1912, Walden avait fait connaître les premiers tableaux futuristes au public allemand, dans sa galerie « Der Sturm ». Cette exposition présentée avec force propagande et inaugurée le 12 avril, dura jusqu'au 31 mai. Boccioni s'était rendu personnellement à Berlin, mais fut si insatisfait de la réaction du public et de la presse qu'il en informa Carrà et Marinetti. Ce n'est que lorsque Marinetti arriva à Berlin en faisant beaucoup d'agitation avec ses tracts et ses actions que furent créés autour de l'exposition de la galerie « Sturm » l'attraction et le sensationnel que les futuristes prisaient et qu'ils considéraient comme une marque de succès[7].

Les trente-quatre œuvres de Boccioni, de Carrà, de Russolo et de Severini étaient effectivement de nature à donner au public ouvert à l'art moderne un aperçu impressionnant des moyens d'expression picturaux mis en œuvre par ce nouveau mouvement. Les thèses du futurisme, connues depuis la publication, par Marinetti, de son premier manifeste dans *Le Figaro* du 20 février 1909, avaient été diffusées partout par une série d'écrits successifs. Mais seule l'exposition ambulante qui, de Paris, traversa toute l'Europe grâce au talent d'organisateur de Marinetti, permit vraiment de faire connaître les conquêtes artistiques au moyen desquelles les futuristes cherchaient aussi à trouver un nouveau style de peinture, fondé sur leur conception de la vie.

De ce point de vue, l'accueil fait à la peinture futuriste resta plutôt réservé, et pas seulement à Berlin. L'originalité artistique ne semblait pas, à la plupart des critiques, à la hauteur de l'intensité de la propagande. Bien que la totalité des tableaux se fût vendue à Berlin, on ne peut pas parler d'une reconnaissance générale, car ils furent tous, sans exception, achetés par le même collectionneur, le banquier berlinois Borchardt. Nell Walden confirme elle aussi qu'il s'agissait plutôt d'un succès fondé sur un effet de sensation que d'une appréciation positive de ce courant artistique, lorsqu'elle écrit : « Avant tout, l'exposition des futuristes eut un succès fou. Certains jours, elle recevait un millier de visiteurs. La presse pouvait tempêter comme elle voulait – ce qu'elle ne se priva pas de faire – tout le monde voulait voir l'exposition. C'était à la mode d'y être allé[8] ».

La contribution des futuristes à l'Erster Deutsche Herbstsalon [Premier Salon d'automne allemand] de 1913, où exposèrent Balla, Boccioni, Carrà, Russolo, Severini et Soffici, ne suscita pas non plus l'admiration générale. Des grands critiques tels que Julius Meier-Graefe et Oskar Bie rejetèrent cette tendance artistique ou n'y virent rien d'autre qu'une forme tardive d'impressionnisme. Dans la revue progressiste *Die Aktion*, publiée depuis 1913 par Franz Pfemfert, Oskar Kanehl écrivit même : « Quelle querelle houleuse s'élève là autour du futurisme !... À aucun cerveau... capable de penser, on ne peut inculquer l'idée que le futurisme reproduit au lieu de la réalité objective, le vécu de l'âme, ou au lieu d'un instant de mouvement, le mouvement lui-même... Le futuriste n'est pas le seul à donner dans son œuvre le symbole de la réalité.... chaque artiste est futuriste... Mais c'est d'après les signes que les artistes et les générations se distinguent[9] ».

L'important n'est pas de savoir si Kanehl a rendu justice aux intentions du futurisme. Il paraît plus essentiel, au regard de notre sujet, que l'on n'ait pas vu, dans la réception de ce courant stylistique italien, la réalisation de l'espoir en un renouvellement de l'art. Beaucoup de critiques et d'artistes progressistes ont estimé que le grand thème, en théorie de l'art, de l'expression « du vécu intérieur au lieu du réel objectif » n'avait pas été traité par les futuristes. Aussi la réaction de Berlin au futurisme ne fut-elle pas seulement celle d'une bourgeoisie cultivée, à l'esprit ouvert, dont le goût justement avait été habitué à l'impressionnisme par l'activité de la Sécession et qui fut choquée par cette opération d'esbroufe. Mais aussi et surtout celle des artistes et des auteurs d'écrits sur l'art qui suivaient attentivement l'avant-garde française, et à qui cette peinture avait dû apparaître comme une solution insatisfaisante au regard des objectifs de l'avant-garde. Les paroles dures et tranchantes de Karl Scheffler résument le mieux le rejet de certains adeptes berlinois de l'art moderne : « Ce qui porte à réfléchir, c'est qu'ils donnent l'impression d'être intellectuellement malhonnêtes. Leur art se présente comme une compétition déloyale. Derrière tout cet enthousiasme affiché, on flaire entre les lignes de leur programme l'envie et d'autres instincts impurs. Ils ne sont pas fanatiques de la vérité, comme ils disent, mais fanatiques du succès bruyant à tout prix. Ce n'est pas l'élan impétueux de la jeunesse qui sous-tend leur peinture mais une humanité assez crapuleuse [10] ».

Dans la vie artistique de Berlin, les futuristes ne trouvèrent nullement une approbation sans partage. Mais il ne serait pas juste de ne pas citer, face aux jugements négatifs, les manifestations de reconnaissance. Outre Herwarth Walden, les poètes et écrivains expressionnistes Theodor Däubler et Alfred Döblin saluèrent dans le futurisme une tendance artistique stimulante par son enthousiasme. Adolf Behne a reconnu dès 1913 que Franz Marc « reprenait dans ses tableaux des éléments futuristes » et a constaté en 1914 qu'il faut reconnaître au futurisme un « rôle de stimulateur » de l'expressionnisme [11].

Dorothea Eimert a, dans son travail sur l'influence du futurisme dans la peinture allemande, réuni de manière exemplaire le matériel qui atteste ce rôle de stimulateur de l'expressionnisme qu'a joué le futurisme. Si l'on cherche à saisir son effet particulier à Berlin, il s'avère effectivement que – à la différence de Munich – le thème évoqué plus haut de la grande ville a reçu une nouvelle impulsion avec les Italiens. L'intention manifeste qu'avaient les futuristes d'exprimer le mouvement et la simultanéité comme les signes marquants d'une nouvelle

104. **Umberto Boccioni**, *Le bruit de la rue pénètre dans la maison*, 1911, huile sur toile, 100 × 100,6 cm, Hanovre, Musée Sprengel.

époque dynamique et d'un sentiment existentiel, caractéristique de l'époque présente, trouva à Berlin un terrain fertile. *Le bruit de la rue pénètre dans la maison* [104], *La ville s'élève* [105] et *Visions simultanées* [106] de Boccioni, qui avaient été tous trois exposés à la galerie « Sturm » en 1912, illustraient ces objectifs. Pour Kirchner qui, sans nul doute, a vu l'exposition, les tableaux italiens ont pu être une source décisive d'inspiration, mais qu'il a néanmoins retravaillée à sa manière [12]. Car dans ses tableaux cités plus haut, qui sont peut-être animés par une véhémence et une mobilité futuristes, l'artiste allemand était davan-

105

105. **Umberto Boccioni**, *La ville s'élève*, 1910-1911,
huile sur toile, 199,3 × 301 cm,
New York, The Museum of Modern Art.

106. **Umberto Boccioni**, *Visions simultanées*, 1912,
huile sur toile, 60 × 60 cm,
Wuppertal, Von der Heydt-Museum.

tage inspiré, au bout du compte, par la situation psychologique des hommes.

L'impact de l'art de Delaunay est, du moins en ce qui concerne le thème de la grande ville, indissociable de celui des futuristes. À Berlin, l'artiste a même été considéré par beaucoup comme un futuriste. Dans ce jugement, toutefois, n'était prise en compte qu'une partie de son œuvre, les tableaux représentant la tour Eiffel et les vues de villes. Theodor Däubler voyait dans sa peinture une sorte de futurisme à la française, avec une certaine similitude dans les intentions. Dans son écrit : *Im Kampf um die moderne Kunst* (En lutte pour l'art moderne), il déclara, en 1919 : « Delaunay doit ici encore une fois être mis très résolument en avant. Il est l'un des rares artistes

106

qui surent vraiment aborder le problème moderne. Il comprenait la nouveauté. En fait, la France n'avait pas besoin de futurisme : elle avait Delaunay »[13].

La question de savoir dans quelle mesure les innovations artistiques de Delaunay recoupent celles des futuristes et s'il était dépendant d'eux et dans quelle mesure, ne sera pas traitée ici. Le conflit de priorité, qui éclata entre le futurisme et l'orphisme, reposait par beaucoup d'aspects, sur des malentendus réciproques[14]. Ce qui nous intéresse toutefois, par rapport à notre sujet, est le fait que les contemporains ne faisaient que rarement la distinction entre les deux tendances. Les expositions de Walden y ont peut-être aussi contribué. Car à Berlin, les travaux de Delaunay étaient au début présentés conjointement avec

107. **Robert Delaunay**, *La Ville N° 1*, 1909,
huile sur toile,
ancienne collection Alexeï Jawlensky,
localisation actuelle inconnue.

ceux des futuristes. Peut-être la correspondance présumée entre ces deux expressions artistiques était-elle justement la raison pour laquelle l'exposition « futuriste » évoquée plus haut, à la galerie « Der Sturm », en 1912, contenait aussi trois tableaux de Delaunay. Il s'agissait de *La Ville N° 1* [107], de *La Ville N° 2* [108] et de *La Tour* [109], donc uniquement des œuvres consacrées à des visions urbaines [15]. À la vaste présentation de ses œuvres, entre le

108. **Robert Delaunay**, *La Ville N° 2*, 1910, huile sur toile, 146 × 114 cm, Paris, Musée national d'art moderne, Centre Georges-Pompidou.

1er janvier et le 20 février 1913, Herwarth Walden associa des travaux de Julie Baum, totalement oubliée, mais aussi du futuriste Ardengo Soffici. Non seulement pour le public élargi qui visitait la galerie « Der Sturm », mais aussi pour beaucoup d'artistes et de critiques, cette juxtaposition pouvait donner l'impression que les représentations urbaines de Delaunay s'apparentaient aux travaux du mouvement futuriste, voire qu'elles en faisaient partie.

Cette appréciation s'est perpétuée jusque dans les études d'histoire de l'art actuelles. Dans son étude, Dorothea Eimert traita Delaunay comme un artiste influencé par le futurisme. Elle est convaincue que Delaunay « a fait siennes les thèses des manifestes futuristes de la simultanéité du lieu et du temps et l'interpénétration des niveaux, et qu'il les a résolues à sa manière orphique »[16]. Sans vouloir confirmer ou infirmer cette conception ni non plus la réception de Delaunay par les artistes et les auteurs d'écrits sur l'art berlinois, qui assimilaient l'artiste au futurisme, nous aurons à nous demander dans ce qui suit si, dans l'un ou l'autre cas, une différenciation paraît possible. Connaissant globalement les thèses futuristes et l'univers pictural par lequel elles s'exprimaient, existait-il, pour ainsi dire, des éléments conceptuels ou picturaux qui ont pu être inspirés par Delaunay ? Il va de soi que de telles réflexions doivent être menées avec la plus grande circonspection. Si nous ne sommes même pas en mesure de détacher avec certitude du futurisme l'œuvre de Delaunay et sa pensée, comment son influence peut-elle alors être dissociée de la production bien plus abondante de ce courant artistique italien ? Cela ne peut se faire qu'en examinant les déclarations sur l'artiste et les œuvres de peintres berlinois produites avant et après la Première Guerre mondiale, en gardant à l'esprit la question de savoir si elles ont été inspirées par l'œuvre de Delaunay et de quelle manière.

III

En 1914, Ludwig Meidner publia un Guide pour peindre des tableaux sur la grande ville (*Anleitung zum Malen Großstadtbilder*). Il y résuma son expérience en la matière. Depuis la création, en 1912, du groupe d'artistes « Die Pathetiker », avec R. Janthur et J. Steinhardt, il s'était principalement consacré à ce thème pictural, avec cette exigence : « Peignons ce qui nous est proche, notre monde-ville ! les rues tumultueuses, l'élégance des ponts suspendus métalliques, les gazomètres, accrochés à des montagnes de nuages blancs, le chromatisme criard des autobus et des locomotives à grande vitesse, les câbles ondulants du téléphone (ne sont-ils pas comme un chant ?), les arlequineries des colonnes Morris, et puis la nuit… La nuit de la grande ville… » [17].

La revendication et le style d'un tel texte sont, sans l'ombre d'un doute, influencés par les manifestes futuristes. La fascination pour la technique, l'intégration du bruit et des sons ainsi que le mouvement des rouages de la grande ville correspondent aussi à des revendications futuristes. Néanmoins, Meidner demeura critique à l'égard des tableaux italiens. En revanche, il s'exprima positivement au sujet de Delaunay, qu'il qualifiait littéralement de fondateur du mouvement artistique des « Pathetiker », auquel il appartenait : « Il a déjà été dit dans les manifestes des futuristes – et non dans leurs méchantes œuvres – où résident les problèmes, et Robert Delaunay a inauguré notre mouvement, il y a trois ans, avec sa formidable conception de la tour Eiffel » [18].

Les tableaux de Delaunay représentant la tour Eiffel [109-110] ont été considérés comme les principales sources d'inspiration des vues urbaines réalisées par les « Pathetiker ». Meidner a encore confirmé dans le détail cette preuve importante d'une réception directe de Delaunay par le groupe de peintres berlinois. Son rejet des « méchantes œuvres » futuristes reposait sans doute sur un refus de toutes les formes impressionnistes. « Peindre en plein air est une erreur absolue », affirmait-il. « Nous ne pouvons pas rendre d'un coup sur la toile le caractère fortuit, désordonné de notre motif et en faire un tableau. Mais nous devons, avec réflexion et courage, réunir les impressions optiques, dont nous

109

nous sommes imprégnés à l'extérieur, en une composition »[19]. Les exigences de Meidner sonnent futuristes, mais les moyens artistiques qu'il met en œuvre ne correspondent guère aux tableaux des Italiens. Les plus importants qu'il cite sont 1. la lumière, 2. le point de vue et 3. l'utilisation de la ligne droite. Ces trois éléments trouvent – tels qu'ils sont décrits dans le détail par Meidner – leur correspondance dans les tableaux de Delaunay. Dans ses œuvres de 1913 et de 1914, les tableaux *La Ville en*

110

109. **Robert Delaunay**, *La Tour*, 1910,
Berlin, anciennement collection Bernhard Koehler, brûlé en 1945.

110. **Robert Delaunay**, *La Tour Eiffel*, 1910-1911,
huile sur toile, 195 × 129 cm, Bâle, Kunstmuseum.

111. **Ludwig Meidner**, *La Ville en feu*, 1912-1914,
huile sur toile, 67,3 × 79,4 cm,
St Louis, The Saint Louis Art Museum, Bequest of Morton D. May.

feu [111] et *Paysage apocalyptique* (Sarrebruck, Saarland Museum) et les dessins *Rue ivre avec autoportraits* [112], *Rue à Wilmersdorf* et *La Gare de Wannsee*[20], Meidner chercha à concrétiser ses idées. En elles, il réalise surtout ce qu'il appelle « le point de vue [important] pour la composition » : « Plus elles sont éloignées du point de vue, plus les lignes s'inclinent. Si nous nous tenons par exemple au milieu de la rue, en regardant droit devant nous, alors toutes les maisons auxquelles nous faisons face, tout en bas, nous apparaissent verticales, et leurs rangées de fenêtres semblent donner raison à la perspective communément admise, car elles courent rejoindre l'horizon. Mais les maisons à côté de nous – nous ne les sentons qu'avec la moitié de l'œil – semblent bran-

112. **Ludwig Meidner**, *Rue ivre avec autoportraits*, 1913, encre de Chine, 46 × 58,5 cm, Sarrebruck, Saarland Museum Saarbrücken.

lantes, prêtes à s'effondrer. Ici, des lignes qui en réalité sont parallèles, remontent à pic vers le ciel et se coupent. Les pignons, les cheminées, les fenêtres sont des masses obscures, chaotiques, fantastiquement rétrécies, à sens multiples »[21]. Cet élan vers le haut, en même temps que la fragilité, l'effondrement sur soi de la tour Eiffel, symbole des réalisations d'une civilisation mais aussi vision de la précarité terrestre, furent déterminants pour *La Ville en feu* de Meidner. Cependant, l'éclatement des lignes de force de son *Paysage apocalyptique* de 1913 n'est pas pensable sans une connaissance des tableaux futuristes de Boccioni ou de Balla. On voit ici, comment au sein de l'œuvre d'un artiste, les différentes impulsions deviennent à peine dissociables. Pourtant, on peut constater, chez

113. **Jakob Steinhardt**, *La Ville*, 1913,
huile sur toile, 61 × 40 cm,
Berlin, Staatliche Museen Preußischer Kulturbesitz,
Nationalgalerie.

Meidner et aussi chez Steinhardt, comment, à la différence des futuristes, l'obsession de la ville devient chez eux un problème qu'il leur faut exprimer. Il s'agit moins de saisir des phénomènes, comme chez les peintres italiens qui cherchaient de cette façon à trouver de nouvelles formes d'expression pour toutes les perceptions sensorielles. Chez les « Pathetiker », le centre d'intérêt est bien plutôt la ville, et l'environnement menaçant qu'elle constitue. Le personnage impuissant dans *La Ville en feu* de Meidner reflète ce que l'artiste ressent. Les maisons chancelantes dans *La Ville* [113] de Steinhardt, peinte la même année, semblent menacer les passants[22]. Et le désespoir est dangereux – il peut conduire à la prostitution et au jeu, qui se déroulent derrière les fenêtres de ces façades branlantes. Tout à fait dans l'esprit des « Pathetiker », dont il ne faisait pas directement partie, Grosz peignit en 1915 son tableau *La Rue* [114]. Par l'abandon de la perspective centrale au profit de la vision d'une ville qui se disloque, l'œuvre perpétue le caractère branlant des vues de Delaunay et les transforme en une critique sarcastique de la société. Pour Grosz, le sol vacille dans un monde fait de séduction, de morale et de voyeurisme. En raison de leurs mœurs dépravées, la ville et l'humanité sont menacées de décadence. Le tremblement de terre n'est pas causé par une catastrophe naturelle mais par la dégradation morale dont l'humanité est seule responsable. Chez Meidner, Steinhardt, Dix et Grosz, l'artiste est souvent intégré à l'image, avec sa vision d'un monde devenu chaotique.

Dans cet aspect agressif et critique de la société, qui caractérise leurs tableaux, les « Pathetiker » sont allés plus loin que Delaunay et les futuristes. Toutefois, l'attitude optimiste, confiante en l'avenir, des Italiens leur était certainement plus étrangère que la vision de Delaunay, qui évoque la Vanité de toutes choses.

Delaunay lui-même avait dit de ses tableaux représentant la tour Eiffel qu'ils étaient « la synthèse de toute cette

114

114. **George Grosz**, *La Rue*, 1915,
huile sur toile, 45,5 × 35,5 cm,
Stuttgart, Staatsgalerie.

115. **Heinrich M. Davringhausen**, *Le Fou*, 1916,
huile sur toile, 198,5 × 119,5 cm,
Münster, Westfälisches Landesmuseum
für Kunst und Kulturgeschichte.

115

époque de destruction : une vision prophétique. Aussi à répercussion sociale : la guerre, les bases s'écroulent »[23]. Cette interprétation plus tardive que le reste de ses déclarations ne restitue peut-être pas de manière certaine l'intention qui était la sienne pendant le processus de création de la série. Mais elle offrait à l'époque une possibilité de lecture qui fut saisie par les contemporains. En tout cas, la situation artistique qui régnait à Berlin était telle que les tableaux de ville de Delaunay pouvaient être compris par les artistes qui y vivaient comme une vision menaçante de la grande ville moderne. Cette vision sceptique, pessimiste, apocalyptique, ne s'observe que dans des tableaux de ville. *Le Fou* de H. M. Davringhausen [115], peint en 1916, est l'expression de la même attitude de base. Peint en pleine guerre, ce tableau prend pour fond sur lequel se détache son personnage l'église *Saint-Séverin* de Delaunay [116]. À l'architecture déformée par rapport à la perspective centrale habituelle, correspond la figure étrangère à la vie du malade mental. À l'arrière-plan, un soldat allemand et un soldat français se battent. Eux aussi semblent abstraits de la réalité et hors de leur bon sens dans cet environnement aliéné[24]. Le thème de la guerre fut présenté de la manière la plus pénétrante et la plus accusatrice par Otto Dix dès le début des combats en 1914. Son tableau *La Guerre (La Pièce d'artillerie)* [117] est un exemple éloquent du contraste entre, d'une part, la sensibilité des lignes brisées dans les tableaux de Delaunay représentant la ville et, d'autre part, la vision et la dramaturgie explosive de la destruction. Chez Dix, l'homme s'est pris dans les rouages de la machinerie destructrice de la guerre. D'ailleurs, l'artiste est beaucoup plus fortement marqué par les idées futuristes que Davringhausen. Toutefois, il est caractéristique de l'expressionnisme berlinois que Dix les retourne avec sarcasme en un signe avertisseur de décadence, tandis que les futuristes glorifiaient la guerre en y voyant la possibi-

116. **Robert Delaunay**, *Saint-Séverin, N° 1*, 1909, huile sur toile, 117 × 83 cm, Bâle, collection particulière.

lité puissante et dynamique d'un nouvel ordre social. Les grandes visions urbaines de George Grosz reposent, elles aussi, dans leur dynamique et leur agressivité, sur une confrontation de l'artiste avec le futurisme. De même que Meidner se réclamait de Delaunay, Theodor Däubler vit également chez Grosz un lien avec l'œuvre de l'artiste français. « Grosz aussi », écrivit-il, « avec sa perspective de la ville observée depuis le train express, nous ramène on ne peut plus vite à la même source (Delaunay) »[25].

Nous ne considérerions plus aujourd'hui cette ressemblance formelle comme particulièrement frappante. Mais il est caractéristique que le retentissement de Delaunay ait été souligné avec autant d'insistance par Däubler. Pour

117

117. **Otto Dix**, *La Guerre (La Pièce d'artillerie)*, 1914,
huile sur carton, 98,5 × 69,5 cm,
Düsseldorf, Kunstmuseum.

118. **George Grosz**, *Dédicace à Oskar Panizza*, 1917-1918,
huile sur toile, 140 × 110 cm,
Stuttgart, Staatsgalerie.

118

lui, il fut celui qui, en usant de moyens picturaux nouveaux, aida à la naissance d'un nouvel expressionnisme. Le fait que, dans son contenu et dans sa forme, la vision que Grosz avait de la métropole s'était grandement éloignée de ce qui avait peut-être été l'impulsion artistique initiale, jouait pour Däubler un rôle secondaire.

Dans sa remarque, Däubler se référait sans aucun doute aux tableaux de grand format de Grosz, *La Grande Ville*

119. **George Grosz**, *L'Allemagne, un conte d'hiver*, 1917-1919, localisation actuelle inconnue.

(1916-1917)[26], *Dédicace à Oskar Panizza* [118] et *L'Allemagne, un conte d'hiver* [119]. Justement dans ce dernier tableau, la perspective déformée, comme prise d'un train express roulant à vive allure, devient un moyen stylistique, et les constructions qui semblent en train de s'effondrer, dans des couleurs rouge feu, doivent être vues comme des symboles de l'atmosphère apocalyptique liée à la guerre.

La grande ville, Moloch corrompant les hommes avant de les dévorer, trouva son expression dans des tableaux qu'il faut lire comme des visions médiévales de la fin des temps. Les impulsions, qui partirent des futuristes et de Delaunay, touchaient aussi bien la forme que le contenu, mais elles étaient interprétées par les Allemands dans un

120. **Hannah Höch**, *New York*, vers 1922, collage, 29,5 × 18,5 cm, Berlin, Staatliche Museen Preußischer Kulturbesitz, Nationalgalerie.

sens précis, volontairement en rapport avec l'époque présente. La guerre mondiale et l'effondrement de la structure sociale – telle était la réalité vécue et représentée en images.

Il est intéressant d'observer comment, dans l'après-guerre, cette vision de la grande ville a été reprise par le dadaïsme, le Novembergruppe, le Bauhaus et le constructivisme, et recevait par là une nouvelle empreinte. Dans le collage *New York* [120] de Hannah Höch et dans *Métropolis* [121] de Paul Citroën, le thème de la grande ville devient, d'une nouvelle façon, une vision oppressante. Les bâtiments chancelants de la métropole se distinguent toutefois, dans les années 20, des représentations anté-

121

121. **Paul Citroën**, *Métropolis*, 1923,
collage, 76 × 58,5 cm,
Leyde, Prentenkabinet der Rijksuniversiteit.

122. **Conrad Felixmüller**, *Mort du poète Walter Rheiner*, 1925,
huile sur toile, 185 x 129 cm,
Beverly Hills, The Robert Gore Rifkind Foundation.

rieures par le fait qu'ils servent à présent à décrire la domination de la technologie sur l'homme. Comme dans le célèbre film du même nom, tourné en 1926 par Fritz Lang, l'homme est devenu dans ces collages la victime et l'esclave de son propre pouvoir d'invention.

Dans les déserts de pierre de la métropole, l'individu ne compte plus. Un poète aussi sensible que W. Rheiner périt en elle, en succombant à la drogue. Conrad Felixmüller a peint *La mort du poète Walter Rheiner* en 1925

122

[122], peu après la réalisation du collage *Métropolis* de Citroën. Deux œuvres, ici, se font face. Différentes, au plan artistique, par leur conception et leur message, elles ont peut-être malgré tout une même origine, ou naquirent d'une même source d'inspiration. Il se peut, en effet, qu'avec ses vues branlantes de métropoles et de tours Eiffel, Delaunay ait joué un rôle de précurseur pour Citroën. Nous ne pouvons pas affirmer avec certitude que Felixmüller avait connu le *Portrait du poète Philippe*

123. **Robert Delaunay**, *Portrait du poète Philippe Soupault*, 1922, Washington, Hirschhorn Museum and Sculpture Garden.

Soupault [123]. Trente-quatre œuvres de Delaunay étaient à voir à la galerie « Der Sturm », dans l'exposition de 1921. Mais le *Portrait du poète* a sans doute seulement été réalisé en 1922. Peut-être une étude était-elle connue[27]. Toutefois, il importe moins de reconstituer les dépendances directes de l'un envers l'autre que de montrer les éléments comparables dans le contenu et la composition, ainsi que les oppositions. Autant le thème et la composition sont ressemblants, autant l'expression est totalement différente. D'après le témoignage de Soupault, le peintre était habité par trois motifs : « l'image d'un poète ami, la tour Eiffel, les fenêtres ». Songeur et comme absorbé, le poète se tient devant la fenêtre à travers laquelle on aperçoit une tour Eiffel branlante. La vue de la fenêtre semble être la vision que le poète a devant les yeux. Cette fenêtre n'offre pas une vue banale sur la réalité extérieure mais est le symbole d'une création artistique qui correspond à celle d'un poème.

À l'opposé de l'œuvre de Delaunay, l'expressionniste allemand peignit une image bouleversante du désespoir et de l'échec. La vue de la fenêtre donne pourtant un aperçu plus réel de la ville. Mais la ville apparaît en même temps comme le lieu du désespoir, dans lequel le poète est poussé au suicide[28].

Une telle comparaison apporte davantage que la recherche des dépendances et des influences entre deux peintres. Elle jette en effet un éclairage sur les différences d'origine, de tempérament et de volonté créatrice, quand existe, de part et d'autre des frontières, un même effort pour représenter le rôle de l'artiste et la conception qu'il a de lui-même. Dans cette démarche, l'expressionniste allemand vise une critique passionnée de la société, tandis que Delaunay semble davantage interpréter la peinture et la poésie comme des processus internes au domaine de l'art.

IV

Mais il serait faux de croire que seule la vision apocalyptique de la ville aurait, dans les peintures berlinoises sur le thème de la métropole, trouvé une source d'inspiration chez Delaunay. Les expositions à la galerie « Der Sturm » présentaient aussi des spécimens des séries *Saint-Séverin*, *Les Tours de Laon*, *Les Fenêtres simultanées sur la ville* et *Disques simultanés*. L'art de Delaunay pouvait également toucher les peintres qui empruntèrent de nouvelles voies. Éprouver les possibilités créatrices à leur disposition en dehors des motifs de la réalité, tel était le grand défi que s'étaient lancé toute une série d'artistes autour de Walden. Ce dernier s'était donné pour tâche d'encourager justement aussi toutes les tendances abstraites et constructivistes. Dans la préface au catalogue du Salon d'automne de 1913, il écrivit : « l'art est un don et non une reproduction. Si l'on veut jouir d'un noble fruit, il faut en sacrifier la peau. Même la plus belle peau ne trompe pas longtemps sur la fadeur de l'intérieur. Le peintre peint ce qu'il voit à l'aide de ses sens les plus intimes, l'expression de son être, toute chose éphémère ne lui est que symbole, il joue à la vie, toute impression de l'extérieur lui devient expression de l'intérieur. Il est le porteur et le porté de sa vision, de ses images intérieures… » [29].

Régulièrement, au fil des numéros, la revue *Der Sturm* prenait la défense, sous la plume de Herwarth Walden mais aussi de Lothar Schreyer et d'autres, de ce qu'ils appelaient « l'art abstrait » ou « l'art pur ». Kandinsky lui-même défendit dans un article, paru dans *Der Sturm* sous le titre « La peinture, un art pur », sa conception d'un art abstrait [30]. Lothar Schreyer s'attachait, lui aussi, à montrer que le caractère figuratif ou non-figuratif d'une œuvre d'art n'était pas un critère de qualité : « L'acte de créer et l'objet de la création sont pour l'artiste une seule et même chose. La contemplation de la vision et la nécessité impérieuse de créer sont uns… Avec l'objet créé, l'image se sépare de lui. Il en résulte ceci : si la vision est figurative, le tableau est figuratif. Si la vision est non-figurative, le tableau est non-figuratif. Pour la valeur artistique d'une œuvre, il importe peu qu'elle soit figurative ou non » [31].

L'œuvre de Delaunay était une source d'expérience pour cette conception avant-gardiste de l'art. Dans un article sur la lumière, traduit par Paul Klee et publié en 1913 dans *Der Sturm*, Delaunay s'était exprimé sans équivoque sur son expérience et sur la théorie de l'art qui était la sienne à l'époque : « Tant que l'art ne se détache pas de l'objet, il reste description, littérature, il s'avilit, par l'emploi de moyens d'expression insuffisants, il se condamne à l'esclavage de l'imitation » [32].

Les tableaux de Delaunay permettaient de comprendre le chemin qu'il avait suivi en en refoulant progressivement les objets reconnaissables. Cette dissipation de l'objet se réalisa chez lui d'une autre manière que chez les cubistes. Dans le prolongement de la technique des « passages cézanniens », il développa une façon de peindre en aplats, par laquelle il cherchait à obtenir une « harmonie des couleurs ». Dans l'article sur la lumière, cité ci-dessus, il disait de l'art qui créait, à partir de couleurs claires et pures, un mouvement et une transparence intérieures qu'il était le but de la peinture : « Cette action synchronique doit être considérée comme le véritable et unique sujet de la peinture »[33].

Les peintres réceptifs à ce nouveau rapport à la couleur n'étaient pas seulement Klee, Kandinsky et Marc mais aussi toute une série d'autres artistes qui vivaient et exposaient à Berlin. On ne peut pas les réunir en un groupe qui aurait propagé l'art de Delaunay au sens d'un style artistique. Le peintre français n'a pas fait école. Mais on est tenté de supposer – et dans certains cas un travail sur l'œuvre de Delaunay est même attesté ou déclaré par les artistes eux-mêmes – que son art orphique leur a donné l'impulsion ou la confirmation pour progresser dans le développement de leurs propres idées. Comme déjà avec les tableaux apocalyptiques de métropoles, il ne faut pas s'attendre à ce que Delaunay ait été « correctement » compris. Il est justement instructif d'observer comment la réception de son art par les artistes allemands consistait en une transposition de celui-ci dans le contexte de leurs propres traditions, en fonction de leurs expériences personnelles respectives. D'ailleurs, même chez les peintres qui – tout en pouvant être engagés politiquement – ne concevaient pas en premier lieu leur art comme un instrument de critique sociale, l'interprétation visionnaire de la peinture de Delaunay restait

124. **Erich Heckel**, *Terne Journée*, 1913, huile sur toile, 120 × 96 cm, Munich, Bayerische Staatsgemälde-sammlungen, Staatsgalerie moderner Kunst.

généralement la règle. Justement ceux qui, au sein du mouvement expressionniste, évoluèrent avant et après la Première Guerre mondiale vers le non-figuratif, cherchaient dans leurs œuvres une nouvelle expression, conforme à ce qu'ils ressentaient. Leur rejet de toute conception impressionniste, cataloguée comme extérieure et positiviste, les conduisit d'une manière plutôt néo-romantique vers une nouvelle façon d'évaluer une construction purement chromatique. Ils découvrirent dans la lumière et la couleur les supports d'une possible immersion contemplative. Un vocabulaire plastique semblait ainsi avoir été donné à l'espoir en un art pur et absolu.

La réfraction prismatique de la lumière qui fit, depuis le XIXe siècle, l'objet de nombreux traités sur la couleur, fut aussi considérée au début de notre siècle sous l'angle « de l'art et de la science ». Plus courantes sont toutefois les voix et les œuvres qui invoquent le rapport res-

125. **Ludwig Meidner**, *La Maison d'angle*, 1913, huile sur toile, 92,7 × 78 cm, Madrid, collection Thyssen-Bornemisza.

senti comme un phénomène supraterrestre, quasi magique, entre la lumière et la couleur.

Il n'existe pas de ressemblance visible entre les œuvres de Delaunay et celles d'Erich Heckel. Pourtant, il convient d'évoquer ici sa *Terne Journée* [124], car ce chef-d'œuvre témoigne de la manière dont le sentiment impressionniste de la nature a été dépassé par les expressionnistes. Les nuages, le ciel bleu et leur réflexion dans l'eau sont devenus chez Heckel une vision cristalline. L'association du cristal à l'idée de la réfraction de la

126 

126. **Christian Rohlfs**, *La Maison Wagner à Soest*, vers 1917,
huile sur toile, 80,5 × 102 cm,
collection particulière.

127. **Heinrich M. Davringhausen**, *Lourdes*, vers 1916,
huile sur toile, 82 × 70 cm,
collection particulière.

lumière offre une possibilité d'interprétation d'une tout autre nature pour aborder les tableaux de Delaunay. La tour qui s'effondre, le clocher ou la structure aux multiples facettes qui se dresse vers le ciel ont été des variantes d'un nouveau thème de visions cosmiques à l'intérieur du tableau.

Ce fut Theodor Däubler qui incarna le plus clairement cette façon d'interpréter l'œuvre de Delaunay mais il y ajouta aussi son admiration pour le chef-d'œuvre de la technologie et du génie civil qu'était la tour Eiffel. Elle lui apparut comme un produit de l'imagination humaine qui élève en quelque sorte l'être humain au-delà de son

127

assujettissement à la terre : « Delaunay est le premier expressionniste à l'être consciemment. Considérons son tableau le plus accompli, *La Tour Eiffel.* Déjà l'aspect de cette tour de fer. Son treillage est froissage. Le héros tombe aussi bien des étoiles qu'il jaillit de la terre. Dans le spirituel, il en va de même. Notre patrie est en haut. Nous vivons ici notre origine stellaire. C'est pourquoi, une telle tour n'a pas de verticale. Elle s'effondre sous le poids des étoiles ; ainsi la tour s'écrase-t-elle de partout. Elle est un accordéon, aussi bien maintenue par le haut que par le bas. Les astres en jouent. La maison est sans doute aussi comme cela, mais la tour Eiffel est

128

128. **Lyonel Feininger**,
Cathédrale du socialisme,
1919,
bois gravé
pour le manifeste
du Bauhaus,
30,5 × 18,9 cm,
Munich, Staatliche
Graphische Sammlung.

129. **Wassili Luckhardt**,
Édifice cultuel,
salle de fêtes en verre,
1919,
aquarelle sur carton,
65 × 88 cm,
collection particulière.

129

130. **Kurt Schwitters**,
Merzbild 25a, Tableau étoilé, 1920,
montage, collage, huile sur carton, 104,5 × 79 cm,
Düsseldorf, Kunstsammlung Nordrhein-Westfalen.

devenue la construction moderne par excellence. C'est pourquoi elle est encore plus dégagée de l'espace que n'importe quelle autre construction. Elle est charpente et ossature du futur. Elle est apparemment sans utilité. Ne sert à rien...»[34].

Tandis que, sans doute sous l'effet direct des tableaux de Delaunay, les brisures de l'édifice, dans *La Maison d'angle* [125] de Ludwig Meidner, se concentrent encore concrètement en une impression de chancellement et en une paraphrase de l'incertitude et de l'instabilité, l'impression visionnaire reste clairement perceptible dans *La Maison Wagner à Soest* [126] de Christian Rohlfs. Dans *Lourdes* [127] de Davringhausen, le clocher rendu en de multiples réfractions de lumière devient une métaphore de la foi. Les tableaux de Feininger représentant des églises, qui, de par leur conception semblable à celle des icônes, suscitent un mode de contemplation méditatif, expriment eux aussi le caractère visionnaire que les peintres avant-gardistes de l'époque cherchaient à communiquer. Sa gravure sur bois, *Cathédrale du socialisme* [128], témoigne du fait qu'après la guerre, ces moyens artistiques correspondaient aussi à des contenus précis, transposition rêveuse, mais caractéristique de l'époque, de traditions iconographiques [35].

Dans les projets utopiques de Wassili Luckhardt se lit, la même année, l'espoir d'une percée vers une nouvelle époque. Son *Édifice cultuel, salle de fêtes en verre* [129], est une formation cristalline, à la fois cathédrale et château du Graal. Un an plus tard, en 1920, Kurt Schwitters peignit son *Merzbild 25a*, dit le *Tableau étoilé* [130]. Les formes circulaires, associées aux diagonales tombantes, transposent les visions architecturales de Feininger et de Delaunay en une construction cosmique universelle, ironiquement émaillée chez Schwitters de devises nationales allemandes.

V

Après la 97e exposition de la galerie « Der Sturm », en mai 1921, où furent présentées trente-quatre œuvres de Delaunay, un nouvel intérêt pour l'art de Delaunay se fait jour chez certains artistes de Berlin. Ils appartiennent pour la plupart à ce qu'on appelle le « Novembergruppe », une association d'artistes fondée en 1918 [36]. Malgré un lien étroit avec le groupe « Arbeitsrat für Kunst »,

131. **Arthur Segal**, *Le Port*, 1921, 147 × 187,5 cm, Cologne, Museum Ludwig.

la plupart des membres restèrent réservés dans leur engagement politique. L'association n'incarnait pas de réelle conviction artistique, politique ou philosophique. Elle s'était plutôt formée à partir de l'intention commune de propager l'art moderne – de quelque tendance qu'il fût – et de le représenter dans des expositions.

Dès 1921, sous l'impression, par conséquent, de l'exposition Delaunay, Arthur Segal peignit *Le Port* [131] et, un peu après, *Helgoland* (Berlin, Berlinische Galerie). L'éclatement de la surface de la toile en une multitude d'éléments prismatiques, intégrant jusqu'au cadre, transforma le travail de facettes de Delaunay en une forme picturale systématique. Dans son écrit, *Das Lichtproblem in der Malerei* (Le problème de la lumière dans la peinture), Segal réfléchit aux moyens dont dispose la peinture pour

132. **Max Dungert**,
Tour, 1922,
huile sur toile, 180 × 90 cm,
Berlin, Berlinische Galerie.

133

133. **Hans Brass**, *Ville*, 1921, localisation actuelle inconnue.

produire, à l'aide de la lumière, un effet de plasticité[37]. Dans sa *Tour* [132] de 1922, Max Dungert a lui aussi rendu la réfraction de la lumière dans un tableau. Tandis que Hans Brass est plutôt parvenu, dans sa *Ville* [133] et dans son dessin de *Tour* [134], à la « formation d'une réalité spatiale par le jeu nécessaire des formes-cubes-cylindres les plus simples »[38] et qu'Otto Möller a transformé dans son tableau *Ville* [135] les *Fenêtres* [136] de Delaunay en une vue aux couleurs gaies, Dungert produisit une vision magique de vitraux, éclairés de l'intérieur.

Le travail fascinant, qui consistait à mettre en valeur les rapports entre lumière et couleurs, non pas dans le sens d'une description impressionniste de la nature, mais

134. **Hans Brass**, *Tour*, 1920, localisation actuelle inconnue.

en laissant interagir entre elles les formes figuratives, a occupé beaucoup d'artistes dans les années 1920. Systématiquement exploré au Bauhaus par Kandinsky et Klee, cet objectif artistique se manifesta aussi chez des peintres berlinois du « Novembergruppe » : Otto Freundlich, Moriz Melzer et Herbert Behrens-Hangeler. Dans son tableau *La Mère* [137], Freundlich, qu'une amitié personnelle aussi liait à Delaunay, essaya d'élever le thème à un niveau spirituel et supra-figuratif, en lui donnant une représentation cosmique. Moriz Melzer expérimenta de manière analogue dans son œuvre singulière *Bénédiction* [138]. En grillageant son tableau à l'aide d'un autre, qu'il découpa, il en voila complètement la composition qui

135

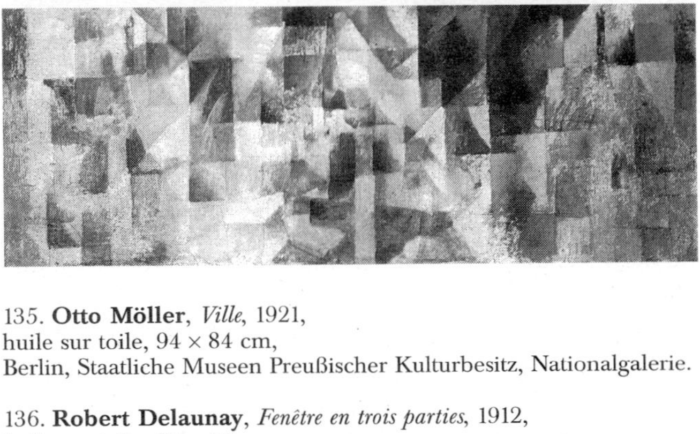

136

135. **Otto Möller**, *Ville*, 1921,
huile sur toile, 94 × 84 cm,
Berlin, Staatliche Museen Preußischer Kulturbesitz, Nationalgalerie.

136. **Robert Delaunay**, *Fenêtre en trois parties*, 1912,
huile sur toile, 34 × 89 cm,
Philadelphie, The Philadelphia Museum of Art.

137

s'était déjà en soi dissoute en formes géométriques. Chaque mouvement du spectateur devant le tableau en modifie la configuration et provoque un effet de rayonnement dynamique, une invention qui anticipait certains effets de l'Op Art.

Herbert Behrens-Hangeler se laissa-t-il inspirer, pour son tableau *Notre ère technologique* [139], par les œuvres de Delaunay ? Il ne peut être répondu avec certitude à cette question. Il ne semble pas toutefois totalement exclu que cette œuvre, peinte par purs aplats de couleurs, selon une

138

137. **Otto Freundlich**, *La Mère*, 1921,
huile sur toile, 120 × 100 cm, Berlin, Berlinische Galerie.

138. **Moriz Melzer**, *Bénédiction*, 1917,
huile sur bois, 136 × 103 cm, vue de droite,
Berlin, Staatliche Museen Preußischer Kulturbesitz, Nationalgalerie.

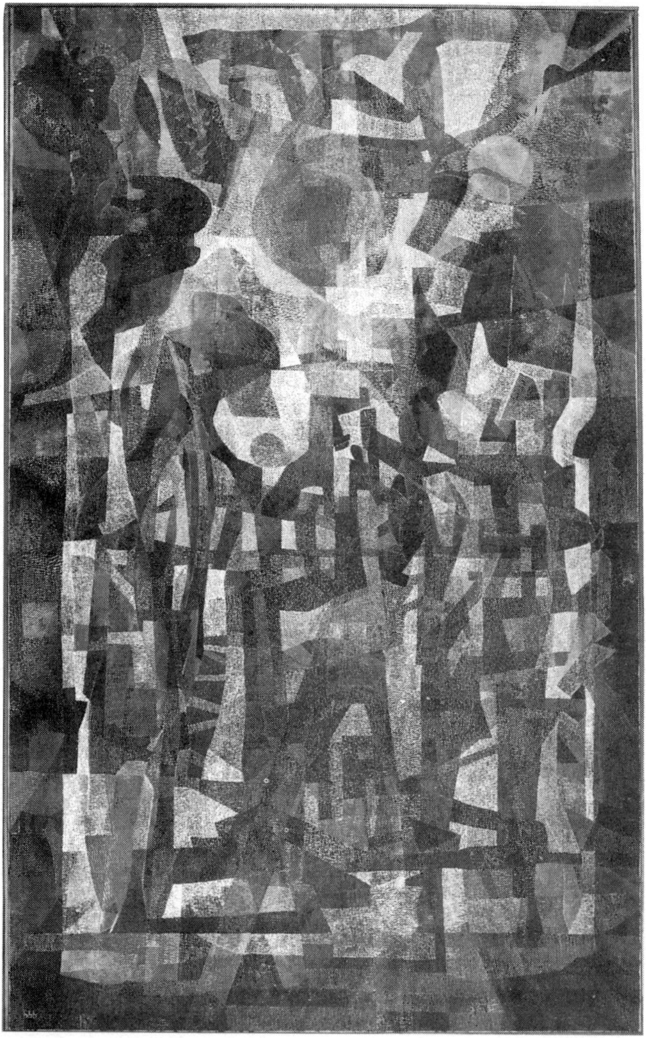

139. **Herbert Behrens-Hangeler**, *Notre ère technologique*, après 1925, huile sur toile, 316 × 200 cm, Berlin, Berlinische Galerie.

140. **Robert Delaunay**, *La Ville N° 2* (deuxième étude), 1911,
huile sur toile, 145 × 111,9 cm,
New York, Solomon R. Guggenheim Museum.

technique divisionniste, décorative, soit une transposition abstraite des vues urbaines de Delaunay. Des tableaux, tels que la version de *La Ville* [140] du musée Guggenheim, pourraient, justement parce que la représentation du peintre français entreprend déjà de résorber l'objet, avoir constitué pour l'artiste allemand une inspiration décisive. Dès 1912, E. von Busse avait, dans un article sur « les techniques de composition chez Robert Delaunay », paru dans l'almanach *Der Blaue Reiter*, analysé la décomposition progressive de l'image de la nature dans les vues de villes[39]. Dans cette évolution, la série des *Fenêtres sur la ville* fut considérée comme une étape intermédiaire importante. Cette évolution vers l'abstraction trouve son aboutissement plus d'une décennie plus tard chez Behrens-Hangeler. Certains moyens picturaux de Delaunay étaient toutefois encore conservés.

VI

Le travail artistique des peintres de Berlin autour de l'œuvre de Delaunay jette une lumière instructive sur les points communs et les divergences qui se firent jour dans les relations artistiques entre la France et l'Allemagne avant et après la Première Guerre mondiale. Malgré toute la circonspection qui semble s'imposer lorsqu'on veut prononcer un jugement d'ensemble sur la réception accordée à Delaunay par des artistes très différents, il est néanmoins possible d'observer que les tableaux de l'artiste français ont été tout à la fois reconnus et méconnus. Mais au-delà de toute leur admiration pour la voie sensible et autonome que suivait le peintre français au sein d'une avant-garde française en pleine évolution, les artistes allemands cherchèrent plutôt chez leur collègue français une confirmation de leurs propres tendances. La compréhension des objectifs picturaux de Delaunay resta très limitée – du moins à Berlin.

La raison à cela résidait, manifestement, dans une autre forme de perception. En effet, les artistes allemands reprenaient dans un autre sens, celui de l'expression d'un message politique et social, les solutions esthétiques que

Delaunay développait dans sa démarche créatrice. Ils interprétaient les tableaux de Delaunay dans le sens d'une vision du monde qui, tout en étant intuitive, obéissait à une logique. Conformément à l'esprit de l'époque, cette vision du monde était critique de son temps, et même pessimiste. Aucun, pratiquement, des artistes allemands, excepté peut-être Otto Freundlich qui vécut longtemps auprès de Delaunay en France, ne savait que faire de cet optimisme, de cette euphorie de couleurs, qu'était l'orphisme. La plupart des peintres allemands avant et après la guerre étaient subjugués par la forme plutôt que par le contenu, et ils la puisaient dans leurs traditions et dans leur environnement.

La réception de l'œuvre de Delaunay par les critiques d'art et les auteurs d'écrits sur l'art confirme ce fait. Déjà en 1913, Adolf Behne constatait avec admiration que l'objet ne jouait plus aucun rôle chez Delaunay. Mais en même temps, il cherchait à reconnaître dans la « vie qui animait ses effets musicaux » une expérience profonde, semblable à celle qu'apporte un Rembrandt ou un Michel-Ange. Ce qui comptait pour Behne, c'était « la force et l'intensité du contenu d'expérience ». Il se défendait contre tout point de vue décoratif. Dans son analyse du premier Salon d'automne berlinois, les œuvres de Delaunay devenaient « la plus belle incorporation d'une joie de vivre moderne »[40].

Cette surcharge intellectuelle que l'on faisait peser sur l'orphisme, quoiqu'avec toujours de nouveaux arguments et de nouvelles conceptions, s'observe comme un leitmotiv dans toute la réception de Delaunay à Berlin.

Il est aussi trop demandé à l'art de Delaunay lorsqu'il est considéré par Enzian comme une haute réalisation scientifique, présageant de ce que serait l'avenir. Pris, toutefois, d'un certain vertige devant sa propre appréciation de l'artiste qu'il qualifiait de « logicien », cet auteur énonça avec prudence : « Pourrait-on peut-être dire que la peinture de Delaunay serait la base d'une psychologie des phénomènes naturels ? »[41]. Selon l'avis de cet auteur, l'expérience menée depuis longtemps – depuis Seurat, en passant par Cézanne – pour faire de l'art une science, a atteint maintenant son point culminant et son accomplissement : «… car il s'agit moins aujourd'hui de la création d'œuvres individuelles parfaites, que de la juste volonté, dans notre peinture, de nous rapprocher de la nature que nous voyons avec les yeux du vingtième siècle et de l'exprimer d'une manière plus profonde, en explorant à fond, et scientifiquement, les moyens de la représentation ». Delaunay aurait même permis « une certaine clarification de nos concepts artistiques », et la peinture pourrait « devenir un métier à part entière, respecté de tous, comme l'étude de la physique ou tout autre métier – et il sera exigé, à l'avenir, que l'on passe un doctorat à l'université de la peinture… »[42]. Au moins un écrivain et critique de l'art allemand s'opposa à une telle surestimation. Il le fit avec mordant et sarcasme, et même avec irritation contre cette vénération exagérée. Dans une lettre à Ludwig Rubiner, Carl Einstein écrivit en 1914 : « Delaunay est pour moi un journaliste sans frontières. Il possède plus ou moins le don de peinture, dont chacun qui veut apprendre à peindre dispose sans doute ; mais par-dessus règne un cerveau aplati, totalement décapité par des lieux communs "spirituels" ; ayant ainsi raté sa voie, il est devenu un journaliste des idéologies les plus plates, qui ne s'écarte jamais de l'objet, déjà façonné dans ses moindres détails… »[43].

Or justement les tableaux de Delaunay, dans lesquels l'objet restait encore reconnaissable, offraient à beaucoup d'Allemands une vision du déchirement – profondément ressenti – d'une époque prise entre l'effondrement culturel et le départ pour un nouvel avenir. La description d'un tableau, parue en 1919 sous la plume de Franz Landsberger, est caractéristique de ce sentiment : « Le regard de

Delaunay à travers la fenêtre ne donne rien d'autre qu'un culbutement pêle-mêle de maisons et de cours en forme de fosses. Ici ne pousse pas de verdure, toute vie se meurt. Comme des yeux morts, les fenêtres jettent un regard globuleux sur les cadavres de pierre. Et par-delà ce bric-à-brac oblique et de travers, se dresse, libre et verticale, l'emblème du Paris moderne, la tour Eiffel, coulée dans du fer »[44].

Les peintres, les écrivains et les critiques d'art étaient influencés par leur propre environnement dans l'admiration qu'ils portaient à l'art de Delaunay et dans la critique qu'ils exerçaient à son endroit. Cet art ouvrait un nouveau chapitre dans le champ de tension qui caractérisait les relations artistiques entre la France et l'Allemagne. La querelle entre académisme et modernité n'était pas loin d'être consommée. L'art moderne, cependant, se définissait d'une manière particulière à Berlin. Le déclin d'une époque, le déchirement intérieur d'un ordre social et la tension sociale de la vie métropolitaine trouvèrent clairement leur expression dans les arts. La modernité de Delaunay semblait une preuve du déchirement qu'ils vivaient entre le scepticisme à l'égard du présent et l'espoir en l'avenir. De la sorte, il est encore une fois prouvé qu'au désir ardent et nostalgique pour les découvertes esthétiques du pays voisin, faisait pendant, en Allemagne, le tourment d'avoir à percer à jour son propre destin et à lui donner forme dans l'œuvre d'art.

Notes

1. P. Paret, *Die Berliner Secession, Moderne Kunst und ihre Feinde im Kaiserlichen Deutschland*, Berlin, 1981. Voir aussi D. Bartmann, *Anton von Werner, Zur Kunst und Kunstpolitik im Deutschen Kaiserreich*, Berlin, 1985. Les deux œuvres contiennent un complément bibliographique et une liste détaillée des sources. Voir également le catalogue d'exposition *Paris-Berlin 1900-1933. Rapports et contrastes France-Allemagne*, Paris, 1978.

2. C. Vinnen, *Ein Protest deutscher Künstler*, Iéna, 1911.

3. « Im Kampf um die Kunst », réponse au pamphlet « Protest deutscher Künstler », Munich, 1911. À cette contre-offensive participèrent notamment G. Pauli, A. Lichtwark, M. Liebermann, M. Slevogt, L. Corinth, G. Kolbe, M. Beckmann, G. Klimt, V. Kandinsky, F. Marc, A. Macke, W. Worringer, Graf Kessler, H. van de Velde, P. Cassirer et beaucoup d'autres.

4. Le meilleur aperçu de cette activité d'exposition est donné par G. Brühl, *Herwarth Walden und « der Sturm »*, Leipzig-Cologne, 1983. Voir aussi R. Lenman, « The internalisation of the Berlin art market, 1910-1920, and the role of Herwarth Walden », dans Th. W. Gaehtgens, éd., *Künstlerischer Austausch = Artistic exchange*, Berlin, 1993, p. 535-542 ; F. Mulhaupt, éd., *Herwarth Walden, 1878-1941, Wegbereiter der Moderne*, Berlin, 1991 et B. Nobis, « Expressionismus ist ein Kampfwort : ein idealistischer Revolutionär : Herwarth Walden und der Sturm », dans H. Junge, éd., *Avantgarde und Publikum : zur Rezeption avantgardistischer Kunst in Deutschland : 1905 bis 1933*, Cologne-Weimar-Vienne, 1992, p. 321-328.

5. Voir le catalogue d'exposition P.-K. Schuster, éd., *Delaunay und Deutschland*, Cologne, 1985.

6. Voir à ce sujet W.-D. Dube, « Kirchners Bildmotive in Beziehung zur Umwelt », dans *Ernst Ludwig Kirchner, 1880-1938*, Catalogue d'exposition Berlin-Munich-Cologne-Zurich, 1979-1980, p. 13.

7. A ce sujet voir surtout D. Eimert, *Der Einfluß des Futurismus auf die deutsche Malerei*, Cologne, 1974, p. 97 sq. ; E. Coen, « The Violent Urge towards modernity : Futurism and the International Avant-garde », dans le catalogue d'exposition E. Braun, éd., *Italian Art in the Twentieth Century. Painting and Sculpture 1900-1988*, Munich, 1989, p. 49-56, surtout p. 54.

8. N. Walden, *Herwarth Walden, Ein Lebensbild*, Berlin-Mayence, 1963, p. 69 ; Eimert, *op. cit.*, p. 105.

9. Cité d'après Eimert, *ibid.*, p. 111.

10. Cité d'après Eimert, *ibid.*, p. 114.

11. A. Behne, « Deutsche Expressionisten », dans *Der Sturm*, 5, 1914, p. 115 ; Eimert, *ibid.*, p. 115.

12. D. E. Gordon, *Ernst Ludwig Kirchner*, Munich, 1968, p. 96 sq.

13. Th. Däubler, *Im Kampf um die moderne Kunst*, Berlin, 1919, p. 38.

14. Voir à ce sujet la contribution de M. Zimmermann « Der Streit zwischen Orphismus und Futurismus im "Sturm" – Zur Interpretation der Selbstäußerungen von Künstlern », dans le catalogue de l'exposition *Delaunay und Deutschland*, *op. cit.*, p. 318-325.

15. *Zweite Ausstellung der Sturm-Galerie* (Deuxième exposition de la galerie « Der Sturm »), N° cat. 39-41. Il s'agissait des œuvres N° 72, 77 et 82 dans le catalogue raisonné de Habasque : *Robert Delaunay. Du cubisme à l'art abstrait.* Documents inédits publiés par P. Francastel et suivis d'un catalogue de l'œuvre de R. Delaunay par G. Habasque, Paris, 1957.

16. Eimert, *op. cit*, p. 57.

17. D. Schmidt, *Schriften deutscher Künstler des 20. Jahrhunderts*, vol. I, Dresde, 1964, p. 89.

18. *Ibid.*, p. 88.

19. *Ibid.*, p. 89.

20. *La Gare de Wannsee*, reproduite dans : Th. Grochowiak, *Ludwig Meidner*, Recklinghausen, 1966, N° 176 ; sur Meidner voir aussi le catalogue d'exposition *Ludwig Meidner, Zeichner, Maler, Literat, 1884-1966*, Stuttgart, 1991.

21. Schmidt, *op. cit.*, p. 86.

22. Sur Steinhardt, voir K. Kellner, « Jakob Steinhardt, der Prophet : 3. März bis 30. April 1995 », *MuseumsJournal*, 9, 1995, N° 2, p. 50-51.

23. Cité d'après le catalogue d'exposition *Robert Delaunay*, Staatliche Kunsthalle Baden-Baden, 1976, p. 112. Cette citation ne date que de l'année 1938 ; voir R. Delaunay, *Du cubisme à l'art abstrait*, *op. cit.*, p. 62.

24. J. Heusinger von Waldegg, *H. M. Davringhausen*, Bonn, 1977, p. 23-24.

25. Däubler, *op. cit.*, p. 39.

26. Madrid, collection Thyssen-Bornemisza.

27. Voir le catalogue d'exposition *Robert Delaunay*, *op. cit.*, p. 162 ; au sujet du portrait de Rheiner voir aussi le catalogue d'exposition *Ich und die Stadt. Mensch und Großstadt in der deutschen Kunst des 20. Jahrhunderts*, E. Roters et B. Schulz, éd., Berlin, 1987, p. 294 sq.

28. Ce thème connaît aussi un précédent important avec *Le bruit de la rue pénètre dans la maison* de Boccioni (1911). Voir, sur l'histoire de ce motif, J. A. Schmoll, dit Eisenwerth, « Fensterbilder, Motivketten in der europäischen Malerei », dans *Beiträge zur Motivkunde des 19. Jahrhunderts*, Munich, 1970, p. 13-165.

29. *Erster Deutscher Herbstsalon*, Berlin, 1913, p. 6.

30. Également reproduit dans : H. Walden, *Expressionismus – die Kunstwende*, Berlin, 1918, p. 16.

31. *Ibid.*, p. 26.

32. *Der Sturm*, 3, 1913, N° 144-145.

33. *Ibid.*

34. Th. Däubler, *Der neue Standpunkt*, Leipzig, 1919, p. 181.
35. Voir le catalogue d'exposition récent R. März, éd., *Lyonel Feininger : Von Gelmeroda nach Manhattan. Retrospektive der Gemälde,* Berlin, 1998.

36. Au sujet du Novembergruppe, voir surtout H. Kliemann, *Die Novembergruppe*, Berlin, 1969 et le catalogue d'exposition de la Galerie Bodo Niemann *Novembergruppe*, Berlin, 1993.

37. A. Segal, *Das Lichtproblem in der Malerei*, Berlin, 1923. Voir aussi A. Schulz, « Die Novembergruppe : ein eingetragener Verein für Geistesrevolutionäre : Werke von Arthur Segal, Max Dungert, Rudolf Belling, László Péri », *MuseumsJournal*, 8, 1992, 2, p. 56-59.

38. H. Brass, « Der Weg », dans *Das Kunstblatt*, 5, 1921, p. 67.

39. E. Busse, « Die Kompositionsmittel bei Robert Delaunay », dans *Der Blaue Reiter*, éd. par W. Kandinsky et F. Marc. Nouvelle édition critique par K. Lankheit, Munich, 1963, p. 96-102.

40. A. Behne, « Der Berliner Herbstsalon », dans *Die neue Kunst*, décembre 1913, p. 223 ; voir aussi E. Steneberg, « Deutsche Kritiken über Delaunay 1913-1921 », dans *Das Kunstwerk*, 4, XV, octobre 1961, p. 24.

41. Enzian, « Delaunay », dans *Pan*, 3, N° 20, 1913, p. 464.

42. *Ibid.*, p. 465.

43. *Die Aktion*, 4, 1914, p. 381 sq. ; C. Einstein, *Werke*, vol. I, Berlin, 1980, p. 235.

44. Landsberger, *Impressionismus und Expressionismus. Eine Einführung in das Wesen der neuen Kunst*, Leipzig, 1919, p. 16-17. Voir aussi P. E. Küppers, *Der Kubismus, 1920* : « Sortant de la tourbillonnante vie de la ville, de la suie et de la fumée, hors de toute torpeur et de toute mesquinerie, une aspiration infinie au départ et au lointain, bien loin de l'abaissement des infernaux déserts de pierre, où les hommes, parqués tous ensemble, déchirés, pourchassés, sont actifs et s'affairent, à la cadence des machines, comme de grotesques marionnettes. Rêve de métal et de loi, de matière et d'esprit ! » (cité d'après E. Steneberg, art. cit., p. 24).

10
Le « mythe du pouvoir créateur de l'artiste ». Remarques sur les autoportraits de Max Ernst et sur Loplop

Un peintre est perdu dès lors qu'il s'est trouvé.
Avoir réussi à ne pas se trouver est le seul
« mérite » que se reconnaît Max Ernst.

MAX ERNST, *Lebensdaten*, 1967

I

Guère d'autres artistes de ce siècle n'ont autant que Max Ernst fait du processus de création de leurs œuvres un objet de réflexion. Ce fait est attesté par ses écrits et ses déclarations orales, dans lesquels il n'a cessé d'expliciter ses méthodes de travail, mais surtout par ses œuvres elles-mêmes, qui incitent le spectateur à s'interroger sur la genèse des formes artistiques et du monde d'images qu'il a créés. Ce n'étaient pas la recherche d'un style, voire de son style, ni la résolution des problèmes de forme, ni non

---

Pour les notes de ce chapitre, voir p. 435 sq.

plus la communication de contenus codés au sein de l'œuvre, qui figuraient au cœur des préoccupations de Max Ernst, mais la question de savoir comment naissent les images, question qui le fascinait d'une manière nouvelle, originale, encore jamais vue jusque-là dans l'histoire de l'art.

C'est aussi la raison pour laquelle les méthodes habituelles mises en œuvre par les historiens de l'art achoppent sur l'œuvre de Max Ernst. La recherche d'une évolution du style ou d'une unité de style à l'intérieur de son œuvre, à supposer même qu'elle ait un sens, paraît ne s'appliquer avec succès qu'à certaines époques déterminées. Les sauts artistiques du « réaliste » au « symboliste », du « monumental » à l'« abstrait », s'observent constamment dans son œuvre. Il est impossible de décrire l'évolution de son style entre ses débuts de jeune artiste et la maturité du maître qui concentre dans ses œuvres l'expérience de plusieurs décennies, ou du moins une telle évolution contredit-elle tous les modèles connus. L'œuvre de jeunesse de l'artiste paraît aussi assurée et réfléchie que ses œuvres de maturité se déclinent sur un ton enjoué et débordant d'imagination. Il ne s'agissait pas pour lui d'additionner des acquis, ni non plus de se fixer des objectifs artistiques. Werner Spies caractérisa le processus de création de Max Ernst en parlant du « refus d'un mode de travail direct et sans rupture »[1].

Max Ernst a toujours été, à juste titre, qualifié dans la littérature de « faiseur », d'« inventeur » et de « manipulateur » d'images[2]. Or même l'interprétation iconographique des thèmes utilisés et la mise en évidence d'allusions ou de perversions intentionnelles que cet artiste érudit introduisait dans ses tableaux et ses collages, ne permettent d'élargir la compréhension de ses œuvres que jusqu'à une certaine limite. Reste l'irritation de n'avoir pas entièrement résolu l'énigme de l'œuvre. Même le fait de savoir que Max Ernst a cherché à exploiter méthodiquement cette expérience qu'il inflige au spectateur n'est qu'une faible consolation au regard du désarroi avec lequel nous nous voyons livrés à la fascination de son monde d'images.

Au contact des œuvres de Max Ernst, il devient immédiatement perceptible que ces « nouvelles images composées d'éléments les plus divers [sont censées] nous toucher dans leur étrangeté venue d'on ne sait où »[3]. Et même si nous parvenons à retrouver l'origine de certains éléments iconographiques, à redécomposer un collage, nos efforts de chercheurs ne seront pas pour autant récompensés par la découverte d'une règle logique, qui permettrait d'avoir prise sur l'œuvre. Peut-être la fascination durable de ses œuvres réside-t-elle justement dans cette privation persistante d'explications et de solutions susceptibles de procurer un confort esthétique.

II

L'étude de Max Ernst nous apprend très tôt que notre impuissance était aussi la sienne. Dans ses textes théoriques sur l'art, il refusait de porter la responsabilité de l'incertitude dans laquelle ses œuvres plongent le spectateur. Car il était lui-même dans une grande mesure la proie de cette incertitude. Un exemple nous éclaire sur ce point. Il est tiré de l'important texte de 1934 : *Was ist Surrealismus* (Qu'est-ce que le surréalisme), où il confesse son appartenance au mouvement surréaliste dont il allait se distancier de plus en plus par la suite. Outre un certain nombre de revendications, il déclare surtout dans cet essai que le mythe du « pouvoir créateur de l'artiste » est une superstition[4]. Max Ernst reste en cela très proche d'André Breton, lorsque ce dernier définit le surréalisme comme un automatisme purement psychique, et il souligne « le rôle passif de l'"auteur" dans le mécanisme de l'inspiration poétique ». Il suit encore Breton lorsqu'il tire un parallèle entre la consignation par écrit de ce que le poète pense ou ressent et l'activité du peintre sur le papier ou sur la toile.

En considérant l'artiste comme un intermédiaire, qui participe en témoin, en spectateur, au processus de création, l'idée qu'il serait, en tant que créateur, l'égal de Dieu, n'a plus lieu d'être. Il ne participe qu'indirectement à la création de l'œuvre et ne peut pas non plus, par conséquent, être tenu pour « responsable » de la forme et du contenu. « Finie, évidemment, l'ancienne conception du "talent", finie aussi la glorification de l'artiste érigé en héros et la légende – bienvenue pour ceux qui sont toujours à l'affût d'un objet d'admiration – de la "fécondité" de l'artiste qui pond trois œufs aujourd'hui, un seul demain et dimanche aucun », comme le disait Max Ernst lui-même, en se moquant d'une tradition séculaire[5].

III

Max Ernst avait commencé tôt à s'attaquer à la vénération du héros et à éradiquer la croyance en l'existence d'un génie divin chez l'artiste. À partir de ses autoportraits, il est possible de montrer comment la quête de soi et le questionnement passionné de son don et de ses facultés ont conduit, chez lui, à une définition du génie artistique qui voudrait se dissimuler derrière ses propres œuvres. Max Ernst se plaçait à côté du spectateur et partageait sa surprise, son admiration, son effroi.

Le rejet du génie artistique devient surtout manifeste dans le rapport que Max Ernst entretient avec l'art et la culture du XIXe siècle, époque à laquelle l'idée de l'existence d'une force créatrice divine en l'artiste pouvait évoluer vers un sens de la réalité sociale, à travers l'admiration portée aux grands maîtres du passé et du présent. Kaulbach, Menzel, Böcklin, Makart et beaucoup d'autres furent idéalisés, érigés en dieux de la peinture, et, par leur génie, par une force créative hors du commun, servirent de façade à l'Empire allemand dans les années 1870 à 1918. Ils étaient l'aboutissement d'une longue évolution de l'esprit dévolue à l'artiste, depuis le rôle d'artisan à celui de héros.

Dans l'histoire de la représentation que l'on se faisait du génie de l'artiste, l'idée selon laquelle le créateur serait l'égal de Dieu s'était consolidée depuis la fin du XVIIIe siècle, entre la période du *Sturm und Drang* et le romantisme. Dans le *Wilhelm Meister* de Goethe, on lit que les artistes devraient vivre comme des rois et des dieux, sinon ils ne pourraient pas construire pour les rois et les dieux. « Ils doivent, pour finir, s'élever au-dessus de l'ordinaire, d'une manière telle que toute la communauté du peuple se sente anoblie dans et par leurs œuvres »[6]. L'artiste-Sauveur, revêtu du charisme de l'iconographie christique, trouvait, en référence explicite à l'autoportrait munichois d'Albrecht Dürer de 1500, sa place dans le rituel cultuel de la société[7].

Le portrait d'artiste théomorphe devait paraître étrange à Max Ernst. À ce sujet, le *Portrait de son fils Max en Enfant-Jésus*, que le père Ernst avait peint en 1896, devait correspondre à une expérience concrète et profonde pour le futur artiste [141]. La difficile relation au père, dont le fils ne pouvait supporter le dressage et la discipline à la prussienne, avait dû lui montrer très clairement l'inanité de cette image. Le refoulement des problèmes dont le père ne voulait pas prendre conscience, même après la fugue précoce du jeune Max, allait très tôt durcir le fossé des générations chez Max Ernst.

Le premier autoportrait que nous connaissions de Max Ernst, un dessin de 1910 tiré du journal d'écoliers *Aus unserm Leben an der Penne* (La vie dans notre bahut), est

141 

 142

141. **Philipp Ernst**, *Portrait de son fils Max en Enfant-Jésus*, 1896, collection particulière.

142. **Max Ernst,** Caricature parue dans la revue d'écoliers *Aus unserm Leben an der Penne*, 1910, 27,5 × 18 cm.

déjà une manière de tourner en ridicule le monument érigé à la gloire de l'artiste [142]. Représenté en buste sur une colonne portant l'inscription « Max Maria », l'artiste tient une énorme palette, dégoulinante de peinture. Avec une expression maussade – qui se veut géniale, un grand chapeau d'artiste, une palette grotesque et le vers de Wilhelm Busch cité en légende : « Un jeune homme prometteur / se fait aisément à la peinture », il se caricature déjà lui-même dès cette époque. Du même coup, l'autoportrait devient aussi une critique du culte voué à la génération de ses pères. Max Ernst semble « exempt de tout espoir solide en l'avenir »[8].

IV

La première représentation intense de soi dans un tableau, qui est daté, peut-être un peu trop tôt, de 1909, témoigne de la manière dont l'artiste recourt à de tout autres sources, conformément à l'intention de l'œuvre en question[9] [143]. Max Ernst se peint ici dans un face à face sévère avec lui-même, où seul le visage, la main droite soutenant le menton et un fragment d'épaule sont visibles. Cette apparence de fragment et le regard direct, fascinant, des yeux grands ouverts, ainsi que la façon de peindre inspirée de Van Gogh, expriment le questionnement sur soi avec lequel l'artiste a dû se contempler dans le miroir.

Ce portrait paraît très semblable à celui qu'Albrecht Dürer avait réalisé à peu près au même âge, vers 1492, à Erlangen [144] et que Heinrich Wölfflin reproduisit dans sa monographie sur Dürer en 1905 avec ce commentaire : «… un portrait non daté, rapidement gratté à la plume sur le papier, et riche en contenu. Le jeune homme qui, la tête appuyée sur une main, regarde dans le miroir, les yeux brûlants, l'expression très concentrée, dans une tension de l'esprit pour laquelle il n'existe guère d'exemple antérieur… C'est ainsi qu'il faut se représenter le jeune peintre qui entre dans le monde et se demande à son propre sujet : "Qu'est-ce que je veux" »[10].

Le type d'autoportrait exprimant le questionnement de soi, avec cette pose de la tête appuyée sur une main, évolua au cours du temps dans le sens d'une intensification de l'expression mélancolique et de la contemplation intérieure. Tandis que prédomine encore une expression réfléchie dans le dessin réalisé en 1788 par Gerdt Hardorff, maître de Philipp-Otto Runge, la représentation que Füssli donne de lui-même à peu près à la même époque, décrit le doute rongeur à l'égard de soi-même et l'effroi causé par les hallucinations et les images oppressantes qui défilent devant le regard intérieur[11] [145].

143. **Max Ernst**, *Autoportrait*, 1909, huile sur carton, 18 × 12 cm, Cologne, Galerie Der Spiegel.

Ce n'est pas aussi loin, toutefois, que l'on voudrait aller dans l'interprétation de l'autoportrait du jeune Max Ernst. Il n'est pas du tout certain non plus qu'il ait connu Hardorff et Füssli, ou même *Le Désespéré* (1842, Luxeuil, collection particulière) de Courbet, où l'artiste a étudié, à partir de son propre visage, la possibilité de reproduire l'expression du désespoir. Chez Courbet aussi, on retrouve dans un certain nombre de tableaux ce thème de la tête appuyée, qui est traité de manière très semblable à l'autoportrait de Max Ernst dans *L'Homme à la ceinture de cuir* (vers 1845-1846, Paris, Musée du Louvre) [12].

Mais il a sans nul doute connu l'autoportrait de Dürer et, peut-être aussi a-t-il lu le texte pénétrant de Wölfflin. Nous en saurions volontiers davantage sur le sujet, dans la mesure où les premières lignes du chapitre où il est question, chez Wölfflin, du dessin de Dürer, l'auraient

144

144. **Albrecht Dürer**,
Autoportrait au bandeau,
vers 1492,
plume et encre,
204 × 208 mm,
Erlangen,
Bibliothèque
de l'Université.

145. **Johann Heinrich Füssli**,
Autoportrait, 1780-1790,
crayon, Londres,
Victoria and Albert
Museum.

certainement fasciné : « Si une marque distinctive de la personnalité de l'artiste est que très tôt, les choses du monde lui apparaissent dans toute leur profondeur et dans toute leur plénitude comme quelque chose d'inépuisable, alors on ne pourra jamais s'imaginer de manière assez pressante ce besoin impératif, chez Dürer, de voir et de donner forme à l'objet de sa vision. Il a dû très tôt se forger ses propres et nouvelles conceptions… au sujet de ce qui est digne d'être représenté et de ce qui peut être représenté de la nature. Les objets qui l'entouraient lui parlaient trop fortement pour qu'il ait pu se satisfaire des règles d'expression traditionnelles, et pour la vie spécifique en chaque chose, il nourrissait une sensibilité par rapport à laquelle toutes les versions qui en avaient été données jusque-là ne pouvaient que paraître très approximatives »[13].

Max Ernst aussi était engagé, dans les années 1910 à 1920, dans une démarche de recherche et d'exploration de ce champ de tension entre « ce qui est digne d'être représenté et ce qui peut être représenté de la nature ». Et les « règles d'expression traditionnelles » du siècle passé devaient justement devenir pour lui le point de départ d'une réflexion artistique, dans ses collages.

V

Dans *Max ernst et caesar buonarroti*, Dadamax, comme Max Ernst s'appelait lui-même, a défini, sous l'impression que lui ont laissée les montages photographiques berlinois de Heartfield, Grosz, Hausmann et Herzfelde, une nouvelle dimension de l'autoportrait d'artiste[14] [146]. En 1920, il colle par-dessus sa photographie une figure anatomique qu'il nomme ironiquement « caesar buonarroti ». Une échelle graduée est disposée à côté, comme pour représenter la grandeur spirituelle du génie, facile à mesurer, semble-t-il, et évaluée à un niveau inférieur à celle de Dadamax. Max Ernst tient avec légèreté une poupée dont le nom de famille est celui de Michel-Ange, précédé du prénom présomptueux de César. Le génie semble soulevé de son socle et placé dans un système de coordonnées. Le titre du montage photographique, *The punching ball ou l'immortalité de buonarroti* indique la confrontation de l'artiste avec le grand champion de l'art qu'il rabaisse, sur le ton de la provocation, à une poupée de boxe.

Dans cet autoportrait, le dépassement et l'attachement aux règles d'expression traditionnelles sont pareillement visibles. La volonté de tourner en dérision le génie de Michel-Ange ne semble pas être le seul thème de cette œuvre. La destruction de l'unité de la photographie, la superposition d'un collage et d'un tracé sur l'image de

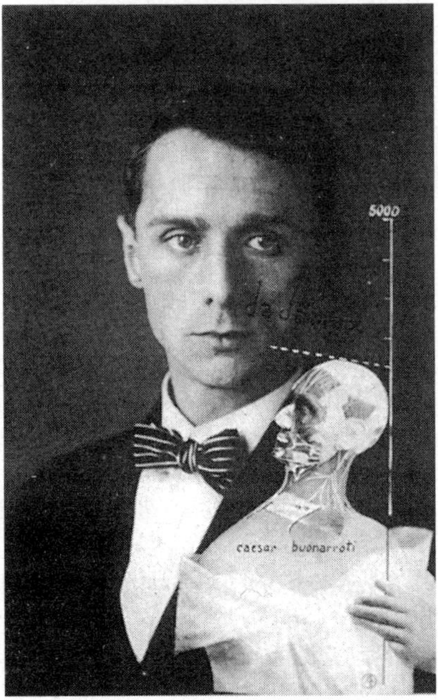

146. **Max Ernst**, *The punching ball ou l'immortalité de buonarroti*, 1920, collage, 17,6 × 11,5 cm, Chicago, collection Arnold H. Crane.

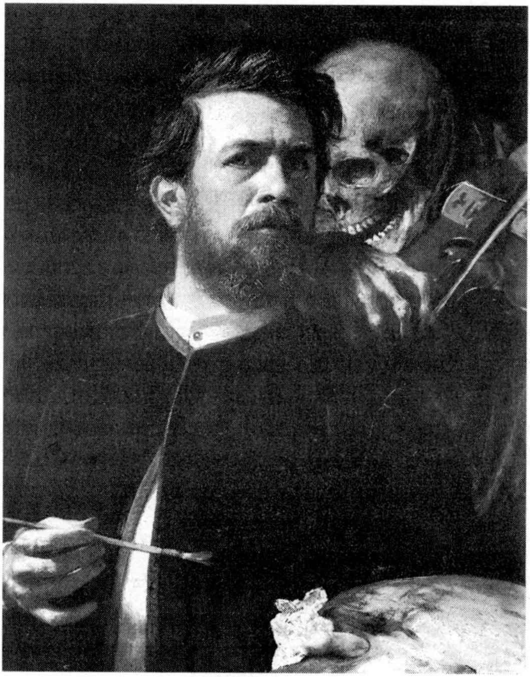

147. **Arnold Böcklin**, *Autoportrait à la Mort jouant du violon*, 1872,
huile sur toile, 75 × 61 cm,
Berlin, Staatliche Museen Preußischer Kulturbesitz, Nationalgalerie.

l'artiste au regard sérieux et la confrontation grotesque avec le buste, surmonté d'une tête d'écorché, rappellent la tradition iconographique de l'autoportrait à la Mort. Ainsi, l'*Autoportrait à la Mort jouant du violon* d'Arnold Böcklin [147], l'*Autoportrait* de Hans Thoma [148] et l'*Autoportrait au squelette* [149] de Lovis Corinth renouvelèrent la pratique du « mementomori », dans les autoportraits de la fin du Moyen Âge. En lien avec le portrait de Böcklin, une discussion véhémente s'engagea vers 1900 à

148. **Hans Thoma**, *Autoportrait*, 1875,
huile sur toile, 73 × 58 cm,
Karlsruhe, Staatliche Kunsthalle.

propos de l'adjonction de la Mort dans le portrait de *Sir Bryan Tuke*, qui fut considéré jusque dans notre siècle comme une œuvre de Hans Holbein le Jeune [15].

La fascination du symbolisme pour la juxtaposition de la vie et de la mort avait été peinte dès 1847 par Antoine Wiertz dans son tableau inspiré de Baldung des *Deux jeunes filles ou la belle Rosine* [16]. La peinture dite de Salon, redécouverte seulement ces dernières décennies et à laquelle on rattache Wiertz par un jugement hâtif et

149. **Lovis Corinth**, *Autoportrait au squelette*, 1896,
huile sur toile, 66 × 86 cm,
Munich, Städtische Galerie im Lenbachhaus.

superficiel, semble incompatible avec les idées artistiques des dadaïstes et bien loin de leurs conceptions en la matière. Toutefois, le nom de Wiertz leur était connu à cause d'un intérêt commun pour la photographie, que Wiertz célébrait déjà en 1855 en y voyant une découverte d'avenir. « Un jour, la photographie évincera la peinture et lui imposera une mutation », avait-il supposé dans une vision de l'avenir, que les dadaïstes citèrent dans le catalogue de la « Première Foire internationale dada » de 1920 à Berlin, et qu'ils considérèrent comme réalisée [17].

Max ernst et caesar buonarroti fut exposé à la foire dada de 1920. Une dizaine d'années après le questionnement sur soi au moyen d'un portrait, ce nouvel autoportrait témoigne d'un profond changement d'attitude à l'égard du génie artistique propre. On y constate tout d'abord

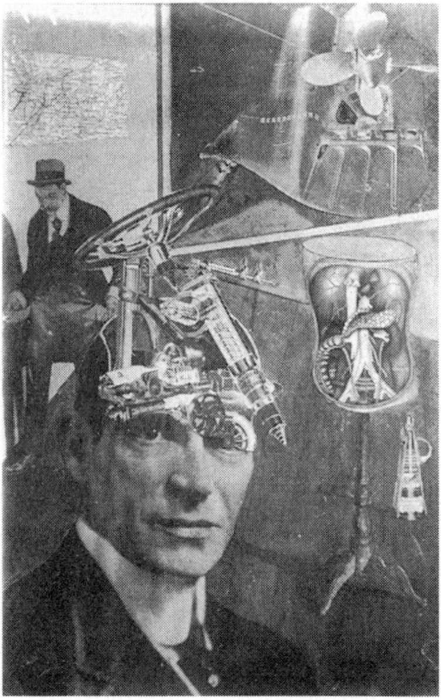

150. **Raoul Hausmann**, *Tatlin à la maison*, 1920, collage, 41 × 28 cm, localisation actuelle inconnue.

l'abandon de la peinture à l'huile, qui est remplacée par le collage. Max Ernst ne voyait nullement dans ces œuvres des petits travaux occasionnels, ce que démontre déjà le fait qu'il indiqua de fausses mesures pour la reproduction de son œuvre : H 3,10 m × L 2,40 m (au lieu de 17,6 cm x 11,5 cm), dans le but de la monumentaliser [18].

La nouvelle technique, toutefois, permit surtout, par rapport à des tableaux antérieurs, un changement dans « ce qui peut être représenté de la nature », pour employer les termes de Wölfflin. Werner Spies a caractérisé de manière pertinente l'esprit de suite dont Max Ernst fait preuve dans ses photocollages : « Les réalités qu'il introduit dans ses travaux y perdent leur concept. Il ne s'agit pas ici d'une exploitation réaliste de ce qui a déjà été formulé mais d'une mise en question du réel à partir de ses propres médias »[19]. Cette analyse est très bien illustrée par une comparaison entre l'autoportrait de Max Ernst et le phocollage *Tatlin à la maison* de Raoul Hausmann [150], datant également de 1920 et exposé à la Première Foire internationale dada. L'admiration de Tatlin pour l'art des machines – diverses pièces mécaniques semblent jaillir de son cerveau – est exprimée à travers tout un assemblage d'attributs. Les éléments photographiques remplissent un espace imaginaire qui fait penser à De Chirico, et dans lequel les éléments du réel sont associés en une nouvelle « réalité ». À la différence de Max Ernst, Hausmann emploie une surcharge de motifs caractérisant Tatlin pour exprimer son génie.

Face à cela, Dadamax paraît inchangé, mais sa présence même est mise en question par l'adjonction d'un autre niveau de réalité, avec lequel la photo est censée former une unité. L'abolition de la vénération du héros conduit nécessairement à l'abolition de la substance artistique propre. Alors qu'il s'agit, dans *Tatlin à la maison*, d'illustrer le génie d'un artiste, l'accent est mis dans *Max ernst et caesar buonarroti* sur la mise en retrait de la personnalité de l'artiste au profit d'une plus grande autonomie de l'œuvre.

VI

Un an plus tard environ, en 1921, l'artiste réalisa un collage pour une affiche d'exposition qu'il intitula *Projet pour un manifeste*[20] [151]. Une pyramide renversée, dont la pointe forme une photographie de Max Ernst est composée d'œuvres caractéristiques des différentes méthodes de travail employées par l'artiste durant cette année. Il s'agit d'un assemblage de photos découpées, comme les femmes cyclistes, la *Préparation de la colle d'os*[21], un *Relief tricoté*[22] et un collage combinant des éléments biologiques

151. **Max Ernst**, *Projet d'affiche d'exposition*, 1921,
collage, 64 × 49 cm,
Turin, Museo Civico di Torino – Galleria d'Arte Moderna.

avec son *Objet dad'art* de 1919. Le mot « exposition » collé quelque part dans l'œuvre, le nom de Max Ernst et le texte ajouté indiquent qu'il s'agit d'un projet d'affiche. La pyramide s'inscrit dans un cône matérialisé seulement par deux traits fins et est accompagnée d'autres motifs que l'on retrouve ailleurs dans ses œuvres. À gauche, trois silhouettes de cavaliers de Degas en blanc, rouge et vert, à droite un collage couronné par un homme émergeant de deux glands de tapis.

Le collage contient des motifs et des techniques que Max Ernst a utilisés dans les années 1919-1920. Cependant, il ne fait pas que réunir et présenter au specta-teur ces différents motifs que l'exposition allait manifes-tement donner à voir, mais il reflète « ses procédés, en les présentant » au sens d'un manifeste[23]. Ce qui frappe dans cette présentation, est le fait que l'artiste lui-même s'efface entièrement devant son œuvre. Le texte dada en marge : « Max Ernst est un menteur, un captateur d'héritage, un mouchard, un maquignon, un sycophante et un boxeur… » essaye d'emblée de mettre en retrait les réalisations individuelles et la personnalité de l'artiste par rapport aux œuvres dominantes. Alors que dans *Tatlin à la maison*, Hausmann caractérisait l'artiste dans son individualité, les œuvres gagnent leur auto-nomie chez Max Ernst par rapport à leur auteur. L'artiste constitue la pointe d'une pyramide renversée. Sa photo se trouve encore dans la zone délimitée par le triangle pointant vers le sol, au-dessus duquel se dressent des images imposantes. Ici, dans la composition, l'inventeur s'efface optiquement devant l'importance et le poids des œuvres.

Werner Spies qualifia ce projet d'affiche de collage « encyclopédique » et le compare à la « boîte » autobiographique de Marcel Duchamp ou au *Merzbau* de Schwitters[24]. Ces deux comparaisons renvoient à des œuvres dans lesquelles les artistes ont tenté, dans une sorte d'œuvre totale, de concentrer tout ce qu'ils avaient à léguer. Pour Max Ernst, le projet d'affiche avait valeur de manifeste, au sens toutefois d'un résumé de ses travaux précédents. Car les collages des années suivantes allaient dégager de nouvelles possibilités.

VII

Lorsque Max Ernst peignit un an plus tard, en 1922, *Au rendez-vous des amis* [152], il réalisa un portrait de groupe dont on n'a, jusqu'à aujourd'hui, perçu que ponctuellement les multiples niveaux[25]. Une fois de plus, le peintre démontre son rattachement à un type de peinture traditionnel, qui avait tout particulièrement culminé au XIXe siècle. *L'Hommage à Delacroix* [153] de Fantin-Latour et *L'Hommage à Cézanne* (1900, Paris, Musée d'Orsay) de Maurice Denis sont des portraits de groupe célèbres. Mais il s'agit, dans ces antécédents du XIXe siècle, de réunions d'artistes conscients de leur valeur, qui, dans une discussion commune autour d'un modèle avéré – Delacroix ou Cézanne – représentent et défendent leur point de vue propre[26].

En revanche, les surréalistes et les dadaïstes réunis dans l'œuvre de Max Ernst sont, dans la première « phase

152. **Max Ernst**, *Au rendez-vous des amis*, 1922, huile sur toile, 129,5 × 193 cm, Cologne, Wallraf-Richartz-Museum.

153. **Henri Fantin-Latour**, *L'Hommage à Delacroix*, 1864,
huile sur toile, 160 × 250 cm,
Paris, Musée d'Orsay. (À gauche : Fantin-Latour (avec palette),
Duranty (assis), Cordier, Legros et Whistler (debout).
À droite, devant : Champfleury et Baudelaire ;
derrière et debout : Manet, Bracquemond et Balleroy.)

de rêve » du mouvement, captifs d'une influence qui les fait apparaître comme des marionnettes. Les gestes de la langue des sourds-muets, la posture assise en apesanteur de Crevel, de Max Ernst, de Paulhan et de Péret, Breton en suspension dans l'air, les grandes enjambées volontairement factices de Baargeld et de Desnos qui accourent, ainsi que la froideur du lieu de rendez-vous, transposé dans des montagnes glaciales et lointaines, confèrent à ce tableau de l'amitié une impression d'irréalité, en contradiction avec la précision des portraits. Comme les figures de l'automate avec lesquelles joue Crevel au bord gauche du tableau, les artistes semblent dominés par des forces et des constellations qui les déterminent de l'extérieur. Ils se meuvent comme suspendus à des fils.

Max Ernst est, de même que Jean Paulhan, assis sur les genoux de Dostoïevski et lui caresse la barbe. L'écrivain est lui aussi inhibé dans son attitude et dans ses mouvements. Seul Breton qui, en taille, dépasse les autres et, semblable à un personnage de la *Dispute* de Raphaël, pointe le doigt vers les cercles magiques du ciel, apparaît, dans l'attitude du *Mercure* de Jean de Bologne, comme pétrifié dans son mouvement.

Par ces images, le tableau illustre clairement les conceptions théoriques du groupe surréaliste en cours de formation. La définition du surréalisme formulée deux ans plus tard par Breton comme étant un automatisme du psychisme est déjà illustrée par Max Ernst dans ce portrait de groupe. Aussi les artistes n'apparaissent-ils pas dans un questionnement dubitatif de soi, mais ils semblent s'en remettre à des forces qui les déterminent.

Max Ernst rapporte, dans ses *Notes pour une biographie*, que son père, qui était un peintre amateur passionné, avait l'habitude, dans ses copies de tableaux religieux, de remplacer les têtes par des portraits de personnes qui lui étaient sympathiques ou antipathiques. De la même façon, il changea aussi le tableau de Jésus déjà cité, en y substituant les traits de son fils Max. Ce procédé du père avait beaucoup impressionné Max Ernst, comme il s'en confia à Werner Spies : « J'ai découvert un des premiers "collages" par les travaux de mon père, qui peignait à ses moments de loisir. Lorsque j'étais encore un jeune homme, il avait fait la copie de la *Dispute* de Raphaël [154], mais il s'était permis certaines libertés. Il avait remplacé les têtes des personnages représentés dans la *Dispute* comme ennemis de l'Église par la tête de gens qu'il considérait comme ses ennemis personnels et les ennemis de l'Église et, inversement, il avait donné les traits de ses propres amis aux personnages destinés à connaître la béatitude éternelle. Je voyais là dès cette époque quelque chose de pas très régulier.

« Ce souvenir me fut très utile plus tard, car je ne suis pas tout à fait sûr que j'aurais inventé la "technique du

154. **Philipp Ernst**, *Copie de la « Dispute » de Raphaël*, 1924-1932, huile sur toile, 147 × 202,5 cm, Cologne, collection particulière.

collage" (d'autres l'ont inventée en même temps que moi) et que je l'aurais utilisée si je n'avais eu sous les yeux l'exemple de mon père »[27].

Le rapprochement avec la *Dispute* ne semble pas aberrant. La seule différence est la suppression de la querelle dans le *Rendez-vous des amis.* La discussion autour de problèmes artistiques et théoriques, qui a évidemment eu lieu dans la réalité, est remplacée ici par la représentation du sacrifice de l'artiste. Les expériences communes d'automatisme dans la peinture ou la littérature déplacent les accents, l'important n'étant plus de se représenter soi-même ou d'autres artistes, mais de montrer que l'on est dirigé par des forces qui nient le créateur en l'artiste. Ce tableau illustre de manière impressionnante le changement dans la conception que l'artiste a de lui-même, pour en venir au « rôle purement passif de l'"auteur" dans le mécanisme de l'inspiration poétique »[28].

VIII

Le célèbre montage réalisé par René Magritte en 1929, représentant un nu féminin avec la légende « je ne vois pas la cachée dans la forêt » et entouré des photos des surréalistes en train de rêver, est conforme à l'interprétation suggérée ci-dessus [155]. Les artistes, dont Max Ernst, sont une fois de plus placés pour un portrait de groupe, les yeux fermés, dans le rôle « passif » du médium.

De même, dans le collage de 1931 intitulé *Loplop présente les membres du groupe surréaliste* [156], les artistes semblent comme manipulés par des puissances inquiétantes[29]. Des bras et des mains surdimensionnés tiennent et enserrent les têtes. La réalité photographiée est rendue étrange à différents niveaux. Un assemblage de photos découpées, aux formats et aux proportions discordants, créent la couche supérieure de cette réalité décalée qui, par l'ajout de collages de bras, de mains, d'yeux et d'animaux, glisse jusque dans le domaine du fantastique. André Breton, en bas, semble émerger de l'eau à l'intérieur d'une grotte, ou s'y engloutir. D'autres sont entourés de serpents ou de couteaux ou veulent, comme le personnage en haut à droite, échapper au harcèlement des images oppressantes. D'où l'idée de comparer la composition aux représentations types de jugements derniers[30]. Quant à la dimension supplémentaire de « l'image dans l'image » et à l'identité de Loplop, nous les aborderons plus tard. Cet aspect contribue en tout cas, en poussant un peu plus loin la démarche, à sortir les portraits du contexte de leur environnement naturel.

La « qualité de témoin », que Max Ernst attribue au seul artiste, et le refus de reconnaître à ce dernier un statut de créateur ne s'expriment nulle part aussi clairement que dans le tableau de *La Vierge corrigeant l'Enfant-Jésus devant trois témoins : André Breton, Paul Éluard et l'artiste*[31] [157]. Le peintre devient ici un témoin immédiat qui, avec

155. **René Magritte**,
Je ne vois pas la cachée dans la forêt, 1929, collection particulière.
(En commençant par le haut : Maxime Alexandre, Louis Aragon, André Breton, Luis Buñuel, Jean Caupenne, Paul Éluard, Marcel Fourrier, René Magritte, Albert Valentin, André Thirion, Yves Tanguy, Georges Sadoul, Paul Nougé, Camille Goemans, Max Ernst, Salvador Dalí.)

156. **Max Ernst,**
Loplop présente les membres du groupe surréaliste, 1931,
collage, 50 x 33 cm,
New York, The Museum of Modern Art.

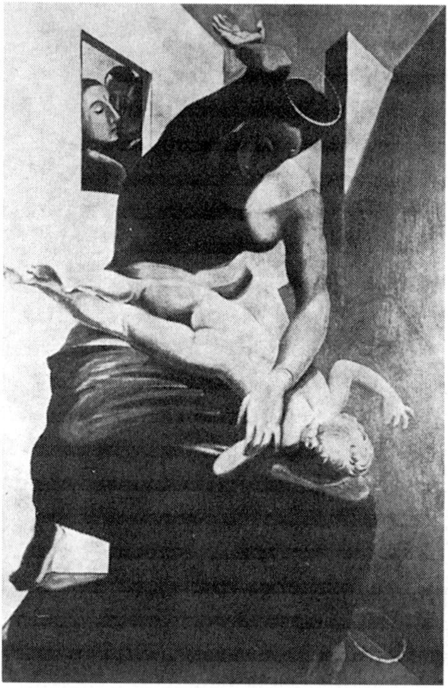

157. **Max Ernst**,
La Vierge corrigeant l'Enfant-Jésus devant trois témoins,
1926,
huile sur toile,
196 × 130 cm,
Cologne,
Museum Ludwig.

ses amis, assiste par la fenêtre au châtiment du Fils de l'homme. L'aspect anticlérical du tableau, qui se heurta à une critique véhémente, nous intéresse moins dans le cadre de cette réflexion que l'introduction du regard voyeuriste des artistes dans la réalité du tableau. Du fait qu'ils apparaissent en tant que témoins dans le tableau lui-même, il semble que les surréalistes n'aient pas participé à la création ou à l'invention de celui-ci. La représentation des trois portraits dans l'ouverture de la fenêtre crée, par leur présence, une distance entre les trois artistes et l'œuvre, qui, dans sa composition inspirée des images de Madones du Parmesan, est censée nier, pourrait-on dire, jusque dans son style le fait d'avoir été créée au début du XXe siècle.

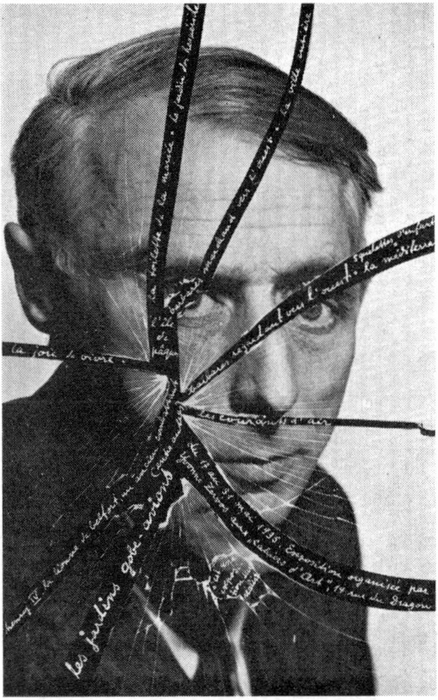

158. **Max Ernst**, Carton d'invitation pour l'« Exposition Max Ernst », Paris, 1935, photographie, verre et papier, 15 × 10 cm, localisation actuelle inconnue.

L'ultime conséquence de sa série d'autoportraits est la destruction de son propre portrait, comme Max Ernst l'entreprit sur une carte postale de l'année 1935 [32] [158]. Des bandes noires, comprenant des lignes de texte, apparaissent collées par-dessus le visage, comme si le verre posé sur la photographie s'était brisé. En réalité, Max Ernst a volontairement brisé la plaque photo, dans un geste de destruction de sa physionomie propre et dans une tentative de distanciation par rapport à son propre moi. Dans les fissures, que l'artiste s'est ensuite employé à élargir, il a introduit des bandes noires et inscrit en blanc des titres de tableaux et des informations relatives à une exposition de ses œuvres. Dans l'image ainsi transformée en un collage et imprimée sur les billets d'entrée, les traits du visage sont encore reconnaissables, la personne peut être identifiée, mais la personnalité est volontairement blessée, altérée. Dans les bandes de cette brisure sont inscrits les titres des tableaux qui ont visiblement conduit à la destruction de la physionomie. L'image de la personnalité se trouve ainsi remplacée par les œuvres. Il semble également possible d'interpréter ce collage comme un regard dans un miroir brisé. Alors, l'identité serait conservée, mais sa reproduction altérée, sa contrepartie, d'une autre nature, en raison du morcellement, serait devenue image au sens d'une division de la personnalité.

IX

L'autoportrait est un genre guère pratiqué par Max Ernst. Les rares autoportraits qu'il réalisa montrent que l'apparence de sa physionomie ne l'a pas incité à se représenter et à s'interpréter. Toutefois, il est possible, à travers ces quelques œuvres, d'observer certains traits caractéristiques de sa pensée et de sa démarche artistique. Le chemin suivi depuis le questionnement juvénile de soi jusqu'à la remise en question extérieure de son identité correspond à son exigence artistique de démonter le mythe traditionnel de la force créatrice de l'artiste. En n'utilisant pas le portrait pour affirmer son identité d'artiste, comme cela se pratiquait en particulier au XIXe siècle, il illustra certainement à dessein son rejet d'une conception du génie artistique à ses yeux dépassée.

Or justement, le souvenir de modèles du XIXe siècle dans *Max ernst et caesar buonarroti* atteste aussi que l'attachement à la tradition, puis le détachement par rapport à celle-ci, ont d'emblée été une tâche pour lui. Le fait qu'il fut confronté de manière significative à l'histoire de l'art quand il étudia cette discipline à l'université de Bonn, constitue un élément tout à fait décisif sur ce point. Redéfinir toujours de nouveau sa propre position par rapport à l'art du passé, en faire continuellement un objet de réflexion, par citation, transformation, défiguration ou par d'autres types de modifications que permet le collage, relevait chez Max Ernst d'une méthode. Les multiples inspirations qu'il puisait dans l'art, justement dans celui du XIXe siècle, chez Friedrich, Runge, Ensor, Moreau, Klinger, mais surtout dans les œuvres graphiques à large diffusion et dans les illustrations des revues scientifiques, déclenchaient en lui des formes d'association dont Werner Spies a analysé de manière pénétrante le spectre infini des variations mises en œuvre dans les collages[33]. Spies a très justement caractérisé la manière dont Max Ernst traitait les images par les termes d'« inventaire » et de « contradiction », qui se vérifient d'un bout à l'autre de ses collages.

Max Ernst attribuait aux images une force propre, qui ne nécessitait, pour ainsi dire, que son intervention médiatrice pour pouvoir se développer. Il se considérait comme le manipulateur que rien ne pouvait dissuader de sa fonction et dont la personnalité était sans intérêt. C'est pourquoi il n'essayait pas, dans ses rares autoportraits, de s'entourer lui-même des attributs de l'art et de la présentation de ses découvertes[34].

Mais comment cette théorie est-elle conciliable avec un œuvre qui peut difficilement nier la singularité de la marque personnelle de l'artiste, même si cette singularité est due à sa méthode de la contradiction ? La négation du style conduit, elle aussi, à une unité de style et la « désindividualisation » à la démonstration du caractère propre. Le décryptage de ses manières de procéder, qui aliènent ou brouillent constamment le matériau de départ choisi, conduit justement à ce résultat que son activité artistique est nourrie par une volonté créatrice permanente. L'œuvre de Max Ernst ne peut exister sans lui. On est seulement en présence d'un formidable camouflage.

X

Dans ses *Notes pour une biographie*, Max Ernst écrivit à propos de l'année 1830 : « Après avoir écrit avec méthode et force mon roman *La Femme 100 têtes*, je suis hanté presque quotidiennement par le supérieur des oiseaux Loplop. Il m'offre un cœur dans une cage, la mer dans une cage, deux pétales, trois feuilles, une fleur et une jeune fille. En outre, l'homme aux œufs noirs et l'homme au pardessus rouge… » [35]

Avec l'animal mythique de l'oiseau Loplop, qui peut aussi s'appeler le « supérieur des oiseaux Hornebom », Max Ernst introduit un « fantôme personnel », comme il l'appelle, qui n'est rien d'autre que le porte-voix de l'artiste [36]. Il existe toute une série de tableaux et de collages du début des années trente, qui commencent par le titre « Loplop présente… » et sont conçus sur le type de l'image dans l'image. Cette entité d'oiseau, qui prend diverses formes, présente souvent une ou plusieurs toiles contenant les assemblages les plus divers. Loplop va même jusqu'à se présenter lui-même dans un tableau de la collection Menil [37].

Les animaux, et surtout les oiseaux, ont déjà joué auparavant dans les collages de Max Ernst un rôle essentiel. Les entités d'oiseaux sont déterminantes pour les tableaux de la première période de rêve surréaliste. Dans le collage *Fatagaga* de 1920, dans celui de *La Belle Jardinière* de 1922 et dans le tableau correspondant, malheureusement disparu, le motif central est celui d'un pigeon. Des séries entières de tableaux avec des pigeons en cages, s'envolant de leur cage, des couples d'oiseaux et des monuments aux oiseaux attestent de la fascination particulière que cet animal a exercée sur Max Ernst [38].

Dans le roman-collage *La Femme 100 têtes*, paru en 1928, se trouvent également des images où les oiseaux constituent l'élément principal. La plupart du temps,

159. **Max Ernst**, *Dans le bassin de Paris, Loplop, le supérieur des oiseaux, apporte aux réverbères la nourriture nocturne*,

l'entité oiseau est directement identifiée au fantôme personnel Loplop par le titre, comme dans *Dans le bassin de Paris, Loplop, le supérieur des oiseaux, apporte aux réverbères la nourriture nocturne*[39] [159]. Dans ce collage, l'oiseau surdimensionné plane dans une sorte de coupe au milieu de la cour du Louvre, vue sous son éclairage nocturne. Max Ernst choisit une cage à pigeons sur le toit pour *À bébé éventré, pigeonnier ouvert*[40], mais il n'apparaît pas d'oiseau dans le collage *Loplop et l'horoscope de la souris*[41] [160].

On y voit un magicien au buste nu, devant une sorte de « maison-baromètre ». Une souris, sortant de l'une des portes de la maison décrit un arc de cercle pour rejoindre l'autre porte. Le personnage masculin paraît vouloir s'emparer de la souris avec ses doigts pointus. Il est plus qu'improbable qu'elle ait encore le temps d'atteindre la porte et d'y trouver peut-être un abri sûr. Le titre semble, dans ce cas, faire allusion au caractère inéluctable de son destin.

La légende, que l'on peut mettre très clairement en rapport avec le dessin, permet d'identifier Loplop avec le magicien. Il tient dans sa main le chapeau haut de forme, attribut de sa corporation, dont la souris a peut-être été tirée par magie ou à la magie duquel elle doit peut-être être livrée. Le sens n'est pas univoque, mais il faut cependant souligner que Loplop revêt ici une forme humaine. La tête de l'homme présente en outre une ressemblance frappante avec Max Ernst, ce que l'artiste a pu remarquer au moment de choisir son modèle. L'identification avec le « fantôme personnel » serait ainsi directement établie.

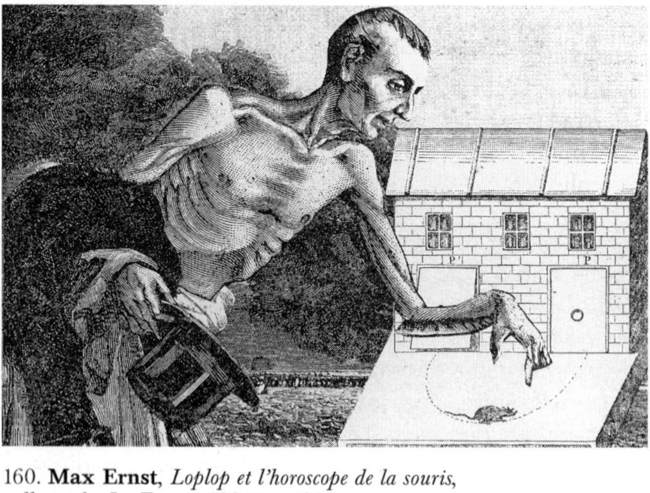

160. **Max Ernst**, *Loplop et l'horoscope de la souris*, collage de *La Femme 100 têtes*, 1929.

XI

Dans d'autres dessins de *La Femme 100 têtes*, où Loplop est mentionné dans le titre, il apparaît de nouveau sous les traits d'un oiseau, d'une hirondelle, comme dans *Loplop, l'hirondelle, passe ; Loplop, l'hirondelle, revient ; Loplop, le supérieur des oiseaux, effarouche les derniers vestiges de la dévotion en commun*[42]. Dans *Loplop et la belle jardinière*, un oiseau surdimensionné est porté sur les épaules d'une femme de telle manière que la tête de la femme porteuse est cachée, à moins que l'intention ne soit, en définitive, de la remplacer par l'oiseau[43].

Encore une fois, Loplop prend figure humaine, dans le collage *Et Loplop, le supérieur des oiseaux, s'est fait chair sans chair et habitera parmi nous*[44] [161]. Dans cette illustration, il n'est même pas clair si Loplop apparaît comme une incarnation du couple flottant dans l'image ou comme une brute nue et déchaînée, qui piétine tout. Or le titre indique la métamorphose par laquelle le fantôme est transformé en une forme humaine, non pas en chair et en os, mais en un être spirituel qui passe inaperçu aux yeux des ouvriers.

La tâche qui consiste à s'interroger sur la continuité narrative de ce roman-collage n'a encore jamais été menée à bien jusqu'ici. Max Ernst n'a certainement pas publié sans raison cette séquence d'images sous la forme d'un roman et non sous la forme d'une série d'images indépendantes les unes des autres. La récurrence des motifs et des personnages, la correspondance difficile à comprendre, au premier coup d'œil, entre le texte et l'image, attestent dans un premier temps de l'esprit de suite qui caractérise le traitement méthodique du matériel iconographique. Même si aucune règle n'est reconnaissable dans les formes d'association utilisées, on peut cependant observer une récurrence de certaines séquences de motifs, au vu de laquelle il semble possible

161 Et Loplop, le supérieur des oiseaux, s'est fait chair sans chair et habitera parmi nous.

de recomposer, au sens d'une « invitation à la lecture » d'un roman, l'assemblage imaginé [45].

Le fantôme Loplop réapparaît constamment comme un leitmotiv dans *La Femme 100 têtes.* Au septième chapitre, Loplop se transforme même devant les yeux du spectateur. Dans *Loplop, ivre de peur et de fureur, retrouve sa tête d'oiseau et reste immobile pendant 12 jours, des deux côtés de la porte* [162], la métamorphose elle-même est représentée [46]. Au milieu du collage se trouve une porte, qui à la fois sépare et unit un personnage. Cet être étrange est un composé de femme, d'homme et d'animal. Venant de l'espace que l'on devine à l'arrière-plan du tableau, la

162

161. **Max Ernst**, *Et Loplop, le supérieur des oiseaux, s'est fait chair sans chair et habitera parmi nous*, collage de *La Femme 100 têtes*, 1929.

162. **Max Ernst**, *Loplop, ivre de peur et de fureur, retrouve sa tête d'oiseau et reste immobile pendant 12 jours, des deux côtés de la porte*, collage de *La Femme 100 têtes*, 1929.

partie féminine (la femme 100 têtes ?) embrasse dans un grand geste qui englobe la porte un monstre animal occupant la partie supérieure du corps de l'homme. Il pourrait s'agir du magicien déjà mentionné plus haut, dont on reconnaît au premier plan à droite le chapeau haut de forme. L'animal-cygne paraît s'extraire d'une sorte de coquillage.

Il semble ressortir très clairement de cette illustration que Loplop, le fantôme personnel, serait une incarnation de différentes figures hallucinatoires engendrées au cours du travail de collage. L'obsession engendrée par Loplop, le supérieur des oiseaux, qui « hante presque quotidien-

163. **Max Ernst**, *Loplop, le sympathique anéantisseur et ancien supérieur des oiseaux, tire quelques balles de sureau sur quelques débris de l'univers*, collage de *La Femme 100 têtes*, 1929.

nement » l'artiste lorsqu'il cherche à associer les éléments prédécoupés qui constituent son matériau de travail, est la recherche d'un interlocuteur qui ait lui-même part à la création des images fantastiques. Loplop n'est rien d'autre que l'« alter ego » de l'artiste [47].

Dans le roman *La Femme 100 têtes*, l'incarnation de Loplop, l'entité oiseau, n'a pas encore trouvé son expression définitive. Le fantôme change constamment de forme et va jusqu'à tirer sur des apparitions qui, manifestement, oppressent l'artiste lui-même, comme dans *Loplop, le sympathique anéantisseur et ancien supérieur des oiseaux, tire quelques balles de sureau sur quelques débris de l'univers* [48] [163]. La scène se déroule au fond de l'eau : des morceaux d'épaves pourries gisent au fond de la mer, à droite, est étendue une femme appuyée sur un coude (la femme 100 têtes ?), derrière elle, des objets étranges sont descendus au bout d'une corde et un homme à genoux, au premier plan à gauche, tire dessus au pistolet. Il s'agit sans nul doute une fois de plus de l'artiste-Loplop, qui cherche à se défendre des « débris de l'univers », c'est-à-dire des hallucinations qu'il voit fondre sur lui. Dans cette dernière illustration chargée de sens, qui n'est plus suivie que d'une répétition de la première de manière à créer un encadrement, Loplop apparaît encore une fois sous une forme humaine. Cette illustration marque à la fois la fin de cette série de gravures ainsi que la défense désespérée et légitime de l'artiste qui cherche à échapper à ses images.

XII

Dans les collages et les tableaux de Loplop réalisés après l'achèvement du roman et indépendamment de celui-ci, l'entité oiseau apparaît à présent comme le présentateur des tableaux et des illustrations [164]. Avec l'image du chevalet, que Max Ernst privilégia au début des années trente, il réussit à ce que son partenaire présente aussi des trouvailles personnelles. Dans *Hommage à une enfant nommée violette* de 1933 (Stuttgart, Staatsgalerie) se trouve une carte postale adressée à l'artiste ou même, comme dans *Le Grand Mastodonte* (1932, New York, collection Harold Diamond), un ordre de paiement pour une facture de vin [49]. Les collages et les tableaux sont généralement rendus dans des couleurs claires, ils ne présentent souvent que peu de motifs, et beaucoup d'espace est laissé autour du chevalet. Ces compositions équilibrées contrastent fortement avec le roman-collage réalisé peu de temps auparavant. Plus rien n'est perceptible de l'agressivité des associations antérieures.

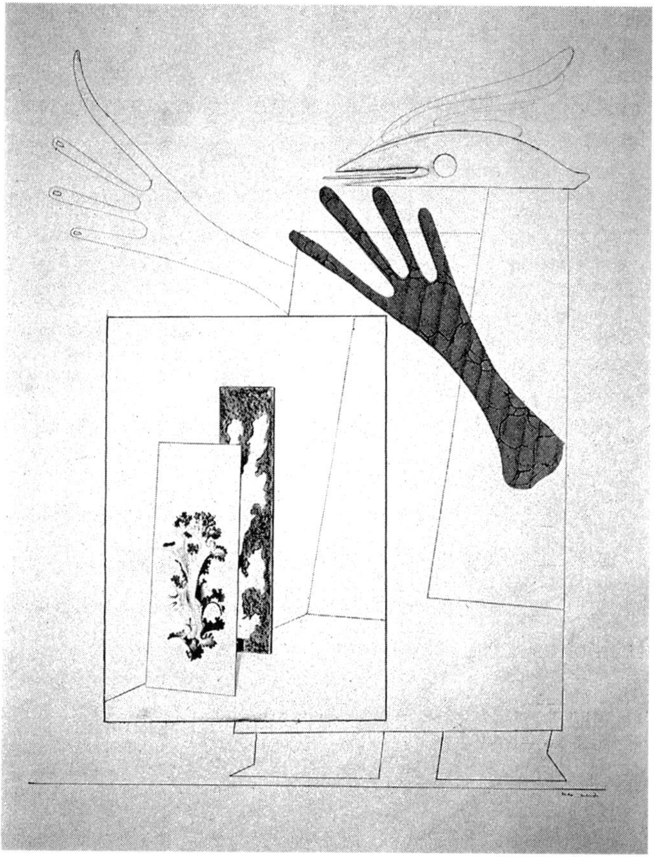

164. **Max Ernst**, *Loplop présente*, 1931,
64,5 × 50 cm, collection particulière.

Ce changement s'explique aisément. Il résulte nécessairement de sa nouvelle façon de travailler. Loplop n'a plus à se défendre de la confrontation « fortuite » avec des images, sans correspondance entre elles, mais il expose ses propres trouvailles. Dans ce processus, Max Ernst conserve le même rôle. Il n'apparaît que comme celui qui transmet ce qui est soi-disant donné d'avance. L'identification de l'artiste avec son autre moi a lieu pour créer une distance entre soi-même et l'œuvre. L'artiste lui-même n'est que l'intermédiaire qui donne forme aux œuvres du « fantôme personnel ».

Max Ernst n'allait plus jamais cesser ce jeu de cache-cache avec lui-même. Il y était prédisposé dès le départ, et après avoir mis au point son dispositif de base, il conserva la méthode, qui consistait à s'effacer derrière son œuvre. Il devait toutefois encore suivre d'autres chemins, découvrir d'autres techniques qui, toujours de nouveau, lui permettaient de tenir autant que possible sa propre personnalité en dehors du processus de travail. Il fut finalement conduit à « inventer » le frottage, la décalcomanie, le *dripping* et d'autres méthodes de travail semi-automatiques et à les maîtriser génialement, à la perfection, parce qu'il voulut toujours seulement se considérer comme une « personnalité du choix »[50].

Sich die Kunst vom Leibe halten (Tenir l'art à distance, loin du corps) – avec ce titre évocateur, Günter Metken a fait référence à la tradition et à l'imitation des images de chevalet de Max Ernst. Il démontre, à l'aide d'exemples pertinents, l'existence d'une thématique de l'image dans l'image dans l'histoire des arts plastiques, et inclut aussi la question des niveaux de réalité associés à cet objet[51]. Partant de l'analyse des images de chevalets, il parvient à ce résultat que « Loplop correspond à une tendance constante, chez Max Ernst, à prendre du recul par rapport à la peinture et à sa réalité concrète ». Et il ajoute : « ce changement abrupt de niveau de réalité s'opère sur deux plans – le plan matériel, dans la mesure où des illustrations extérieures sont utilisées pour les collages, où des matériaux trouvés sont frottés, écrasés et grattés sur le papier ou sur la toile, et le plan intellectuel, dans la mesure où un présentateur est mis en scène »[52].

XIII

Max Ernst n'a presque toujours parlé de lui-même qu'à la troisième personne. Tous ses écrits théoriques et même biographiques évitent la reconnaissance du moi. Comme s'il était mieux en mesure, ainsi, de s'observer, ou même, de se décharger de la responsabilité de ses actes. Bien sûr, il s'agit là d'une fiction, dont l'artiste devait toujours très bien se rendre compte lui-même. Pourquoi alors ce jeu intellectuel, si ce n'est même par prétention, comme Dalí le cultivait et l'érigeait en méthode.

Chez Max Ernst, il ne peut guère être question de cela. La destruction de la personnalité, le démontage du mythe du pouvoir créateur de l'artiste, naquirent exclusivement d'un sentiment d'honnêteté vis-à-vis de lui-même. Dans *La nudité de la femme est plus sage que l'enseignement du philosophe*, on peut relire la réponse passionnée, formulée avec beaucoup d'indignation, qu'il apporta à la question du lien de son œuvre avec le concept de « création » :

« Effectivement, cette expression de “création artistique”, utilisée dans un sens religieux, comme s'il s'agissait d'une mission que l'artiste aurait à remplir, et comme si, tel un prêtre, il était chargé de cette mission par un dieu et que ce dieu serait DIEU ou l'artiste lui-même, et que cette mission le haussait au-dessus de l'humanité ordinaire – non, je ne veux absolument pas entendre parler de cela » [53].

Cette protestation, souvent formulée par lui et souvent citée, se lit à travers l'évolution de son art et les représentations qu'il donne de lui-même – celles qui sont immédiatement reconnaissables et celles qui sont cachées. La caducité des idéaux de la génération de son père, son travail sur les « règles picturales traditionnelles », qu'il avait constamment présentes à l'esprit de par ses études, les illusions perdues à cause de la guerre, débouchèrent dans l'activité autodestructrice du Dadamax. Les idées surréalistes, vers lesquelles il se sentait indubitablement attiré et à la formulation desquelles il avait certainement participé lui aussi, quelle que fût la véhémence avec laquelle il eut, plus tard, à se défendre contre tout endoctrinement, lui permirent de faire des découvertes qui allaient tout à fait dans le sens de sa prédisposition à réaliser quelque chose à partir d'un matériel préexistant.

La définition du surréalisme lui permit toutefois aussi de trouver l'appui théorique nécessaire dans la distance qu'il introduisit personnellement entre lui et son œuvre. Son talent du « montage, utilisé comme une méthode pour l'invention de constructions nouvelles à partir de choses connues, où la démarche combinatoire a en même temps pour but la découverte de caractéristiques inconnues, parce que non vues, du quotidien », était en concordance avec sa négation du génie créateur individuel, compris au sens d'un créateur divin[54]. C'est pourquoi Max Ernst fuit dans le « c'est-alors-que-se-révéla-à-mes-yeux », comme il l'explique lorsqu'il décrit la manière dont il a développé ses frottages pour l'*Histoire naturelle.*

Évidemment, sa méthode de travail a toujours été celle d'un hasard calculé. Il a toujours commandé le processus artistique consistant à provoquer la rencontre d'éléments picturaux disparates. Il parle lui-même de l'« exploitation systématique de la rencontre fortuite ou provoquée par les moyens de l'art »[55]. D'ailleurs, l'« esthétisation du matériau esthétiquement inexistant » qu'analyse Werner Spies, mobilisait l'artiste tout entier. Aussi fut-ce sans doute plutôt à cause de l'effroi qui le saisissait devant les résultats étonnants obtenus, et le pouvoir souvent inexplicable des images, dont il n'était pas la cause, qu'il fut poussé à se distancier de sa qualité d'auteur. En détruisant son autoportrait et en inventant une identité de remplacement, il parvient à prendre part au processus en spectateur. Avec ce traitement qu'il s'applique à lui-même, Max Ernst développe, au XXe siècle, une conception originale du génie artistique. Marcel Duchamp avait, en mettant en cause l'œuvre d'art, éliminé aussi l'artiste, par voie de conséquence, dans son rôle de créateur. En tant que Dadamax, Max Ernst ne pouvait pas passer outre cette expérience, sans en tirer ses propres conclusions. C'est pourquoi son génie s'exprimait dans la remise en question permanente de la manière dont il se définissait, ainsi que dans la recherche de procédés, par rapport auxquels l'artiste n'est que le catalyseur. « Le caractère calculé », explique Hans Holländer dans son étude sur la méthode surréaliste, « réside dans le fait de préparer tous les éléments d'une manière telle que l'allumage devient possible. On prépare une poudre dont on sait seulement qu'elle va exploser, mais non pas quel sera l'effet produit... Le montage, compris dans ce sens, est une tentative de créer un équivalent à l'écriture automatique, adapté aux matériaux et aux conditions propres à la peinture, selon un procédé qui permet la réalisation d'associations et de dissociations incontrôlées »[56].

D'après cette analyse, Max Ernst et Loplop étaient des artistes qui restaient admiratifs d'eux-mêmes et fascinés, mais souvent aussi perplexes, comme nous d'ailleurs, devant leurs propres œuvres.

Notes

1. W. Spies, « Einführung », dans le catalogue de l'exposition *Max Ernst, Frottagen, Collagen, Zeichnungen, Graphik, Bücher*, Zurich-Francfort-Munich, 1978, p. 13. Voir aussi la littérature récente de Spies sur Ernst : Spies, éd., catalogue de l'exposition *Max Ernst. Retrospektive zum 100. Geburtstag*, Munich, 1991 ; et Spies, catalogue de l'exposition *Max Ernst – Skulpturen, Häuser, Landschaften*, Cologne, 1998.

2. J. Russell, *Max Ernst, Leben und Werk*, Cologne, 1966, p. 170.

3. W. Spies, *Die Rückkehr der schönen Gärtnerin, Max Ernst 1950-1970*, Cologne, 1971, p. 8.

4. Württembergischer Kunstverein, éd., catalogue de l'exposition *Max Ernst. Gemälde, Plastiken, Collagen, Frottagen, Bücher*, Stuttgart, 1970, p. 49.

5. *Ibid.*, p. 49-50.

6. Goethe, *Wilhelm Meisters Wanderjahre*, 2e livre, chapitre 8, cité d'après : *Goethes Werke*, édition de Hambourg, Munich, 1977^{9}, vol. VIII, p. 251.

7. S. Gohr, *Der Kult des Künstlers und der Kunst im 19. Jahrhundert, Zum Bildtyp des Hommage*, Cologne-Vienne 1975, p. 98. Voir aussi D. de Chapeaurouge, « Theomorphe Porträts der Neuzeit », *Deutsche Vierteljahresschrift für Literaturwissenschaft und Geistesgeschichte*, 42, 1968, p. 262, et surtout R. Liebenwein-Krämer, *Säkularisierung und Sakralisierung, Studien zum Bedeutungswandel christlicher Bildformen in der Kunst des 19. Jahrhunderts*, Francfort, 1977, p. 222-352.

8. W. Spies, S. et G. Metken, *Max Ernst, Werke 1906-1925*, I, Cologne, 1975, p. 10, N° 19. Spies, *Max Ernst – Collagen. Inventar und Widerspruch*, Cologne, 1974, p. 205.

9. Spies-Metken, I, *op. cit.*, p. 7, N° 13.

10. H. Wölfflin, *Die Kunst Albrecht Dürers*, 4e édition, Munich, 1920, p. 28.

11. Sur l'histoire de l'autoportrait, voir F. Ried, *Das Selbstbildnis*, Berlin, 1931 ; L. Goldscheider, *500 Selbstbildnisse von der Antike bis zur Gegenwart*, Vienne, 1936 ; S. Holsten, catalogue de l'exposition *Runge in seiner Zeit*, W. Hofmann, éd., Hambourg-Munich, 1977, p. 247-277 ; *id.*, catalogue de l'exposition *Das Bild des Künstlers. Selbstdarstellungen*, Hambourg, 1978 ; D. de Chapeaurouge, *Versteckte Selbstenthüllungen moderner Künstler*, Weimar, 1996.

12. Sur les autoportraits de Courbet, voir le catalogue de l'exposition *Autoportraits de Courbet*, (Musée du Louvre, les dossiers du département des peintures 6), Paris, 1973 et le catalogue de l'exposition *Courbet und Deutschland*, W. Hofmann, éd., avec K. Herding, Cologne, 1978, p. 192 sq., p. 197 ; au sujet des autoportraits de Van Gogh, voir F. Erpel, *Die Selbstbildnisse Vincent van Goghs*, Berlin, 1964.

13. H. Wölfflin, *op. cit.*, p. 26-27.

14. Spies-Metken, I, *op. cit.*, p. 189, N° 372.

15. Catalogue de l'exposition *Arnold Böcklin 1827-1901*, W. von Kalnein, éd., Düsseldorf, 1974, p. 53, N° 30.

16. Reproduit dans Hans H. Hofstätter, *Symbolismus und die Kunst der Jahrhundertwende*, Cologne, 1965, ill. 61. Le tableau de Wiertz se trouve au Musée Wiertz, Bruxelles.

17. Spies, *Collagen*, *op. cit.*, p. 69.

18. *Ibid.*, p. 115.

19. *Ibid.*, p. 71.

20. Spies-Metken, I, *op. cit.*, p. 223, N° 437.

21. *Ibid.*, p. 222, N° 435.

22. *Ibid.*, p. 207, N° 406

23. U. M. Schneede, *Max Ernst*, Stuttgart, 1972, p. 34.

24. Spies, *Collagen*, *op. cit.*, p. 91.

25. Spies-Metken, I, *op. cit.*, p. 262, N° 505.

26. S. Gohr, *op. cit.*, p. 41 sq. et 143 sq.

27. Spies, *Collagen*, *op. cit.*, p. 49. Voir aussi M. Ernst, *Écritures*, Paris, 1970, p. 11 ; P. Waldberg, *Max Ernst*, Paris, 1958, p. 20.

28. Catalogue de l'exposition *Max Ernst. Gemälde, Plastiken, Collagen, Frottagen, Bücher*, *op. cit.*, p. 49.

29. Reproduit dans Spies, *Collagen*, *op. cit.*, ill. 344.

30. *Ibid.*, p. 206.

31. Spies-Metken, II, *op. cit.*, p. 138-139, N° 1059.

32. Reproduit dans Spies, *Collagen*, *op. cit.*, ill. 473. Il s'agit d'une carte d'invitation pour une exposition du mois de mai 1935.

33. Voir aussi, sur Max Ernst et le XIXe siècle, W. Hofmann, « Max Ernst et le XIXe siècle », dans *Hommage à Max Ernst*, *XXe siècle*, numéro spécial, Paris, 1971, p. 11 sq. ; du même auteur, « Max Ernst und die Tradition », dans le catalogue d'exposition *Das innere Gesicht, Die Sammlung de Menil*, Hambourg, 1970, p. 9 sq. ; G. Metken, « Im Zeichen des Handschuhs – Max Ernst und Klinger », *Weltkunst*, XXIII, Munich 1971, p. 1603 sq.

34. Spies, *Collagen*, *op. cit.*, p. 21.

35. Catalogue de l'exposition *Max Ernst*, Cologne-Zurich, 1963, p. 29.

36. Voir, au sujet de l'interprétation de Loplop : E. Trier, « Hommage à Loplop, Variations sur un thème de Max Ernst », dans *Hommage à Max Ernst*, *op. cit.*, p. 34-38 ; voir aussi W. Hofmann, « Max Ernst und die Tradition », *op. cit.* ; Spies, *Collagen*, p. 205 sq. ; et surtout du même auteur *Loplop. Die Selbstdarstellung des Künstlers*, Munich, 1982.

37. Reproduit dans l'article d'E. Trier, *op. cit.*, p. 35.

38. Spies-Metken, II, *op. cit.*, p. 121 sq., N° 1025 s. Une étape préliminaire importante pour Loplop apparaît déjà dans le collage intitulé *Rencontre de deux sourires* pour *Les Malheurs des immortels*, 1922, Spies-Metken, I, *op. cit.*, p. 246, N° 477. De même, la tête d'un oiseau, dans *Les oiseaux ne peuvent disparaître*, 1923, inventée pour une frise murale de la maison de Paul Eluard, doit être interprétée comme une préfiguration de la figure de Loplop, Spies-Metken, I, *op. cit.*, p. 338, N° 651.

39. Spies-Metken, II, *op. cit.*, p. 326, N° 1428.

40. *Ibid.*, p. 328, N° 1432.

41. *Ibid.*, p. 341, N° 1458.

42. *Ibid.*, p. 348-349, N° 1472, 1474, 1475.

43. *Ibid.*, p. 351, N° 1478.

44. *Ibid.*, p. 354, N° 1485.

45. Spies, *Collagen*, *op. cit.*, p. 178. Voir sous ce rapport G. Bauer, « Max Ernsts Collagenroman *Une semaine de bonté* », dans *Wallraf-Richartz-Jahrbuch*, vol. XXXIX, 1977, p. 237-257.

46. Spies-Metken, II, *op. cit.*, p. 374, N° 1524.

47. Spies, *Collagen*, *op. cit.*, p. 206 ; E. Trier, *op. cit.*, p. 39.

48. Spies-Metken, II, *op. cit.*, p. 393, N° 1563.

49. Spies, *Collagen*, *op. cit.*, ill. 42, p. 343.

50. Cette expression est de W. Spies, *Collagen*, *op. cit.*, *passim.* Voir aussi Th. W. Gaehtgens, « Max Ernst – Collagen. Inventar und Widerspruch », dans *Zeitschrift für Ästhetik und Allgemeine Kunstwissenschaft*, 22, 1, 1977, p. 138.

51. G. Metken, « Sich die Kunst vom Leibe halten, Loplop, die Staffeleifigur Max Ernsts », *Pantheon*, XXXVIe année, II, 1978, p. 144-149.

52. *Ibid.*, p. 144.

53. Cité d'après J. Russell, *op. cit.,* p. 304.
54. Cette citation est de H. Holländer, « Ars Inveniendi et Investigandi : Zur surrealistischen Methode », dans *Wallraf-Richartz-Jahrbuch*, vol. XXXII, 1970, p. 211.

55. Catalogue de l'exposition *Max Ernst. Gemälde, Plastiken, Collagen, Frottagen, Bücher*, *op. cit.*, 1970, p. 35.

56. Holländer, *op. cit.*, p. 213.

Index des noms et des mouvements artistiques

Les chiffres en gras renvoient aux illustrations

Crédits photographiques

Archives LGF, 53, 59, 67, 68, 69, 71, 74, 80, 91, 153 ; Bayerische Staatsgemäldesammlungen, Neue Pinakothek, Munich, 86 ; Bayerische Staatsgemäldesammlungen, Staatsgalerie moderner Kunst, Munich, 124 ; Berlinische Galerie, Berlin, 132, 137, 139 ; Bibliothèque de l'université, Erlangen, 144 ; Collection Arnold H.Crane, Chicago, 146 ; Collection Mellon, Virginia, Uperville, 93 ; Collection Particulière, 79, 82, 84, 89, 92, 96, 99, 101, 116, 126, 127, 129, 141, 154, 164 ; Collection Suermondt, Berlin, 29 ; D.R., 58, 107, 109, 119, 133, 134, 142, 150, 155, 158 à 153 ; Galerie der Spiegel, Cologne, 143 ; Galleria d'Arte Moderna, Milan, 94 ; Germanisches Nationalmuseun, Nuremberg, 66 ; Gesellschaft Kruppsche Gemäldesammlung, Essen, 81 ; Hirschorn Museum and Sculpture Garden, Washington, 123 ; Kölnisches Stadtmuseum, Cologne, 57 ; Kunsthalle zu Kiel, Kiel, 73 ; Kunsthalle, Brême, 83 ; Kunsthalle, Hambourg, 54 ; Kunsthistorisches Institut der Freien Universität, Berlin, 1 à 24, 26, 27, 28, 30 à 52, 60 à 65, 75, 76, 77 ; Kunstmuseum, Düsseldorf, 55, 56, 117 ; Kunstsammlung Nordrhein-Westfalen, Düsseldorf, 130 ; Metropolitan Museum of Art, New York, 88 ; Musée National d'Art Moderne, Centre Georges Pompidou, Paris, 108 ; Musée Sprengel, Hannovre, 104 ; Museo Civico di Torino-Galleria d'Arte Moderna, Turin, 151 ; Museo Civico Revoltella, Trieste, 90 ; Museum der Bildenden Künste, Leipzig, 85 ; Museum Ludwig, Cologne, 131, 137 ; Museum of Modern Art, New York, 103, 105, 156 ; National Gallery of Canada, Ottawa, 102 ; Niedersächsisches Landesmuseum, Hannovre, 95 ; Philadelphia Museum of Art, Philadelphie, 136 ; Prentenkabinet der Rijksuniversiteit, Leyde, 121 ; Robert Gore Rifkind Fondation, Beverly Hills, 122 ; Saarland Museum Saarbrücken, Sarrebruck, 112 ; Saint Louis Art Museum, Bequest of Morton D. May, St Louis, 111 ; Solomon R. Guggenheim Museum, New York, 140 ; Staatliche Kunsthalle, Karlsruhe, 70, 148 ; Staatliche Museen Preussischer Kulturbesitz, Nationalgalerie, Berlin, 87, 97, 98, 100, 113, 120, 135, 138, 147 ; Staatliche Museen, Berlin, 25 ; Staatliche Graphische Sammlung, Munich, 128 ; Staatsgalerie, Stuttgart, 114, 118 ; Städtische Galerie im Lendbachhaus, Munich, 149 ; Städtische Kunsthalle, Mannheim, 78 ; Stadtmuseum, Düsseldorf, 72 ; Thyssen-Bornemisza, Madrid, 125 ; Victoria and Albert Museum, Londres, 145 ; Von der Heydt-Museum, Wuppertal, 106 ; Wallraf-Richartz-Museum, Cologne, 152 ; Westfälisches Landesmuseum für Kunst und Kulturgeschichte, Münster, 115.

Composition réalisée par A2L

IMPRIMÉ EN FRANCE PAR BRODARD ET TAUPIN
La Flèche (Sarthe)

Librairie Générale Française - 43, quai de Grenelle - 75015 Paris

ISBN : 2-253-90559-3 42/0559/7